# 工业 4.0 下的企业大数据

## ——重新发现宝藏

刘士军　王兴山　王腾江　编著



電子工業出版社
Publishing House of Electronics Industry
北京・BEIJING

## 内容简介

工业4.0时代，数据成为驱动企业的强力引擎；掌握大数据分析利器，发掘企业大数据宝藏，将贯穿产业完整价值链、产品全生命周期的数据转化为价值，是企业应对明天挑战的必然选择。本书从企业大数据的基本技术形态讲起，介绍了蕴藏于企业内部的大量企业数据的构成，特点，数据采集、处理和分析方法等，全面展现了企业大数据从认知到实践环节涉及的基本问题、实现技术、参考架构，并通过300多个翔实丰富的应用案例介绍了企业大数据的成功应用。

期待本书能给迈向中国制造2025的企业家和管理者以启发，给从事相关技术开发和应用的学者、技术人员、师生以参考。



**图书在版编目（CIP）数据**

工业4.0下的企业大数据：重新发现宝藏 / 刘士军，王兴山，王腾江编著. —北京：电子工业出版社，2016.1

ISBN 978-7-121-27782-5

Ⅰ. ①工…　Ⅱ. ①刘…　②王…　③王…　Ⅲ. ①企业管理-数据管理　Ⅳ. ①F270.7

中国版本图书馆CIP数据核字（2015）第295940号

策划编辑：李　洁
责任编辑：苏颖杰
印　　刷：北京捷迅佳彩印刷有限公司
装　　订：北京捷迅佳彩印刷有限公司
出版发行：电子工业出版社
　　　　　北京市海淀区万寿路173信箱　邮编：100036
开　　本：720×1 000　1/16　印张：21.75　字数：378千字
版　　次：2016年1月第1版
印　　次：2023年9月第2次印刷
定　　价：49.00元

凡所购买电子工业出版社图书有缺损问题，请向购买书店调换。若书店售缺，请与本社发行部联系，联系及邮购电话：（010）88254888。

质量投诉请发邮件至zlts@phei.com.cn，盗版侵权举报请发邮件至dbqq@phei.com.cn。

服务热线：（010）88258888。

# 序

# FOREWORD

进入 2012 年，大数据（big data）一词已经成为热得不能再热的“热词”，至今没有冷却的迹象。从美国大选到电影票房，从淘宝网商品推荐到高考押题，互联网上的大数据应用案例不断搅动着人们对大数据威力的想象。然而，与互联网上热闹的故事相比，企业界的管理者似乎对大数据还有些迟疑。企业家们既热切地期盼着大数据将会带来新的市场机会，又感到大数据应用玄之又玄，无从下手，而且，他们更担心大数据真的像市场宣传的那样，可能毫无征兆地颠覆自己的传统优势。

实际上，企业才是大数据时代真正的主角。工业是国家的命脉，产业是繁荣的基础。贯穿制造业完整的价值链、产品的整个生命周期，都涉及大量的数据，从产品设计到企业管理，从制造过程到售后服务，浩如烟海的数据沉淀在企业的图纸柜、经营报表、磁带机和硬盘里。而且，从工业革命时代开始，企业界就已经在积累数据，很多产业数据、工艺规程、设计图纸已经成为企业宝贵的财富。发展到数字化的今天，制造业已处于一个数据爆炸的时代，随着制造技术的进步和现代化管理理念的普及，制造企业的运营越来越依赖信息技术；互联网、物联网、云计算等新一代信息技术与通信技术向企业渗透的过程中，企业数据量也呈现暴涨的态势，以超过摩尔定律的速度在快速增长。企业大数据已经开启新的机会之门，成为许多行业弯道超越的宝贵机遇。《大数据时代》作者，现任牛津大学网络学院互联网治理与监管专业教授维克托·迈尔·舍恩伯格说：“数据已经变为了一种资源，就像黄金和能源一样宝贵，但大数据可以进行重复利用，成为经济发展的动力，刺激经济增长。”数据，是企业真正有待发掘的宝藏。

今天的企业开始拥抱互联网，开启了“互联网＋制造”的创新模式，企业获取数据的能力、数据的深度与广度都大大拓展了。用国家“863计划”先进制造领域专家、清华大学王建民教授的话说：“工业大数据就是在工业领域相关信息化应用中所产生的海量数据。”注意这里的“相关信息化应用”意味着不仅包括企业内和产业链，还包括客户、用户和互联网上的数据。工业数据的采集，将催生出新的商业模式，逐渐打破工厂的边界，促进资产的流动，在全社会范围内优化资源配置。

正如麦肯锡研究报告所称：“数据，已经渗透到当今每一个行业和业务职能领域，成为重要的生产因素。人们对于海量数据的挖掘和运用，预示着新一波生产率增长和消费者盈余浪潮的到来。”对于企业而言，大数据不仅仅指海量数据的积累，更主要的是“价值发现”，是一种以数据创造价值的新观念、新方法和新模式。

而大数据处理技术就是那根“发现”的金手指，随着大数据处理成本的降低，大数据处理技术的日渐成熟将会进一步加速企业大数据应用的进程，成为助力制造转型的有力工具。企业通过检视自身积累的或者正在产生的数据，发掘其中蕴藏的宝贵价值，用好大数据处理和分析技术，就可以做到“点数成金”，创造出新的业务模式，发现新的业务机会。

清华大学自动化系<br>范玉顺

# 前言
PREFACE

这是一个“数据为王”的时代，从 Google 公司成功预测冬季流感到大数据助力奥巴马大选连任成功，无数成功的案例不断地提升着大数据的热度。而实际上，企业才是大数据应用的主角。从工业革命时代开始，企业界就已经积累了大量的数据，从设计到经营，从制造过程到售后服务，浩如烟海的数据沉淀在企业的图纸柜、经营报表和硬盘里……在“工业 4.0”时代，制造企业的数据将会呈现爆炸式增长态势。工业企业中，生产线处于高速运转，由工业设备所产生、采集和处理的数据量远大于企业中计算机和人工产生的数据，企业数据也像互联网数据一样，以超过摩尔定律的速度在快速增长，这，才是真正的宝藏。

大数据技术正在带来一场革命。大数据意味着海量、多样、迅捷的处理需求，实时、多元、深入的分析，企业需要面对挑战，积极应对。大数据并非仅仅是指数据体量“大”，更重要的体现是数据当中的巨大价值，是一种新的思维方式。大数据时代的企业需要数据思维，数据是资产，是生产要素，就像原料、电力一样重要。大数据更是一种创新资源，它从产业结构转变、传统制造业升级、商业组织变革、“互联网 +”和“大众创业，万众创新”等方方面面影响着经济增长方式，助推创新，驱动发展。

数据就在那里，生生不息；你用了，就能获得洞察与先知；你不用，别的企业，竞争对手也许会去用；人未动，而胜负已分。

本书全面论述了企业大数据的内涵、模式和相关技术，从企业大数据的基本技术形态讲起，展现了蕴藏在企业内部的大量企业数据的构成，特点，采集、处理和分析方法等，较为全面地介绍了企业大数据从认知到实践环节涉及的基本问题、实现技术、参考架构等，并通过 300 多个翔实的应用案例介绍了企业大数据的成功应用。

全书共分三部分十六章，第一部分，企业大数据宝藏，介绍了蕴含在企业设计、生产、管理、供应链、营销、服务等环节的大数据，以及与企业相关的外部大数据，帮助企业认知自身的大数据资源。第二部分，发掘大数据的价值，从唤醒沉睡的数据、构建统一的企业数据平台、引入企业大数据处理技术和利用大数据重构企业智慧等方面描述了企业应用大数据技术、挖掘大数据价值的方方面面，并通过精细管控、营销、采购、质量、售后、生产和人力资源管理中的大数据应用案例，进一步描述了大数据技术应用于企业的途径和成效。第三部分，大数据时代的企业，展示了服务型制造、社交商务、个性化定制等大数据时代的企业业务新模式，以及大数据催生的数据服务新业态。

本书作者来自高校和软件企业，在长期从事制造业信息化应用研发和推广中，对企业大数据的内涵与应用有着深刻的理解，积累了丰富的实践经验和案例。全文由刘士军、王腾江执笔，王兴山统稿。山东大学崔立真、潘丽、武蕾老师及魏艺、王立强和嵇存三位同学和浪潮通软公司王相成、薛雨萌等承担了大量的材料组织、校对、排版等工作。

在本书编写过程中，作者曾以各种方式向清华大学王建民教授、美国佐治亚理工学院 Calton Pu 教授等专家咨询和请教。在此，向所有对本书提供过帮助的诸位专家学者一并致谢。同时，我们也对电子工业出版社为本书出版给予的大力支持，对策划编辑李洁所付出的耐心和辛勤的工作表示真挚的谢意。

本书得到了科技部创新方法工作专项（2015IM010200）课题的支持。

本书参考与借鉴了来自互联网和众多咨询公司的研究报告，这些内容大部分已经在书后的参考文献中列出，但仍难免有所遗漏，在此对所有这些文献的相关作者表示衷心感谢。

编著者

2015 年 11 月

# 目录

CONTENTS

# 工业 4.0 + 大数据 = 重新布局的机会

改革开放以来，我国制造业取得了举世瞩目的成就。2012 年，我国制造业增加值为 2.0793 万亿美元，而美国为 1.9121 万亿美元，我国成为实实在在的全球制造大国。在我国 22 个工业产品大类中，有 7 大类产量位列世界第一，其中 220 种工业品产量居世界第一。

与此同时，全球化竞争的态势也发生着变化，2008 年国际金融危机后，制造业再次成为国际竞争的焦点。德国提出了以“智能工厂”为核心的“工业 4.0” 计划，通过互联互通达到持续占据制造业技术及价值链高端的目的。美国通过《2010 制造业促进法》、《国家先进制造伙伴计划》（2011 年）、《国家制造创新网络（NNMI）：初步设计》（2013 年）等，努力实现“本土发明、本土制造”，希望将最先进制造行业的研发和生产都留在美国，使美国制造业在全球经济布局和新一轮产业革命中抢占制高点。2009—2013 年，美国制造业大约增长了 20%; 同时，依靠先进的制造技术，美国制造业成本显著降低，与我国的差距快速缩小。

如果要问现在工业界最关注、最热门的关键词是什么，那一定是“工业 4.0”，这是德国为应对新国际竞争趋势提出的战略。为了在新一轮工业革命中占领先机，在德国工程院、弗劳恩霍夫协会、西门子公司等德国学术界和产业界的建议和推动下，“工业 4.0”项目在 2013 年 4 月的汉诺威工业博览会上被正式推出。这一研究项目是 2010 年 7 月德国政府颁布的《高技术战略 2020》中确定的十大未来项目之一，旨在支持工业领域新一代革命性技术的研发与创新[1]。

前三次工业革命源于机械化、电力和信息技术。现在，将物联网和服务应用到制造业正在引发第四次工业革命。将来，企业将建立全球网络，把它们的机器、存储系统和生产设施融入到虚拟网络－实体物理系统（信息物理系统，CPS）中。在制造系统中，这些虚拟网络－实体物理系统包括智能机器、存储系统和生产设施，能够相互独立地自动交换信息、触发动作和控制。这有利于从根本上改善包括制造、工程、材料使用、供应链和生命周期管理的工业过程。

在工业 4.0 趋势下，工业的信息化水平进一步提升，尤其是“互联化”和“智能化”的提升。以制造业为例，在其转型升级中，渗透着“互联”和“智能”两个关键词，可以概括为几个方面：第一，产品智能化；第二，流程的智能化升级；第三，制造业的互联网化。随着信息物理系统的推广、智能装备和终端的普及以及各种各样传感器的使用，将会带来无所不在的感知和无所不在的连接，所有的生产装备、感知设备、联网终端，包括生产者本身都在源源不断地产生数据，这些数据将会渗透到企业运营、价值链乃至产品的整个生命周期，是工业 4.0 的新资源、新燃料。数据是区别于传统工业生产体系的本质特征，是工业 4.0 的核心。

在工业 4.0 时代，制造企业的数据将会呈现爆炸式增长态势。工业企业中生产线处于高速运转，由工业设备所产生、采集和处理的数据量远大于企业中计算机和人工产生的数据，数据类型也多是非结构化数据。生产线的高速运转对数据的实时性要求也更高。因此，工业大数据应用所面临的问题和挑战并不比互联网行业的大数据应用少，某些情况下甚至更为复杂。

在 IBM 公司看来，所谓工业 4.0，其实就是大数据驱动的智能工业。IBM 公司大中华区副总裁冯国华认为，这是一场由首席执行客户（CEC）推动的，以“D 世代企业”（大数据分析驱动型企业）的诞生与发展为标志的，以大数据、云计算、移动、社交等技术为主要驱动手段的工业革命。这里所谓的“D 世代企业”，是指那些为了更好地适应消费者的转变，需要借助大数据、云计算、社交、移动等新技术推动企业转型，从而帮助企业更好地满足消费者需求的企业。其中大数据分析的重要性尤为突出。

几乎与此同时，2011 年，美国通用电气公司（GE）在加州硅谷建立全球软件研发中心，开发工业互联网，研发内容包括工业互联网平台、应用以及数据分析，目前研发团队已经达到上千人。在 GE 公司 2012 年 11 月发布的报告《工业互联网——打破智慧与机器的边界》中预测：在美国，如果工业互联网能够使生产率每年提高 1%~1.5%，使其重回互联网革命时期的峰值水平，那么未来 20 年，它将使美国人的平均收入比当前水平提高 25%~40%；随着创新意识在全球范围的扩散，如果世界其他地区能确保实现美国生产率增长的一半，那么工业互联网在此期间会为全球 GDP 增加 10~15 万亿美元——几乎是当今美国经济的规模。在当今富有挑战性的经济环境中，即使确保实现一小部分生产力提高，也能在个人层面和整个经济层面带来极大的益处。2013 年，GE 公司宣布将在未来 3 年投入 15 亿美元开发工业互联网。2014 年，更大范围的参与者，包括 AT&T、思科（Cisco）、通用电气（GE）、IBM 和英特尔（intel）等公司在美国波士顿宣布成立工业互联网联盟（IIC），以期打破技术壁垒，为工业互联网确定和建立新基础、共同框架和标准，促进物理世界和数字世界的融合。作为一个开放性的会员组织，工业互联网联盟致力于为更好地访问大数据提供支持，有助于机构更便利地连接和优化资产、操作及数据，提高灵活性，以释放所有工业领域的商业价值，共同组成工业互联网的生态系统。

工业互联网汇集了两大革命的进步，将工业革命带来的无数机器、设备组、设施和系统网络，以及互联网革命中涌现出的计算、信息与通信系统更强大的进步结合起来。这些革命性的进步汇集发展了三大元素：智能机器、高效分析和工作中的人，这也正是工业互联网的精髓。

- 智能机器：将世界上各种机器、设备组、设施和系统网络与先进的传感器、控制和软件应用程序相连接的新方式。

- 高级分析：利用物理分析、预测算法、自动化以及材料科学、电气工程和其他了解机器及更大系统运转方式所需的重点学科的深厚专业知识。

- 工作中的人：在任何时候将人相连，无论他们在工业设施、办公室、医院工作，还是在行进中，以支持更加智能的设计、运营、维护以及更高质量的服务和安全性。

“工业互联网是以信息化手段作为支撑，落脚点在资产优化和运营优化，进而带来成本降低、效率提升和产能转型。”GE 公司中国软件业务总经理杨涛解释道：“工业 4.0 关注的是生产制造领域，而工业互联网更关注制造企业的整体生态链。”她极力强调了二者的不同。因此，连接是基础，优化才是工业互联网的根本，这恰恰需要依靠工业互联网概念中反复强调的“数据”与“数据分析”。

GE 公司在 2012 年率先明确提出了“工业大数据”的概念。在其名为《工业大数据的兴起》的白皮书中指出：“伴随着日益增加的先进装置和设备，大量在线的操作数据汹涌而来。有远见的企业正在利用这些数据进行卓越运营和预测分析，以创造竞争优势，加速企业的增长。”但是，对于构建分散处理型系统应用环境的制造业来说，无论在复杂性还是在所需的专业技术方面，企业所面临的许多情况都超出了传统制造业的对应能力。也就是说，要让企业真正用好工业大数据，并不是一件容易的事情，需要技术的进步与推动。

与此同时，其他工业化国家也不甘示弱，2014 年 2 月 24 日，日本国土交通省成立了由信息系统公司和日本汽车工业协会等业界团体、学术专家构成的委员会，确定实现大数据实用化的课题和对策，系统构建所需经费将纳入 2015 年度预算概算要求基准。规定在 2020 年之前，日本政府和汽车厂商拥有的汽车相关数据集中上传至互联网，政府授予访问权限的运营商将有权阅览。

2014 年，日本船舶技术研究协会也开始进行关于“应用船舶大数据，提高海洋产业国际经济力”的研发项目。

面对德国、美国、日本等制造强国雄心勃勃的新工业革命战略，一份中国版的工业发展战略——“中国制造 2025 行动计划”也已经重磅推出，并在 2015 年“两会”期间得到广泛的讨论。实际上，2013 年 1 月中国工程院联合工信部、国家质检总局牵头实施的“制造强国战略研究”重大项目，到 2014 年 1 月升格为由工信部牵头，会同国家发改委、科技部、财政部、质检总局、工程院等 20 多个国务院有关部门，组织 50 多名院士、100 多位专家来编制《中国制造 2025》规划。短短 1 年时间内，在国家战略需求的驱动下，中国在从制造大国向制造强国的迈进之路上陡然加速。在本书接近完稿之时，《中国制造 2025》于 2015 年 5 月 8 日正式发布，从这份承载着中国制造转型升级和跨越发展的希望，作为我国实施制造强国战略第一个十年的行动纲领的重要文件中，我们可以看到一条清晰的未来数字化企业的发展脉络——以加快新一代信息技术与制造业深度融合为主线，以推进智能制造为主攻方向。

将《中国制造 2025》上升为国家战略高度后，制造业技术创新将在以下几方面进行：传统工业在信息化创新环境中，不断优化创新流程、创新手段和创新模式，在既有的技术路线上不断演进；新型传感器、集成电路、人工智能、移动互联、大数据在信息技术创新体系中不断演进创新，并为新技术在其他行业的不断融合渗透奠定技术基础；传统工业与信息技术的融合发展，既包括 CPS、智能工厂整体解决方案等一系列综合集成技术，也包括集成工业软硬件的各种嵌入式系统、虚拟制造、工业应用电子等单项技术突破。

实际上，中国与德国、美国所处的工业化阶段有很大差别，客观地讲，在技术和管理理念上还有很大的差距。但是，中国制造也有其独特之处：第一，中国是全世界唯一拥有联合国产业分类中全部工业门类的国家，在多个现代经济支柱性产业当中，规模也是名列世界前茅的，但发展水平不均衡；第二，中国有世界上最大、增长最快的消费市场；第三，中国已经初步形成了发达的移动互联经济。中国移动互联网产业的快速崛起是过去 10 年来世界经济中发生的一个现象级事件。SAP 全球研发网络总裁柯曼认为：“相比于印度、越南、印尼，中国的劳动力成本优势正在丧失，但我认为智能制造和智能设备的物联网应用却能为中国重新赢得竞争力。”基于庞大的制造业基础，中国拥有全球最大的机器、设备市场，在制造过程中可以产生海量的大数据；与此同时，中国的智能设备应用也必定是全球之最，这些设备将不间断地产生海量的数据。柯曼强调：“破解这些大数据就是中国在新一轮制造革命中赢得竞争力的钥匙。”

中国经济转型就是要抓住这三个特色，在发达的互联网经济的基础上，以大数据、云计算、移动和社交等新一代 IT 技术为突破口，驱动大规模、活跃的市场创新、应用创新和业务模式创新，这才是中国经济转型的关键路线，才是有中国特色的新工业革命之路。

因此，在《中国制造 2025》战略指导下，国家通过推进智能化制造的基础条件提升，比如工业机器人等智能装备研制和产品研发的数字化等。更重要的是推动企业的系统化能力，而大数据驱动的企业强调的是“系统的系统”，是通过全程、全链条的数据化而获得更智能、更高效的系统化能力。这其中，“数据”是关键，产品因为有了“数据”的特征而拥有更高的附加值，生产制造过程因为数据化而实现制造流程最优化，从而变得更精益化、柔性化、智能化，企业因为拥有从用户到制造全生命周期的数据而实现效益的最大化。

“天下同归而殊途，一致而百虑。”德国政府不遗余力地推进“工业 4.0”战略，“工业互联网”也被认为是美国制造业发展颇具代表性的战略，而“中国制造 2025”已上升为国家战略高度。“工业互联网”、“工业 4.0”、“中国制造 2025”是制造强国的三张王牌，将引领世界经济走上新工业革命之路，引领未来制造业在更高层次的竞争和发展。不难看出，数据技术和信息技术在其中起到核心作用。

麦肯锡也指出，大数据正在成为下一代企业竞争力、生产力以及创新的前沿，它必将为企业发展带来巨大的价值。那些“D 世代企业”，以数据作为竞争的制胜法宝，能够运用基于云计算的多种移动社交和大数据分析工具了解市场状况，预测客户未来需求；并根据数据洞察指导企业内部运作和市场销售的行动目标。这样的企业，方能从洞若观火到达运筹帷幄而至决胜千里之外的境界。

概括而言，大数据正深刻地改变着企业的生产和决策。大数据驱动的工业，正带来重新布局的机会。新工业革命浪潮中的企业领导者，需要重新审视数据资源的重要价值，掌握挖掘数据的手段，通过数据分析增加企业收入，提升竞争力。

# 第一部分
# 企业大数据宝藏

设想一个午后，你正在网上浏览、采购，几件心仪的物品已经放进购物车里，“click”！一键搞定。几分钟后，你家门铃响起，门口一位快递小哥正拿着你包裹——再熟悉不过的场景，这就是作为一个 80 后的你再正常不过的生活。正要签收，你恍然感觉好像哪里不对——这正是我几分钟前刚下的订单啊！你会慢慢习惯的，这就是大数据时代的物流。

2013 年 12 月 24 日，亚马逊获得一项名为“预测性物流”的专利授权，这项专利可以让亚马逊根据海量用户数据去预判用户的购买行为，提前将这些商品运出仓库，放到托运中心寄存，等用户真正下单了，立即装车送往用户家里。目标只有一个：大幅缩减商品到达时间。

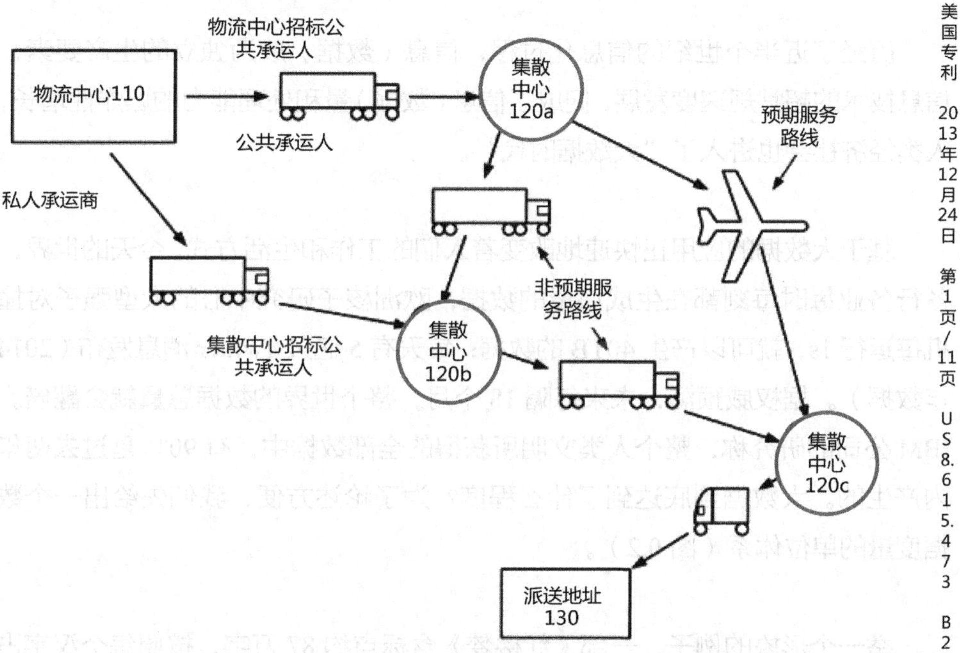


图 0.1　亚马逊“预测性物流”专利示意图[74]

这个方法的一个要点是将物品打包以便最终运送到投递地址，但首先向目的地所在的地理区域投送，最大化地靠近指定送货地址，而在包裹的运输途中，再最终指定完整的收货地址。当你在网上点击一些产品后，你不一定下单，有可能买也有可能不买，系统基于大数据分析判断你可能需要这些产品，在你没有下单之前就把这些产品调拨到离你较近的仓库，即“订单未下，货已在途”。

数据，仿佛是企业的“神经”，贯穿于它的各个运营环节。基于大数据分析，企业能够准确了解消费者的消费行为，通过记录、分析、整合、运算海量数据，能够对特定区域的货物仓储进行自动分析，从而为仓储提供有效、精准的调拨计划，根据用户的需求，基于销售前端的预测，在后台进行备货，将货物预先放在离用户最近的物流中心，时刻准备接收用户订单进行配送。很难想象一个没有“神经”的企业如何参与市场竞争。

英国《经济学人》杂志的创新编辑保罗·麦基里（Paul Markillie）说：“随着制造业步入数字化时代，整个领域将焕然一新。”

历经了近半个世纪的信息化过程，信息（数据）成为独立的生产要素，信息技术的超常规速度发展，促成了信息（数据）量和处理能力的爆炸性增长，人类经济社会也进入了“大数据时代”。

基于大数据的应用正快速地改变着人们的工作和生活方式。今天的世界，各行各业每时每刻都在生成海量的数据，欧洲核子研究中心的大型强子对撞机每运行 1s，就可以产生 40TB 的数据；每天有 5 亿条 Twitter 消息发布（2014 年数据）。据权威预测，未来每隔 18 个月，整个世界的数据总量就会翻倍。IBM 公司的研究称，整个人类文明所获得的全部数据中，有 90% 是过去两年内产生的。大数据到底达到了什么程度？为了论述方便，我们先给出一个数据度量的单位体系（图 0.2）。

举一个形象的例子，一部《红楼梦》含标点约 87 万字，按照每个汉字占 2 个字节计算，大概包含 1.7MB 数据。也就是说：

- 1GB 约等于 617 部《红楼梦》。
- 1TB 约等于 63 万部《红楼梦》。
- 1PB 约等于 6.5 亿部《红楼梦》。

1Byte = 8 bit

1KB = 1 024 Bytes

1MB = 1 024 KB = 1 048 576 Bytes

1GB = 1 024 MB = 1 048 576 KB = 1 073 741 824 Bytes

1TB = 1 024 GB = 1 048 576 MB = 1 099 511 627 776 Bytes

1PB = 1 024 TB = 1 048 576 GB =1 125 899 906 842 624 Bytes

1EB = 1 024 PB = 1 048 576 TB = 1 152 921 504 606 846 976 Bytes

1ZB = 1 024 EB = 1 180 591 620 717 411 303 424 Bytes

1YB = 1 024 ZB = 1 208 925 819 614 629 174 706 176 Bytes

图 0.2　数据度量单位关系图

美国国会图书馆藏书量约为 1.5 亿册，收录数据 235TB（2011 年 4 月）。那么，1EB 约等于 4000 个美国国会图书馆存储的信息量。地球上所有海滩上的沙粒大概有 7005000000000000000000（即 7 万零 5 亿亿）颗，这个庞大的数字（大约 0.6ZB）其实还不到 1ZB。IDC 于 2012 年 12 月发布了研究报告《2020 年的数字宇宙：大数据、更大的数字阴影以及远东地区实现最快增长》，所说的数字宇宙是对 1 年内全世界产生、复制及利用的所有数字化数据的度量。该报告指出，从 2013 年到 2020 年，数字宇宙的规模每两年将翻一番，预计到 2020 年，数字世界将拥有 40ZB 的容量。40ZB 是个什么概念呢？仅就数量而言，相当于地球上所有沙粒数量的 57 倍。更大的数据已经没有比较的意义了，因为已经很难用现实中的事物去类比了。

然而，目前只有 3% 的数据是潜在有效的大数据，其中得到分析的数据量则更少。随着数字宇宙的增长，有效的数据量也在不断地膨胀。如果能对数据加以标记和分析，到 2020 年， 33% 的数字宇宙（即 13000EB）将具有大数据价值。图 0.3 描绘了来自不同领域的大数据。

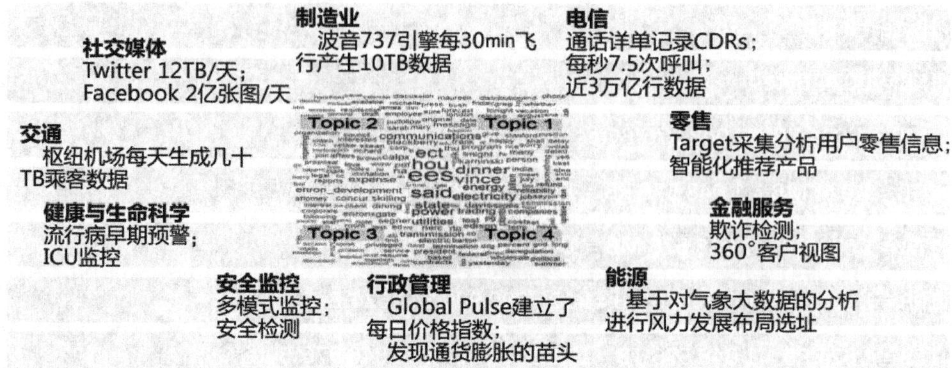


图 0.3 来自不同领域的大数据[2]

与近年来风生水起的网络大数据相比，企业对数据的积累其实更为久远，有些甚至可以追溯到 20 世纪 60 年代，开始于信息技术在企业广泛应用的进程中。经过几十年的积累，企业积累的数据体量也颇为庞大，从 IDC 关于美国各行业 2009 年数据存储量的数据统计（图 0.4）中，我们可以看到，各行业中保有数据量最大的是离散制造业（Discrete Manufacturing），有多达 966PB 数据，超过了政府（Government）数据的 848PB；另外，流程制造业（Process manufacturing）也有多达 694PB 数据，居第 4 位。麦肯锡全球研究院的报告《大数据：创新、竞争和生产力的下一个前沿领域》[3] 显示，在美国的 17 个业务领域中，有 15 个领域的公司的数据存储量比美国国会图书馆还多，这些大数据主要来自于全球数十亿笔交易。沃尔玛公司就是一个典型实例。这一零售业巨擘每小时要处理超过 100 万笔客户交易，其数据库估计包含超过 2.5 PB 数据，相当于美国国会图书馆全部书籍所含信息的 167 倍。另外，诸如英特尔公司等企业每天记录的有关其客户、供应商和业务运营的信息也非常庞大。大数据正从原来的存储难题，转变为新的战略性资产，成为可以为业务各方面提供重要信息的金矿。

企业大数据从哪里来？制造过程首先是大数据的源头，数据分布于产品整个生命周期的各个环节，从市场分析、产品策划到设计，再到制造、供应链和售后服务、再利用，每个环节都会有大量数据，“全”生命周期汇合起来的数据更大（图 0.5）。此外，企业外、产业链外的“跨界”数据也是企业大数据不可忽视的重要来源。一旦制造业进一步数字化，生产流程中产生的

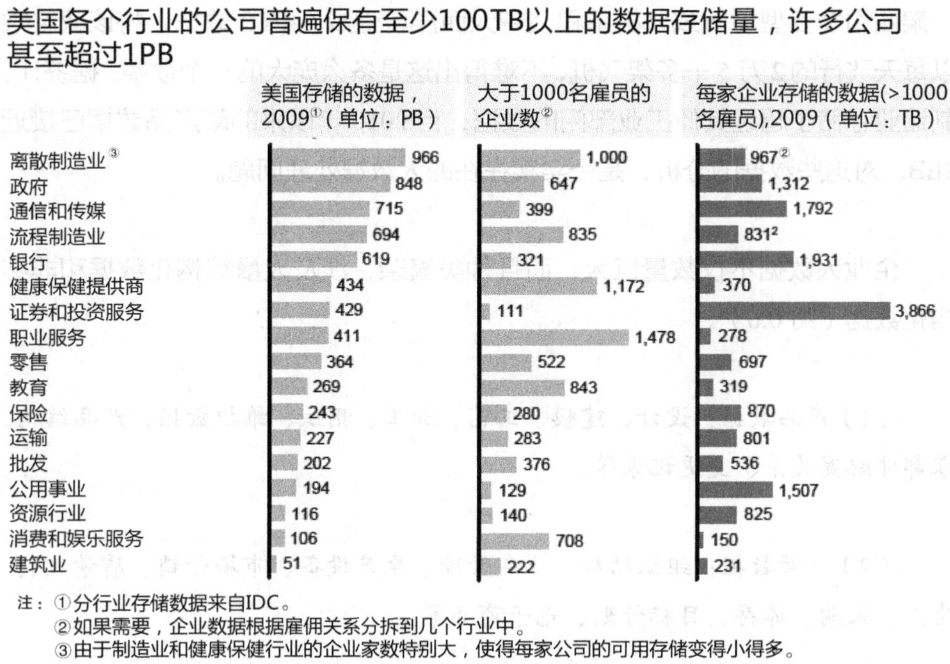


图 0.4 美国各行业 2009 年数据存储量

（来源：IDC；美国劳工统计局；麦肯锡全球分析研究）

图 0.5 制造过程中的各种数据[4]

数据将成为另一个巨大的数据来源，从 IT 角度来看，其数据量、产生频度、类型都极具挑战性和吸引力。一个半导体生产机台一天产生的数据量可以轻松达到 TB 量级，这样几年积累下来的数据很快就达到 PB 级了。产品运维中的数据也颇为可观，波音喷气引擎每运行 30min 就可产生 10TB 运行信息，一架四引擎巨型喷气式飞机单程飞越大西洋可生成 640TB 数据，将该数字乘以每天飞行的 2 万 5 千多架飞机，不难得出这是多么庞大的一个数字。据统计，制造业存储了超过其他工业部门的数据，自 2010 年以来的新产品数据已接近 2EB。对这些数据的分析，是个实实在在的大数据处理问题。

企业大数据不仅数量巨大，而且种类繁杂，涉及大量结构化数据和非结构化数据（图 0.6）。

（1）产品数据：设计、建模、工艺、加工、测试、维护数据、产品结构、零部件配置关系、变更记录等。

（2）运营数据：组织结构、业务管理、生产设备、市场营销、质量控制、生产、采购、库存、目标计划、电子商务等。

（3）价值链数据：客户、供应商、合作伙伴等。

（4）外部数据：经济运行数据、行业数据、市场数据、竞争对手数据等。

图 0.6 制造业大数据的类型

这些数据都藏在哪儿呢？

第一类存储于各类企业应用系统中，主要是产品数据和业务数据。传统企业信息化的“四大件”：广义 PLM 系统（包括 CAX）主要支持产品开发，ERP 系统负责“人财物、产供销”，SCM 系统协调供应链，CRM 系统关照企业客户和用户，其中的数据是我们通常所说的传统企业数据范畴。这些系统最大的特点是通常架构于关系数据库之上，所以其中的数据也被称为 SQL 数据。这些数据准确度高、结构严谨、价值密度很高（这一点不太符合大数据所谓价值稀疏的特征）。

第二类存储在各种设备和前置机中，主要是指那些机器和传感器数据，又称机器产生的数据 / 传感数据，包括智能仪表数据、工业设备传感数据、设备日志、交易数据、呼叫记录等。

随着制造物联网和传感网的发展，传感器、RFID、二维码、NFC 等技术已经在企业中得到初步应用，机器数据也开始逐渐得到积累。这些数据的特点是数量极大，实时产生且数据类型多样，符合真正的大数据特点。过去由于受到存储和处理能力的限制，这些数据有的在经过加工后仅保存摘要，有的干脆在使用后就被丢弃了。处理这类机器产生数据所面临的问题和挑战很多，比如在制造领域中，压力、温度等数据的特点是需要语境才能理解的，燃气轮机排气装置上的温度读数与机车的内部温度具有完全不同的含义，燃气轮机改善热敷需要使用非常复杂的算法运行模型。所以通用电气公司副总裁兼全球技术总监 William Ruh 认为，相对于工业大数据来说，工业互联网（Industrial Internet）才是当前急需的，因为大数据本身并没有让信息的提取更加智能，业务比数据本身更加重要。

第三类数据存储于企业之外，包括企业伙伴间的业务往来数据、产品售后服务数据等。随着规模化定制和网络协同的发展，企业需要实时从网上接受众多消费者的个性化定制数据，并通过网络协同配置各方资源，组织生产，管理更多各类有关数据。另外，Twitter、Facebook 这样的社交媒体平台上的社交数据，有很多也是与企业业务紧密相关的，如用户行为记录、反馈数据等。这些数据也符合大数据的特征。

还有一类数据，仅仅存在于历史中。出于存储成本的考虑或者处理能力的限制，还有很多企业数据实际上得不到处理，也无法存储，随时生成，随时丢弃。

由此可见，企业大数据不仅种类繁多，而且存储方式和存储地点也千差万别（图 0.7），这对于想利用这些数据的企业而言，不能不说是一个严峻的挑战。仔细分析一下，这些数据典型地符合 20/80 法则，存储于各类企业应用系统中的业务数据只占总量 20%，数量少，但是价值密度高，易于处理，易于分析；而另外 80% 的机器数据和社交数据等数量巨大，但是价值密度稀疏，对于这些数据，长期以来企业要么望“数”兴叹，要么干脆弃之不理。

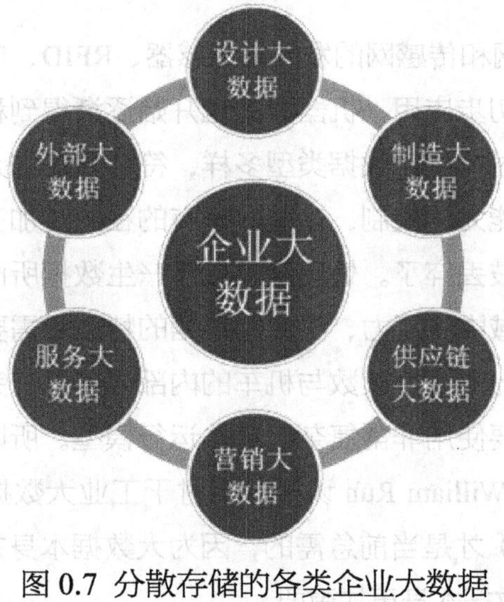


图 0.7 分散存储的各类企业大数据

# 第 1 章　设计大数据

“如果我问人们，他们想要什么，他们会说更快的马。”

——亨利·福特的名言。

设计的目标是使产品更有价值、生产成本更低以及对顾客更具吸引力。现代工业，无不将设计置于生产的最重要环节。

## 1.1 当成吨的图纸变成数据

设计一直是最能体现企业创新活力的环节。随着技术的发展，现代制造产品越来越复杂，很多制造产品是集软件、电子、机械、液压和控制等模块于一体的典型多技术系统。比如，一架美国波音 747 大型客机的零件数量多达 600 万件，其中连接件为 300 万个，风洞吹风测试达 15000h，电缆总长 274km。这样的产品设计对制造企业而言是一个巨大的挑战。

1961 年，我国开始仿制苏联的米格 -21 飞机，同年 8 月，苏联提供的飞机图纸和技术资料陆续运抵当时技术实力最强的沈阳飞机制造厂（112 厂）。这批技术资料重达 13t 之多；仅翻译、复制、校对这批图纸和技术资料，国家就协同相关单位花了 1 年多时间才完成。

40 年后的 2001 年，我国在“枭龙”战斗机研发中首次全线采用三维数字化设计技术，结束了制图、晒图的历史，节省了大量烦琐的劳动与时间，大大缩短了设计、研制时间；这架飞机的结构更为复杂，承载设计的不再是成吨的图纸，而是多达 9 万张的数字图纸。

事实上，复杂的产品还表现在客户需求复杂、产品组成复杂、产品技术复杂、制造过程复杂、项目管理复杂，其设计过程是机械、电子、控制、信息等多领域一体化协同的过程。一种新的汽车车型，需要开发 2 万 ~2 万 5 千个零件，想要更快地开发出更好的汽车，就需要更好的设计数据管理和处理技术。在企业数据基础上，设计工程师和制造工程师们可以使用产品全生命管理系统（PLM）等工具共享数据；通过快速、低成本的仿真来测试不同的设计选择、不同的零件和供应商的选择，并测算这些选择各自相关的制造成本。这种数据协同非常有价值，因为设计阶段的决策通常会决定制造成本的 80%。业界领先的一些企业已经开始协同使用数据和协同控制试验，通过数据分析和模拟及早地获得一些设计决策。

现代新药研制也是一个常见的“计算对象”。以前，开发一种新药要经过原理研究、动物试验、志愿者试验等步骤，很多内容需要在现实中大量地、反复地试验，整个研制周期往往长达十余年，其耗费的时间与精力可能不亚于登月工程。如今，很多基础性的试验和计算工作可以通过在超级计算机上完成模拟，研制周期可以大大缩减，一种新药 3~5 年就能研制出来。对于今天的制药企业来说，采集和拥有一致、可靠、关联完整的数据反而成了新药研发面临的最大挑战之一。

## 1.2 巨型风洞和工程分析数据

在我国川西北大山深处，坐落着亚洲最大的风洞群，这里有低速风洞和亚声速、跨声速、超声速和高超声速风洞 52 座，拥有 8 座世界级风洞设备，能够进行从低速到 24 倍声速，从水下、地面到 94km 高空范围，覆盖气动力、气动热、气动物理、气动光学等领域的空气动力试验。从“歼 -10”、“枭龙”战机和“神舟”系列飞船，到磁悬浮、“和谐号”高速列车；从高达 300 多米的东方明珠塔，到横跨 30 多千米海面的杭州湾跨海大桥设计，都在这里进行过风洞试验。

而据德国亥姆霍兹大研究中心联合会网站消息，研究人员在哥廷根建成的 62m 长巨型风洞，可把空气加速到超过 25000km/h。此风洞可帮助科学家模拟飞船和超音速飞行器穿过大气层飞行时的极端条件。

为什么要建造这些庞然大物呢？这是因为风洞试验是产品研制过程中一个不可缺少的组成部分。它不仅在航空和航天工程的研究和发展中起着重要作用，随着工业空气动力学的发展，在交通运输、房屋建筑、风能利用和环境保护等领域的设计中也得到越来越广泛的应用。比如，汽车时速达到 110km/h 时，风的阻力就占总阻力的 70%，大部分燃油消耗被用在了克服风阻上，因此通过风洞试验模拟汽车在行驶中的情况，优化汽车外形设计，减少风阻、节约燃油、降低噪声，是汽车风洞试验的主要目的。通用汽车公司研发庞蒂亚克火鸟 I 概念车（1953 年）时就已开始使用风洞试验室，之后使用过美国航空航天局艾姆斯（NASA Ames）研究中心的风洞，并与加州理工大学有过深入合作。直到 20 世纪 70 年代末期，由于市场对于汽车燃油经济性、舒适性的广泛需求，通用汽车公司决定建造自己的空气动力学试验室，1980 年 8 月，该试验室正式在通用汽车技术中心落成。

为了达到各种模拟试验条件和极端条件，风洞需要高超的设计和巨大的空间。而在风洞试验中，为了创造出试验条件，所需的能源也是非常巨大的。前述德国哥廷根那座 62m 长的风洞中，活塞像一个巨大的空气泵压缩燃气，在钢膜破裂之后，一股强烈的冲击波对空气进行压缩和加热，然后以最快的速度喷到模型上（工作原理属于激波风洞）。试验中的极端气流能引起类似太阳表面的温度，但只持续 0.001s。这么短的时间内，风洞试验中的材料甚至还来不及融化。汽车风洞中用来产生强大气流的风扇是很大的，比如奔驰公司的汽车风洞，其风扇直径就达 8.5m，驱动风扇的电动功率高达 4000kW，风洞内用来进行实车试验段的空气流速达 270km/h。通用沃伦风洞采用的风扇为 6 片结构，每扇叶片约长 3.6m，重约 1t，转动时由 4500 马力变速直流电动机驱动，测试区最大风速可达 222km/h。建造一个这样规模的汽车风洞往往需要耗资数亿美元，甚至 10 多亿，而且每做一次汽车风洞试验的费用也是相当高的。与现实状态不同，风洞试验中不是物体在空中移动，而是空气冲击固定安装的模型。通常情况下，工程师会先对1：3 模型进行测试，之后再对实物或 1：1 模型进行测试，最终得出结论和后续研发的数据依据。

通过风洞试验仅仅是获取数据，数据采集完成后，必须对数据进行分析，以从中提取相应信息。因此，大型的风洞试验中心同时要配套建设大型的计算中心和高性能计算机系统，以完成大量的数据计算。

汽车的安全碰撞分析是检验汽车安全性的重要手段，这个试验不是在风洞中完成，而是在专门建设的碰撞试验场中实现，丰田公司位于东富士研究所的碰撞试验场长 280m，宽 190m，占地面积约 38740m$^2$，俯瞰整个试验场，是一个方形与扇形组合而成的巨型试验场地，可以进行障碍物碰撞试验、车与车对撞以及各种翻滚试验，以满足全世界各种最严格的碰撞法规。全年可进行大约 1 600 次碰撞测试，也就是说平均每天这里会有至少 4 次的碰撞试验。除了碰撞设备和被检测的汽车，汽车公司还要研制作为碰撞试验中获取驾乘人员重要数据的假人，包括各种体型、年龄、性别的假人。假人要有极为精确的模拟生理结构，甚至还有孕妇模拟假人以准确还原碰撞中孕妇和腹中胎儿所受伤害的情况，以用于更加有针对性的开发安全装备。这些假人价值不菲，且都是一次性使用的。在以往的汽车研发中，要研究一种新车的安全碰撞情况，可能需要制造近百台真车，再进行碰撞试验并收集数据。

噪声、振动与声振粗糙度 NVH（Noise、VibrATion、Harshness），是一个衡量汽车制造质量的综合性问题，它给汽车用户的感受是最直接和最表面的；它是国际汽车业各大整车制造企业和零部件企业关注的问题之一。有统计资料显示，整车约有 1/3 的故障问题和车辆的 NVH 问题有关系，而各大公司有近 20% 的研发费用消耗在解决车辆的 NVH 问题上，这也需要大量的分析工作。

现在，借助超级计算机和计算机辅助工程（Computer Aided Engineering），企业可以进行模拟分析、验证和改善设计，从而节省大量成本。汽车研发人员可以通过数字样车实现汽车碰撞和数据收集，然后再通过真车碰撞对设计进行实践检验，因此实际用车可能几台就够了。通用汽车运用数字化试验后，汽车开发周期由 48 个月缩短到 12 个月以下；菲亚特、丰田和日产公司都将新型号的研发时间缩减了 30% ~ 50%；丰田宣称在构建产品的第一个原型系统之前，已经可以通过数据应用消除 80% 的潜在缺陷。类似的，运用超级计算机的模拟试验和数据运算，飞机制造也不需要进行复杂的风洞试验，波音 777 飞机的研制周期也从 8 年缩短至 5 年，工程返工量减少了 50%。

随着试验技术的发展和计算能力的提升，产品设计中可以搜集到更多的数据，从而给出更好的设计。图 1.1、图 1.2 分别是波音公司在设计 767 机型和 787 机型时应用计算流体力学（CFD）的情况，从中可以看到，在两代机型设计中数据分析所做贡献的巨大变化。

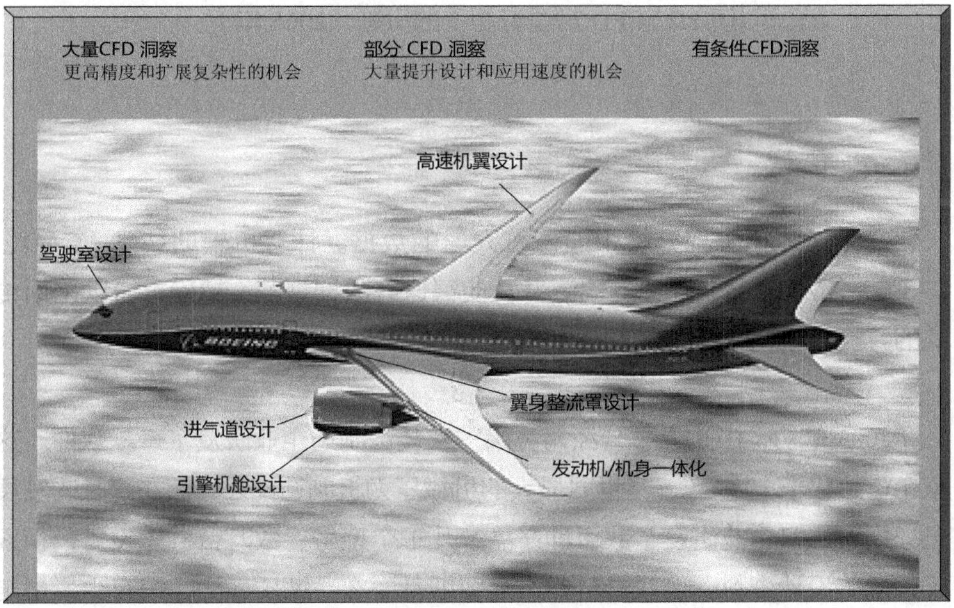


图 1.1 CFD 对波音 767 的贡献（1979 年）[5]

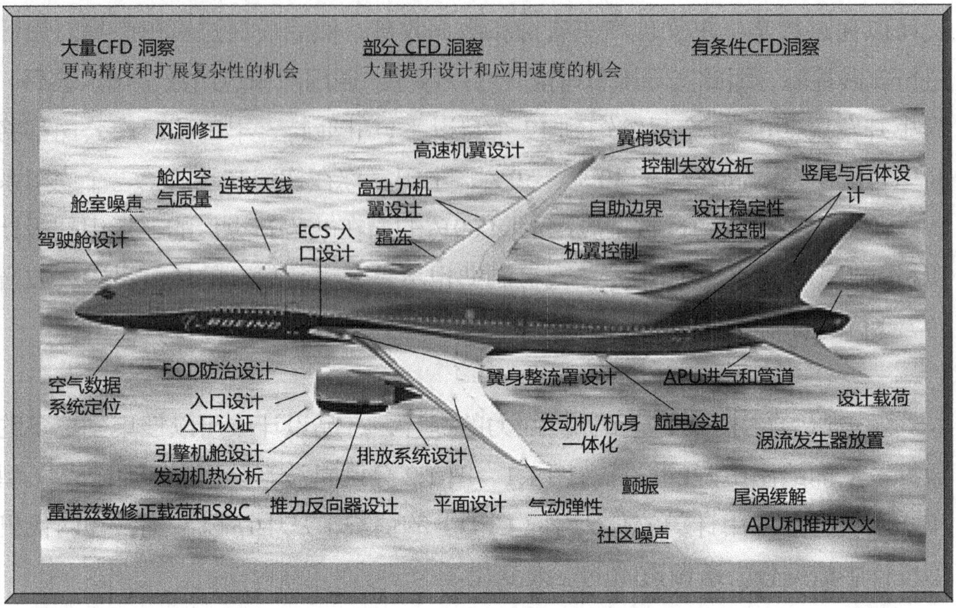


图 1.2 CFD 对波音 787 的贡献（2005 年）

## 1.3 从数据中发现设计知识

产品设计和工程分析中蕴藏着大量的数据。计算机辅助技术（CAD、CAE、CAM、CAPP 等）的广泛普及使得这些数据规范、精确，可以采用传统的方式处理。

2003 年初，山东大学曾经为济南一家装备制造企业研发了一款软件。这家企业始建于 1937 年，是世界最大的机械压力机制造商之一。在漫长的发展过程中，这家企业研发了数百种产品、几千个型号、数万台机床设备，积累了大量的设计资料，这些资料要么是图纸，要么是纸质表格，只有少量是电子文档。当时，这家企业已经意识到这些设计资料的重要价值，因为随着老一代设计人员逐渐退休，新的设计师们无从了解过去产品设计中的重要经验和决策依据。这项工作目标很明确，就是要把企业积累的这些设计资料数字化、知识化、工具化，在此基础上，开发一款供设计人员使用的设计计算工具软件。山东大学师生们用了一个寒假的时间，从这些设计文档、设计图表入手，分析资料中的数据关系，导出数据计算公式或查表方法，开发相关的交互界面。最终，这些设计数据得以重新规范和整理，其中蕴含的价值得以重生，使潜藏在数据中的设计知识可以方便地应用于新产品的设计。

今天看来，这项工作其实还是很初步的，只能算是设计数据的简单加工和再现，无论从规模还是数据形式上，都还只是"小数据"的常规处理，跟今天的大数据不是一个概念。但是，从对数据的加工和分析过程看，当年这项工作的目标和成果又与今天大数据处理的思路不谋而合。

十几年后的今天，为了满足虚拟展示、可视分析、协同设计的需要，以及新兴交互技术、显示技术、分析技术的引入，产品设计和工程分析数据的规模、类型和分布也开始迅速增长，需要借助大数据的分析和处理能力。基于大数据的关联分析能力，设计人员可以深入挖掘以前开发中没有注意的现象与规律，从中发现设计知识。

（1）分析用户需求数据，找到用户对产品的真实需求，用于改进产品设计。

通过广泛收集数据，特别是捕获用户与产品功能界面的交互数据，一定程度上可以还原用户在一段时间内的行为，它们是用户行为轨迹的真实反映，这样就有了用户的真实的主观需求，这种需求甚至连用户自己都不清楚，只是单纯地觉得什么东西用起来不顺手，我想要什么功能、我想修改什么功能。通过分析，可以找到这些需求背后深层次的原因，而这也许正是解决问题的关键点。举个例子，用户在手机触屏虚拟键盘上输入拼音时总是感觉按钮有偏差，不是点不中就是老点错；研究者通过在线收集用户的触控交互数据，最终发现，用户的点击都有些向下偏移的倾向；进一步分析可以了解到，人的手指肚形状是一个中间凸起、前部微翘的形状，这就造成了用户点击的偏差，这个知识可以用来改进触屏界面交互设计。

（2）利用加工过程中的数据反馈和产品使用中的行为数据，也可以帮助制造商探索最佳的设计和工艺，改进设计，甚至帮助改变其业务模式。

汽车上大量传感器的使用，使得采集汽车运行行为数据可以很方便地进行，而且不会对顾客造成干扰。汽车行业的巨头们已经纷纷开始利用汽车行为数据改进设计，这将从根本上改善汽车的设计。福特研究实验室的测试车每小时会从高分辨率照相机和传感器阵列中收集约 250GB 数据，他们正在试图找出其中哪些数据是最有用的，以及如何将这些数据回馈给公司的生产过程。鉴于福特公司年销售 200 万辆汽车的市场规模，从汽车运行中采集的数据量之大可想而知，这其中蕴含着巨大设计价值。企业利用这些数据，可以为消费者打造出更为简单、直接、便捷的汽车生活体验。数据甚至改变了汽车的销售方式，沃尔沃公司正在积极售卖其基于大数据推出的“公路列车”，在车流时速低于 50km/h 时，尤其是在堵车的情况下，汽车可以自动跟随前方车辆行进，车辆之间保持适当车距，同时保持对转向的控制，这时的驾驶员就可双手脱离方向盘干点别的了。这是其基于庞大的道路数据库、汽车互联数据库打造的一套系统。

（3）社交媒体的数据同样可以用于改进设计。

福特公司从分析许多社交媒体和外部订单数据中发现了一些有价值的线索。汽车顾客们在社交媒体上都说了啥，与其他厂家的车对比如何，以及他们遇到了什么问题，等等，这些都是福特关心的数据。福特公司使用社交媒体帮助弄清楚了为什么美国的 Fiesta 车主和欧洲的车主一样，都不喜欢 three-blink 转向信号（行车线变化时转向灯闪烁三次）。“一些有 three-blink 功能美国车的人，看来并不像我们预期的那样满意。”这让福特公司的市场营销团队很困惑，他们非常想了解关于这个设计，用户是怎么想的。通过对社会媒体进行一些深入的数据挖掘后，福特公司的分析团队发现，其实用户不满意的是方向盘的问题，而不是车辆的转向信号。这样，销售团队向顾客认真地解释后，人们就不再抱怨转向信号的问题了。

## 1.4 数据驱动的设计

新产品开发是一件高风险的事，每年进入市场的新产品中都有大批以惨败收场。在设计初期的创意阶段，要通过市场信息去制定产品的设计开发计划，了解市场流行趋势及科技发展趋势，消费者在乎的是什么。传统市场调查得到的讯息，不外乎价格、外观、性能等，却无法从这些信息看到全面性、情感性及前瞻性，容易使设计上的创新性和需求性受到局限，且增加了新产品进入市场惨遭挫败的风险。而从大数据的角度去驱动产品创新，就会在信息的广度（如搜索引擎、社交网站、行业信息）、深度（如情感分析）和前瞻性（如新能源、新技术、新材料）方面，达到传统市场调查无法达到的程度，这也会直接影响产品创新设计的水平及未来上市后的成败。

最易见效的方法是通过客户分析——公司密切关注社群网站的信息、讨论区消息及其他在线信息，了解人们的所思所想。用户对产品的情绪分析成为互联网世界产品概念设计和概念测试的依据，这种信息可以让产品设计者在各种问题和想法完全被意识到之前，及早发现它们。大数据是说公司可以挖掘分析大量各种信息，以改善下一代产品和服务。社会和经济活动的不断网络化，数据收集、传输、存储和分析成本的下降，共同导致了一个有助于培育新的产业、工业和产品的大数据时代的出现。

数据驱动的设计能够在制造任何实物产品之前预告设计过程，从而降低成本，并确保最终产品更加符合客户偏好。例如，欧特克（Autodesk）的计算机辅助设计软件 AutoCAD 已经流行了几十年，而现在该公司正在开发一种更加基于数据驱动的方式。这项研究是在其建立的算法生成设计（Algorithmically Generated Design）研究项目“追梦计划”中，最终目的是将其与公司的其他产品整合，使设计者能够根据一系列材料和性能要求生成设计，然后将这些设计用于进行高精度的增材制造。

数据驱动的设计在其他领域（如网页设计）已经成为标准做法，制造商若将其更全面地应用于自己的产品，将会受益匪浅。汽车制造商，如沃尔沃（Volvo）公司和迈凯轮（McLaren）公司都采取了基于模拟的方式来驱动设计。迈凯轮公司在制造实体原型之前，先要对其设计进行性能分析；沃尔沃公司则通过整合客户数据来预测一个特定设计或功能是否能够吸引客户。

在电动汽车领域，电池系统、电动机系统是两个最核心的技术领域。美国 Tesla（特斯拉）电动车公司的充电桩代表了世界上最发达的充电技术。为了让电动汽车更实用，特斯拉公司正在拼命缩短充电时间，使得充电速度越来越快，现在充满一半电量只需 20min，是普通电动车充电速度的 20 倍；而一辆 60kW · h 电池组版本的 Tesla Model S 充满电可以续航 368km。特斯拉首席技术官施特劳贝尔（Straubel）甚至宣布可以将充满电池的时间缩短到 5min——这已经跟加满一箱油的时间差不多了。这实际上是特斯拉公司取得市场竞争优势的法宝。

而取得这样的设计结果，特斯拉公司依靠的是来自 JMP[6] 的高级 DOE（Design of Experiments，试验设计）平台及数据分析套件。JMP 是全球最顶尖的统计学软件集团 SAS 公司的重要事业部，致力于帮助全球企业客户提升质量管理、优化业务流程和改进产品研发，通过 JMP 提供的高级试验设计、数据分析套件及数据挖掘方法。特斯拉公司找到了电动车充电技术的窍门，成功解决了电池温度与快速充电问题，并且实现了对单个电池的温度与工作环境监控，成功解决了困扰电动车界的高效能充、放电，电池可靠、安全工作，以及电池容量等几大难题。

而一些本身就个性十足的产品正在充分利用来自用户的数据完善设计。2015 年 2 月 23 日，在美国密尔沃基，哈雷 · 戴维森在全球启动了 2015 年 LiveWire 项目[7]体验活动，全球骑手都有机会参与体验。哈雷 · 戴维森将倾听、收集骑手们的反馈意见，与骑手们一同打造哈雷 · 戴维森首款电动摩托车的未来。

哈雷 · 戴维森邀请了亚洲、欧洲、加拿大及美国的客户参加体验活动，收集骑手们的试驾感受，旨在推出一款真正能满足客户全方位需求的电动摩托车。

图 1.3　哈雷・戴维森新款电动摩托车的设计[8]

LiveWire 这款摩托车是专为收集骑手们的试驾感受所设计的，以了解骑手们对于首款哈雷・戴维森电动摩托车的全方位需求和期待。LiveWire 项目体验活动邀请众多潜在客户参与体验，使消费者更进一步地了解哈雷・戴维森品牌，收集他们真实的体验感受。对于不会驾驶摩托车的客户，他们可以通过 Jumpstart ™装置感受 LiveWire 的引擎动力，同样将得到非凡的试驾体验。

这已经不是哈雷・戴维森第一次举办这样的活动了。2014 年，哈雷・戴维森在美国举行了 LiveWire 项目体验活动，一路骑行途经 30 个拥有哈雷・戴维森经销店的城市，并在迈阿密举办了一场专门针对拉丁美洲客户的体验活动。活动总共收集了超过 15000 位客户的体验感受，其中有超过 6800 位客户参与了 Jumpstart 装置体验。哈雷・戴维森将根据在 LiveWire 项目体验活动中所收集到的客户反馈，制定针对这款摩托车零售可行性的长期规划。

这项活动体现了以客户需求为导向的设计原则，电动车技术的发展日新月异，哈雷正是希望从 LiveWire 项目体验活动中尽可能地收集来自客户的数据，从而明确这款新车型正确的设计方向。

而在产品上市以后，仍然可以获取数据，驱动设计。随着流动性数据不断地产生，通过智能感应设备对数据进行收集、传送，可以对可能出现的零部件故障、隐患进行及时的处理。一方面有利于解决产品安全隐患，另一方面将帮助产品的更新换代，提升产品的设计和构造水平。

# 第 2 章　生产大数据

## 2.1 机器生成的数据

所谓机器生成的数据，是指那些从计算机过程、应用软件或者机器上自动地、没有人为干预创建的信息。莫纳什研究院的柯特·莫纳什是这样定义的:“机器生成的数据是完全由机器产生的数据，或者观察人类行为而不是记录人类决策的数据。”耶鲁大学教授丹尼尔·阿巴迪给出了一个狭义的定义:“机器生成的数据是一种独立计算代理决策的结果，或者是对一个非人类行为事件的测量。”这些定义上尽管有些差异，但它们都排除了数据由人类手动输入的情况。

工业 4.0 时代，机器所产生的工业物联网数据，将远远超过目前消费互联网所产生的数据量。Gartner 在 2009 年发布报告称，数据将在接下来的 5 年内将增长 650%。大部分的增长源自机器生成的数据。IDC 预计到 2020 年，联网的物体将是人的互联数量的 26 倍。Wikibon 预测到 2020 年，将会有 5140 亿美元投资于工业互联网。

数据的量变会产生质变，大量的机器数据将会催生新的商业模式，并在全社会范围内优化资源配置：更自动化的生产设备，更灵活的流程管理，让工厂能够基于市场预测快速地装配调度，智能地生产，从而以最快的速度匹配消费者需求。

鉴于机器生成的数据的巨量特性，数据所有者需要借助于高度可扩展的工具来处理和分析所得到的数据集。几乎所有机器产生的数据都是无结构的，但最终会导入一个共同的结构中。通常，这种导出的结构包含许多数据点或者列。对于这些数据点，挑战主要在于如何分析数据。由于高性能的处理要求，同时又是巨大的数据量，传统的数据库索引和分区限制了数据集进行处理的大小和效率。替代方法是采用列数据库，在做特定分析时，只访问特定的“列”。

从浩如烟海，看起来又一模一样的数据中挖掘知识，不啻是大海捞针，是相当枯燥的事情。但在大数据技术的帮助下，这些干瘪的数据都将内化成智能的数据，变得可见、可调节。

在长期积蓄了实时收集的大量数据后，可按每台设备、每月、每班、每份订单等进行比较，找出其相互关系。通过分析其中复杂的数据关系，不仅能优化生产过程，而且有助于设备的预测性维护和提高质量等。例如，某塑料制品制造工厂通过分析生产过程的数据、产品质量和自然环境数据的相互作用，可以了解到因工厂内外的温度变化而带来的生产线异常以及对产品质量的影响。

## 2.2 数字车间，从感知到智能

现代化工业制造生产线安装有数以千计的小型传感器，来探测温度、压力、热能、振动和噪声。低成本传感器技术（即物联网）的扩张已经使得几乎所有制造工艺和零部件成为潜在的数据源。为了实时控制生产线的制造装置和设备，要求以间隔几十秒、几秒甚至接近实时的频率，收集和分析自动化生产线的运行记录数据、各种传感器数据和工厂内外环境数据等构成的大数据（图 2.1）。

数据产生的频率会很快，每隔几秒就收集一次数据，传感器数量的增加与数据产生速度相叠加，造成了传感数据的爆发性增长，使得这些数据的体量非常庞大。但是把每件物品都装上传感器并每秒搜集一次感知数据还是颇有挑战性的。数据的搜集、存储和处理的速度如果赶不上数据产生的速度，那就只能任这些数据丢弃，因为不可能存储所有的数据，传统企业已经习惯于对数据做摘要了。

图 2.1 在工厂内搜集大数据的概念图（来源：*Industrial Ethernet Book*）

监视控制与数据采集系统（SCADA）就是这样一种工业控制系统，它们从诸如能源、交通、石油和天然气、供水和废物控制等行业的设备中收集并分析实时数据。这些系统生成有关组件状态、运行、使用和通信等的大量数据。这些数据可以用来确定企业基础结构中的趋势、模式和异常情况，并用于产生客户价值。

现在，领先的制造企业已经可以利用大数据技术对庞大的感知数据进行各种形式的分析，包括设备诊断、用电量分析、能耗分析、质量事故分析，深入了解实体制造过程，以提高效率，增加产量，并降低产品缺陷。比如在能耗分析方面，在设备生产过程中利用传感器集中监控所有的生产流程，能够发现能耗的异常或峰值情形，由此便可在生产过程中优化能源的消耗，对所有流程进行分析将会大大降低能耗。

美国雷神（Raytheon）公司甚至能够追踪到工厂中一颗螺钉旋紧的次数。雷神公司位于美国阿拉巴马州亨茨维尔的新导弹工厂部署了复杂的自动化系统，用来收集和分析工厂底层生产数据。对于导弹这样的高精密产品，存在缺陷不是多或少的问题，而是有或没有的问题，哪怕极其细微的缺陷也不应出现。未能使用正确的紧固件或是安装方式不正确都可能导致产品的失败。过去，这些瑕疵只有在随后的安全检测中才能被发现，有些可能永远也无法发现；而且仅仅是因为螺钉、螺栓这些紧固件安装不正确，或是不符合要求，导致的返工、维修和更换的花费就高达数百万美元。

雷神公司的“大数据”发现能力意味着它能够捕捉到更多存在的瑕疵。比如说，如果一颗螺钉需要拧 13 次才能够上紧，但事实上只拧了 12 次，系统便会发出错误信息，导弹或配件的安装、制造就会被终止。雷神公司同时还自动保留了每颗导弹的制造数据，其中包括每个配件及其操作员的姓名，以及制造过程中每一步的湿度和温度。当缺陷发生时，这些将有助于找出究竟是哪里存在问题。过去，这些数据必须人工输入，不但烦琐，也增加了错误出现的可能。

自动收集数据还可以帮助企业计算出维护需求。油漆制造商 Sherwin-Williams 公司通过使用 MES 系统，能够计算出特定的设备需要在 1 万批次后进行维护。因此，在 9000 批次之后，Sherwin-Williams 公司会对这些设备进行提前维护，以避免代价高昂的停工。

摩托车生产厂商哈雷·戴维森公司位于美国宾尼法尼亚州约克市的摩托车制造厂中，软件不停地记录着微小的制造数据，如喷漆室风扇的速度等。当软件察觉风扇速度、温度、湿度或其他变量脱离规定数值时，就会自动调节机械装置。过去，喷漆工作总是存在一定的偏差，每个人做相同的工作总会有一些差别，这最终导致了产品质量的不稳定，而采用了感知数据的自动控制后，可以保证稳定的产品输出。哈雷·戴维森公司同时还使用大数据寻找制约公司摩托车制造效率的瓶颈。公司的管理者通过研究数据发现，安装后挡泥板的时间过长，通过调整工厂配置，提高了安装该配件的速度，最终达到了每 86s 生产一台摩托车的效率。

现在福特公司也正在努力推动对数据的收集（图 2.2），哪怕是在尽可能低的水平、尽可能低的频度。比如汽车制造过程中，一辆汽车有 20000~25000 个零部件，一个完整的供应链涵盖了从零部件供应商到经销商的庞大网络。得到这一过程的完整视图有助于提升生产效率，使用其他技术可能做不到，但是大数据可以。福特公司还在收集或者将要收集的数据，包括来自网站、呼叫中心的实时数据、公司的信用数据等。

图 2.2 福特汽车的装配车间

这些还都只是个例，实际上，它们有一个共同的指向，那就是智能工厂。把机器作为底层，并在安装传感器和执行器后搭建一套应用系统以实现信息处理，从而形成了一套网络世界与物理世界的交互系统（Cyber Physical System），最终实现机器与机器之间、机器与人之间的对话，这便构成了智能工厂的基础。

在工业 4.0 时代，每个工厂都应有一套智能系统，首先，它能够通过传感器对机器运作数据进行采集，并加以分析，从而实时地了解工厂的运作情况；其次，它能够通过控制器对机器运作进行控制；再次，它还能对消费者行为数据进行分析，对产品从设计到销售的全生命周期进行最优化的管理。

在海尔佛山滚筒互联工厂中，一块钢板变成一个洗衣机箱，全程由关在玻璃“笼子”里的明黄色机器来完成，没有一个工人参与。洗衣机的各个模块到了组装环节，才由人工来完成（图 2.3）。

图 2.3 海尔的智能工厂[9]

在组装线上，每个工人头顶有一块屏幕，上面显示着用户的定制需求，工人根据用户需求来组装洗衣机成品。而显示屏上的用户需求，并非由人输入的，而是通过无线射频识别器，由生产线上的产品来“告诉”设备。设备将数据翻译成文字传达给工人。

每天，这家工厂的机器产生超过 2000 万项数据。处理数据的地方就在不远处的大数据中心，它的房间门牌号为“101”，地位相当于工厂的“大脑”。其中，流畅运行的关键是形成一套标准化的数据，由上一台机器告诉下一台机器如何生产。而人在这间机器主导的工厂内，地位不降反升。互联工厂相比传统工厂，工人数下降了 70%，操作工进化为知识员工，是智能设备的管理者。

## 2.3 数据驱动的制造

自动化设备的普及，推动了传统制造业管理流程不断向数字化转型。

通快（Trumpf）公司是一家做激光加工设备的老牌德国企业。对于它来说，真实世界与网络世界进行交互的技术，早已不是什么新概念。通快公司出售的不仅是激光加工设备，更包括使用激光设备所必需的工业软件。它的客户买来设备后，必须对相关工业软件进行编程，方能在自己的制造环节中使用这些设备。抽象来看，制造一辆汽车，已超越了对材料本身的物理加工，同时它包括不同加工设备之间几亿条工业软件中的代码。无论是通快公司还是西门子公司，这些装备制造商早已大举跨入软件行业，实现了数据驱动的制造。

雄克（SCHUNK）公司是德国著名的精密夹具和自动化抓取系统制造商，也是静压膨胀式夹具系统生产厂和标准及特种卡爪生产厂，其总部位于工业名城斯图加特市附近。大数据和云计算为雄克公司实现智能制造提供了支持。比如，可以通过数据控制的道具、夹具替换实现批量定制，在同一生产线同一批次生产不同的产品；能够用订单驱动生产线运转，实时监控生产线的状态，还可以在线监测产品质量。

具体过程是这样实现的：在订单下达后，生产线上的各车床模块依据订单信息，结合之前积累的大数据，迅速将各刀具、磨具等调整到适合的状态，并实时将自己的状态反馈到中央控制系统。在生产过程中，例如刀具的损耗过大，设备本身能够感知，并告知控制系统，及时采取相关动作，而传统情况下只有通过事后检验才能知道，因此与传统相比减少了次品率。

当供应链上更多的环节加入数字化管理的洪流时，机器所产生的工业数据量将远远超过目前消费互联网所产生的数据量。海量的数据不仅能够造就新的算法，帮助人类更加深刻地理解工业本身，还让资源进一步打破智能工厂的边界，在全社会范围进行最优配置。

传统意义上，经销商在市场预测和实际需求之间有一定滞后；而在经销商订单和制造商实际供货之间，又有一定滞后。两者一叠加，随着时间的推移，库存量会产生剧烈波动。糟糕的是，越是试图积极调整，这个波动就越剧烈。长此以往，制造企业的生产周期管理就变得十分困难。因此，除了通过电子商务等互联网手段缩短市场信息的传导机制外，制造企业的一个核心目标是通过生产车间的智能化，进一步压缩生产周期，从而灵活地应对订单的变化。

成立于 1945 年的奥地利滑雪板公司 Blizzard，正努力通过智能工厂提高自己的利润。以往，Blizzard 公司需要两年的时间，不断地打折降价才能把库存消化掉。然而，老问题尚未解决，新问题又接踵而至。20 世纪 90 年代，Blizzard 公司只有 10 多种型号的产品，2000 年后，增加到了 40 多种，现在则已经到了 900 种。同时发生变化的是，滑雪板的销售不再以终端客户的购买为主，80％的滑雪板都以租赁的形式流通于市场。另外，滑雪板的制造工艺也变得更复杂，某些高级滑雪板的制造材料有 18 种之多，需要 16 周的生产时间。因此，Blizzard 公司需要把生产阶段的效率进一步提高，用更短的生产周期去解决库存问题。同时，在管理上，需要参考市场的变化，比如型号增多、用途改变等，以更好地安排自己的生产。

Blizzard 公司提出的目标也很明确，首先，在生产过程中零故障；其次，在生产过程中最大程度地收集并分配信息；最后，要与现有的 IT 系统形成网络。为此，公司对车间进行了智能化升级，IBM 公司为其设计了一套工厂管理系统。首先，在流水线的机器上安置了一些传感器和执行器，而每个物料托盘的底部也都装有一个“数据卡”。这样，当物料通过搬运和加工时，就会以射频技术被系统识别。在此基础上，IBM 公司用自己开发的 Cognos 系统对生产行为进行记录、储存、分析以及分配，从而实时掌握每道工序上产品的来料追溯、加工状态、加工数目以及产品批次等信息。这些识别码在录入的同时，会生成一个短网址，并且能够在企业管理软件（ERP）中进行输入和输出，进而可以实现移动设备端的管理。然后，再通过机器上的执行器对机器的运行进行实际的管控。与此同时，在加工单元的监视器上，每隔 1 小时会自动显示一次目标参数与实际情况。如果未达到目标，则监视器会发出警报，Cognos

系统也会对数据和错误进行分析，并实时汇报。IBM 公司设计的统计软件，可以自动生成生产管理中所需要的各种数据、图表，以帮助决策者掌控整个生产过程。

利用大数据分析，Blizzard 公司也开始预测滑雪板的市场趋势、天气模式以及其他短期的市场变化等因素对公司业务的影响。如今，该公司已经能快速响应特定滑雪地区不断变化的市场需求。数据还能帮助公司监控供应状况，因此无论需求如何改变，都备有合适的材料满足需求。自从利用大数据来驱动生产，暴风雪滑雪板的生产周期已经缩短为 8 周，库存也减少了 80%，这让公司变得比以往更加灵活[10]。

## 2.4 设备运维数据

今天的制造流程涉及跨预先定义的、精确步骤协调精密的机器。特别是在那些资产密集型企业中，设备是否能够正常、高效地运转，直接关系到企业盈利。一台机器出现故障就可以导致整个生产线中止运行。传统设备维修通常分成两种：故障维修和预防性维修。故障维修常会带来生产中断，给企业运转带来困扰，其中的安全隐患有时甚至引发灾难，危及员工及客户生命安全。但过早地维护是有成本的。最好有一个保养和维修的最佳时间表：不要太早，也别太晚。

企业不得不采取预防性维修来减少故障的发生，而预防性维修是根据经验决定维修周期和维修项目的，这或多或少都有一些不准确。一方面，不能完全杜绝事故的发生；另一方面，频繁的维修又会造成不同程度的浪费。互联网和大数据技术的应用，将使得预测性维修变成现实，从而大大提高设备的可监控性，提高设备故障预测的准确性。

机器学习算法可以为每台设备比对它的维护事件、基础数据和历史故障数据。这些算法可以基于实时信息和历史数据推导出最佳的维护计划，帮助企业最大限度地提高设备的利用率，最大限度地减少维修费用，并避免意外停工。

对于机器生产者来说，其消费者是各个工厂。在新工业革命的语境下，这些装备制造企业琢磨的是，如何能够把自己卖出去的设备所产生的数据给收集回来，并基于这些数据开发新的商业模式。因此，他们需要采集机器的使用数据，从而更好地了解机器被使用的情况，以便安排自己的机器维护服务，并对机器的设计进行改善。

以通快（Trumpf）公司的激光融锡机器人为例，它有 2000 个产品分布在全球的多个行业。假设通快可以把这些机器人相连接，通快公司便可得知这些机器的工作状态，一方面用以优化自己保养维修的耗材管理；另一方面，可以在被损坏的机器和运行良好的机器之间，进行最优的生产配置。不仅如此，通快公司还可以收集机器使用者的用户体验，并可得知他们的机器究竟是如何被使用的。然后进一步通过分析得知，如何提高机器人的配置，如何把操作中的耗能和损耗减少到最低。因此，通快公司现在的研发重点在于，如何让机器更好地产生数据，从而了解被加工的工件、机器自身的性状以及工作状态。通快公司激光与电器部门主席莱斌格（Dr. Ing Peter Leibinger）说："我们的客户是金属加工者，他们希望能够更好地卖出自己的产品，那么，我们就可以把这些数据再加工为增值服务，反过来再帮助他们提升物流和销售水平。"

依巴米亚（Ibarmia）公司是一家西班牙机床公司，自 1949 年起就致力于精密机床制造，以高性能的动柱式加工中心及环形工件加工中心驰名全球机床行业。然而目前由于全球经济危机，机床行业正处于艰难的环境下，销往国外的处于保修期内的机器的维护成本非常高，而东方国家制造成本相对较低，更具竞争力。这种困难的情况驱动公司考虑提高机器的平均可用性和可靠性，降低机器的制造成本，并为客户提供新的增值服务等。

尽管全世界的依巴米亚客户通常可以自行处理如更换机油、过滤器清洗等简单的维护问题，但由于依巴米亚机器自身精度、技术特性的要求，有时候需要复杂的维护任务，必须由公司的技术员或由依巴米亚培训认证的专业人员来执行。这意味着依巴米亚公司的技术人员需要经常进行飞到设备现场，即使客户在数千千米之外。此外，除了计划或日常维护操作，机器还可能遇到一些意想不到的故障，特别是发生在保修期内的，要求技术人员紧急出动，这使得相关的维护成本变高，给企业带来了极大的困扰。

依巴米亚公司希望他们的机器更聪明、更自主，使得一旦在客户设施上部署和设置以后，不会因为意外故障导致生产停止。此外，还需要使他们的机器能够预测异常，以在真实问题发生之前提前做出反应；万一发生故障，能够停止机器或采取适当的措施避免造成意外的损失。此外，问题的解决也应以更透明的方式提供给客户，换句话说，在不停机的前提下采取快速可靠的行动。从依巴米亚公司的角度来看，透明的方式意味着投入更少的资源、人力和资金。

在这样的背景下，依巴米亚公司开发了一种新的智能维护服务的模式。首先，公司设计了一种基于 BeltzBox 装置的新的服务解决方案。BeltzBox 实际上是一种嵌入式设备，未来将被连接到公司的所有机器。这个硬件设备中运行着特定的软件，能够读取机器 PLC（可编程逻辑控制器）中的关键数值，并将其存储在本地数据库。该解决方案还执行一些预定义的规则来过滤信息，在检测到任何故障时生成相应的警报（和 / 或相应的警告），并能够存储机器操作的相应日志。在此基础之上，公司构建了一个机器维护生态系统，通过整合合作伙伴，培育机床行业的创新服务商和增值服务商。这种“智能产品 + 服务模式”的整合将使机器保修期间的维护成本显著降低，使依巴米亚公司在机床行业的激烈竞争中取得了明显的差异化竞争优势。

## 2.5 数据支持的能源管理

第二次工业革命使人类进入了电气化时代，在给生产生活带来极大便利的同时，也向能源管理提出挑战。在现代化办公和生产环境中，低压电器已非常普遍，企业的低压用电设备、线路数量众多，使得能源管理已成为企业设备管理中的一项重要工作。企业传统的能源管理主要依赖人工方式，通过人工对每台用电设备进行统计和监管实现管理，这个过程中一直存在两大问题，即能源浪费和设备用电安全。

能源浪费源于企业设备、工艺、管理等方面的低效率，从管理的视角看，设备能源浪费主要来自于粗放式的管理方式，一方面，只从保障设备能正常运行角度对电能进行管理，而没有从使用效率、生产成本等角度对设备用电进行精益管理；另一方面，节能制度与执行之间存在着严重的信息不对称，实施效果远远低于制度设计时的预期。

用电安全方面，当设备处在过载、失压、相间不平衡、功率因数过低等非正常工作状态时，人工管理方式无法及时告警和进行故障分析，导致设备跳闸和强行断电，对设备性能、人员安全、企业正常的生产过程造成巨大损失。

用电设备的监测、预警、控制是实现能源管理的必要条件，对所有用电设备的全面感知成为实现的基础。当前，智能插座、智能配电盘和电能分配器等设备已成功地应用于企业低压用电设备管理中，这些设备将成为对所有用电设备管理的智能化节点。对设备的监测、告警、控制是实现能源管理的直接手段，制造物联和传感技术以其全面感知、可靠传输、智能处理等技术优势，可被广泛应用于企业能源管理过程中，解决企业面临的痛点。

基于广泛的传感器网络和大数据分析，企业可以建立智能的能源管理，并辅助设备生命周期管理。例如，捕获智能电网电表数据可以使客户能够通过工具、程序和服务更好地了解其用电情况，有针对性地帮助他们节能、省钱和减少对环境的影响。比如，各个智能配电设备可以实时测量与其连接的设备电力参数和设备用电状态，颗粒度可以细到每台用电设备。电力参数包括电压、电流、功率、功耗等，设备用电状态包括开机时间、关机时间、运行时长等。这些数据通过有线或无线方式传输至云端，管理人员通过手机或计算机终端实时查询。通过量化数据，一方面管理人员可以远程关闭闲置设备，另一方面以精细的量化数据实现节能审计。

另外，生产中的一些特殊设备要求实时在线，突发跳闸或人为断电都将造成不可挽回的损失，传统管理方式缺乏提前预警和故障分析，成为设备管理的一大瓶颈。智能插座、智能配电盘等采集大量设备的用电和状态数据，一方面依赖这些量化数据设置监测和报警策略，如高负荷、过电流、失压等，建立起及时告警机制；另一方面根据这些数据分析设备处于临界状态的原因，依据分析结果做出处理决策，而不是在每次临界状态下都采取强行断电的方式，尽量保障设备持续在线。

智能化能源管理设备不仅为企业带来量化的能源节约、用电安全等功能，也为企业设备生命周期管理提供增值服务。各类电力参数和用电状态数据是设备生命周期的重要参考数据，通过智能插座、智能配电盘等产品采集的数据成为设备生命周期管理的定量支撑，如以用电状态数据测量设备利用率，准确反映了设备的工作状态和生产效率，成为生命周期管理的依据。

普赛通信公司的焊机无线群控系统（图 2.4）实时采集每台焊机的工作电压、电流、气流量、送丝速度、焊接时间等数据，并可以统计出耗电量、保护气体和焊丝使用量、焊工工作时间，能够实现精确统计生产成本。同时，利用这些数据还可以控制焊机的工作和焊接规范，利于焊机使用的管理和焊接工艺的严格控制。

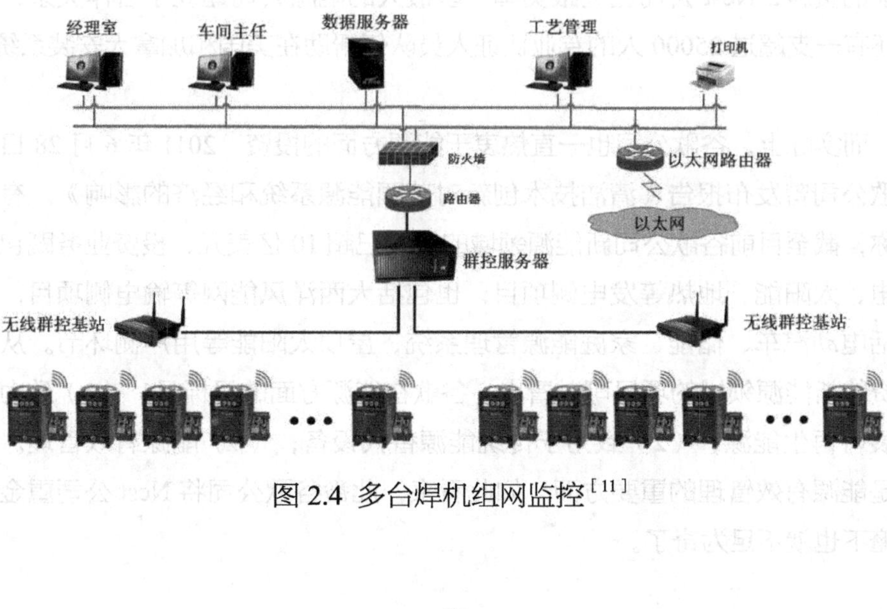


图 2.4　多台焊机组网监控[11]

2014 年初，曾经有一件轰动全球的收购案，那就是谷歌公司以 32 亿美元现金收购了 Nest 公司，这是谷歌公司历史上第二大收购。很多人对这一收购瞠目结舌，一个只生产烟雾探测器和智能温控器的公司怎么值得了 32 亿美金？市场上类似的产品价格不过百十块钱，为什么谷歌公司会大手笔地收购一个看似简单的产品？要知道谷歌公司的第一大收购标的是摩托罗拉公司，而第二大收购竟然就给了 Nest 公司。

仔细分析一下，也许会发现一些端倪。Nest 公司为人们勾勒出“智能家居”这一充满吸引力的未来图景，这家公司业务的一个重要组成部分却很容易被人忽略，那就是以大数据为支持的能源管理系统。自推出恒温器产品 Leaning Thermostat 以来，Nest 公司来自于该产品的营收预计已达 2.75 亿美元。当年这家公司在此前 7 个月推出的另一项规模较小的服务，其收入流却正在不断增长。这项服务是 Nest 面向能源公用事业公司推出的，内容是帮助这些公司更好地管理家庭能源需求。Nest 公司的 Thermostat 智能化供暖通风与空气调节系统（HVAC），平时能够收集房屋的空调特性，在尖峰用电时间之前先预先冷却房屋，然后在尖峰时段间歇式地冷却，这样不仅可以让家庭用户大幅减少波峰电费，还可以为电力公司减少昂贵的备用机组成本。如此一来，Nest 公司不但可以通过销售恒温器盈利，还可以获得电力公司的补贴。根据目前的资料，Nest 公司已经跟美国一些最大的能源公司建立了合作关系，甚至还有一支超过 25000 人的专业认证人员队伍帮助在美国和加拿大安装系统。

而实际上，谷歌公司也一直热衷于能源方面的投资。2011 年 6 月 28 日，谷歌公司曾发布报告《清洁技术创新对美国能源系统和经济的影响》。有报道称，截至目前谷歌公司新能源领域的投资已超 10 亿美元，投资业务既包括风电、太阳能、地热等发电侧项目，也包括大西洋风能网等输电侧项目，还包括电动汽车、储能、家庭能源管理系统、屋顶太阳能等用户侧环节。从其投资的新能源领域的项目可以看出，谷歌在能源方面的目标是：（1）致力于发展可再生能源；（2）致力于传统能源替代设备；（3）能源有效管理。节能是能源有效管理的重要方面。如此看来，此番谷歌公司将 Nest 公司重金收于麾下也就不足为奇了。

# 第 3 章　管理大数据

随着互联网技术的不断发展，数据本身就是资产，这一点已经成为企业的共识。企业经营管理中涉及的大量数据，可以用于优化并简化运营、提高运营和决策效率。但是大数据没有想象中的那么简单，所有大数据的属性，包括数量、速度、多样性等反映了管理数据不断增长的复杂性。

管理是企业最早运用信息化的环节，传统的管理数据通常存储于关系型数据库中。然而，据估计现在超过 80% 的企业的数据是非结构化的，即是无法用关系型数据库管理系统（RDBMS），如 DB2 和 Oracle 处理的数据。一般而言，非结构化数据可以看成所有无法简单转化到结构化关系型数据库中的所有数据。而企业现在希望从这些非结构化数据类型中抽取有价值的信息。并且由于非结构化数据存储总量较结构化数据的年增长率高出 10~50 倍，从业务角度看，处理好这些数据也变得更为重要。

这样的数据需要更专业的人员使用更专业的技术进行分析。

第一，利用大数据、信息化和数据挖掘等技术，建立大数据采集、存储、分析平台和按权限进行数据管理，打通各个分公司、分部门的数据隔离状态，重点信息对管理层进行实时推送。

第二，对企业原系统的所有历史文件、数据库、采购、生产流程、财务、市场数据进行溯源、捋顺、整合、优化及分析，深度挖掘诊断。

第三，通过大数据平台的数据和分析统计报表，企业管理层可以迅速定位发现在采购、生产、管理、市场、研发中的错误点、缺失点、不完善点，从而制定、提出改进措施，实现多业务环节并行处理和流程优化再造，为企业建立健全全过程业务决策系统，降本增效及提升企业风险管控和快速反应能力提供支持。

第四，通过大数据平台，可以通过外部互联网的数据爬取获得舆情信息、客户信息、市场信息和产品信息。通过外部数据可以了解竞争对手的舆情情况和客户信息，也可以为市场部门进行新产品定位提供有力的数据支撑。

第五，从数据中找商机，在投资决策中更为理性。在市场营销、欺诈预防、风险分析和资产监控等领域，大数据既能发挥新应用的价值，又能扩展旧应用的价值。包括提高事务处理的粒度级别，简单的如客户细分，较为复杂的如实时更新维护技术人员的维修任务安排，或者使用由磨损、损耗和性能触发器调动的维修机器人进行精细的预防性维护，以尽量减少生产停机时间等。表 3.1 列举了一些企业管理中的大数据机遇。

表 3.1 企业管理中的大数据机遇[12]

| 大数据机遇 | 成果示例 |
|---|---|
| 提高信息透明度和可用性 | ●实时优化客户体验；<br>●将供应链中的对立关系转变为协作关系 |
| 发现数据中隐藏的关系、模式和趋势，比如个体行为或群体行为 | ●预测业务问题或风险，并在问题或风险成形之前有效规避；<br>●及时发现并制止欺诈活动；<br>●发现不合规和违反安全规定的行为，并立即制止 |
| 利用物联网或个人定位数据，加速开发新一代产品和服务 | ●在组件出现故障之前，主动维护资产；<br>●按时间段或距离远近推出基于情境的促销活动 |
| 将库存分配流程从批处理流程转变为交互式流程 | ●根据库存水平准确预测消费者需求，并及时调整促销活动 |
| 提供更详细的绩效洞察，揭示绩效变化 | ●监控和维护互联架构的可用性和容量，比如公用 |
| 电网、计算机网络或生产设施进行对照试验、假设分析、模拟和建模 | ●在采取行动之前，了解决策影响 |

## 3.1 ERP 大数据

企业资源计划（Enterprise Resource Planning，ERP），最早由美国 Gartner Group 咨询公司在 1993 年提出，它是由 20 世纪 70 年代的物料需求计划（MRP）、80 年代的制造资源规划（MRP II）逐渐演进而成的。由于其能够将企业的物流、人流、资金流、信息流统一起来进行管理，实现资源利用的最大化，自诞生以来，很多企业纷纷上线实施，形成一股狂热的 ERP 热潮。

ERP 是一个大型模块化、集成性的流程导向系统，集成了企业内部财务会计、制造、进销存等信息流，快速提供决策信息，提升企业的营运绩效与快速反应能力。ERP 的主要的模块包括生产管理、进销存货管理、财务管理及会计项目、成本管理、人力资源管理、供应链管理等，可以称为企业管理的中枢与企业数据的集大成者。

运转多年的 EPR 系统积累了大量的企业数据和行业数据，这些数据对于企业的经营决策和预测来说意义重大。如何确保这些数据的安全存储和及时运用，将影响到企业能否最大化地发挥 ERP 的价值。

随着云计算、SOA、物联网、移动互联网、BI 等新技术的发展，企业的管理需求不断深化，不再局限于传统的优化内部业务流程、提升运营效率的层面上。CIO 们的眼光更加长远，他们着眼的是企业管理系统能否提供有价值的商业信息，供管理层进行科学决策。

因此，在大数据时代，数据的深度应用和分析将是企业管理的焦点，ERP 系统中所蕴藏的数据价值亟需挖掘，而且，作为企业大数据的富矿，应该首先得到企业的重视。未来，实时商业分析、实时大数据处理会有巨大的市场机会。

ERP+BI 是后 ERP 时代所向。然而，传统 ERP 是面向操作型的，从计划到执行到反馈到战略调整，缺少决策分析及在历史数据上的洞察能力，无法将数据转换成对决策有参考意义的信息。储存大量数据的 ERP 就好比古时候怀才不遇的英雄豪杰们，空有一身本领，却无法施展抱负。后 ERP 时代，ERP 终于找到了“伯乐”——商务智能（BI），它主要通过对 ERP 中留存的数据进行抽取、挖掘、管理、分析等，将数据转化成为对决策过程有重大意义的信息，帮助企业实现从数据到信息、从信息到知识、从知识到利润的转化。通过 ERP 和 BI 的完美组合，ERP 系统中的海量数据可以被充分挖掘，并进行多维度的分析、横纵向的剖析和筛选，将大量原始的数据转化成有价值的商业信息，不断地为企业策略的调整提供数据支撑，让 ERP 系统更好地服务于企业。

## 3.2 CRM 大数据

2014 年，曾经有一个披萨店大数据的段子在微信朋友圈广泛传播。

某披萨店的电话铃响了，客服人员拿起电话。

客服：××× 披萨店。您好，请问有什么需要我为您服务？

顾客：你好，我想要一份……

客服：先生，烦请先把您的会员卡号告诉我。

顾客：16846146×××。

客服：陈先生，您好！您是住在泉州路一号 12 楼 1205 室，您家电话是 2646××××，您公司电话是 4666××××，您的手机是 1391234××××。请问您想用哪个电话付费？

顾客：你为什么知道我所有的电话号码？

客服：陈先生，因为我们联机到 CRM 系统。

顾客：我想要一个海鲜披萨……

客服：陈先生，海鲜披萨不适合您。

顾客：为什么？

客服：根据您的医疗记录，你的血压和胆固醇都偏高。

顾客：那你们有什么可以推荐的？

客服：您可以试试我们的低脂健康披萨。

顾客：你怎么知道我会喜欢吃这种的？

客服：您上星期一在中央图书馆借了一本《低脂健康食谱》。

顾客：好。那我要一个家庭特大号披萨，要付多少钱？

客服：99 元，这个足够您一家六口吃了。但您母亲应该少吃，她上个月刚刚做了心脏搭桥手术，还处在恢复期。

顾客：呃……好吧。那可以刷卡吗？

客服：陈先生，对不起。请您付现款，因为您的信用卡已经刷爆了，您现在还欠银行 4807 元，而且还不包括房贷利息。

顾客：那我先去附近的提款机提款。

客服：陈先生，根据您的记录，您已经超过今日提款限额。

顾客：算了，你们直接把披萨送我家吧，家里有现金。你们多久会送到？

客服：大约 30 分钟。如果您不想等，可以自己骑车来。

顾客：为什么？

客服：根据我们 CRM 全球定位系统的车辆行驶自动跟踪系统记录。您登记有一辆车号为 SB-748 的摩托车，而目前您正在解放路东段华联商场右侧骑着这辆摩托车。

顾客当即晕倒。

这里提到的 CRM 系统，即客户关系管理（Customer Relationship Management，CRM）。企业活动面向长期的客户关系，以求提升企业成功的管理方式，其目的之一是要协助企业管理销售循环：新客户的招徕、保留旧客户、提供客户服务及进一步提升企业和客户的关系，并运用市场营销工具，提供创新式、个性化的客户商谈和服务，辅以相应的信息系统或信息技术如数据挖掘和数据库营销，来协调所有公司与客户在销售、营销以及服务上的交互。

CRM 可以实现对客户的量化管理，与客户有关的数据都将会被记录，并可以被多次挖掘利用，挖掘数据中存在的潜在商业价值：什么产品最好卖，哪位员工最给力，哪个客户创造利润最多，什么样的价格顾客最愿意接受，哪个供货商来得产品更物美价廉……而这些方面的信息都对企业发展有着至关重要的意义。通过对人们的活动和行为进行跟踪而获得的海量数据中，快速获得有价值信息的能力，就是大数据技术。各种同比、环比分析，TOP 统计，图表、图形的统计分析以及销售机会预测，都将大大提升企业对数据的分析能力。

“客户管理，最关键的是要识别出最有价值的客户，让企业用 80% 的精力服务于给企业贡献最多利润的 20% 客户，这是 CRM 的核心思想。”那么如何整合企业的数据，让企业真正地了解客户？这是 CRM 大数据管理的第一步。企业可以将各部门的客户信息汇总，实现客户资料的集中、统一管理，提高数据查询效率，帮助员工查看客户信息的 360° 全局视图；实现客户评级和风险评估，帮助企业识别出最有价值的客户，为企业创造更大的利润提供坚实的基础；增加客户对企业的黏性，提高客户忠诚度，降低业务运营的金钱和时间成本，实现优质客户的利润最大化。

## 3.3 SRM 大数据

由于产业分工越来越精细，现代制造已经由企业间竞争提升为供应链间竞争，企业已无法“独善其身而不兼善天下”，加上企业国际化的趋势，企业除需落实内部健全的流程管控外，还需积极寻求与供应链上下游厂商的紧密整合。企业终端产品的大部分价值都来自于供应商，因此，制造型企业在寻求成本控制以及竞争优势时就需要更好地管理供应商，维护好与供应商的关系。有效的供应商管理系统将能够帮助企业增进与供应商的交流并与其建立起更有效的合作，同时也能够帮助企业改进生产流程控制，做出更完善的供应商分析，选择并优化企业的供应商选择决策。

与 CRM 用来改善与客户的关系一样，供应商关系管理（SRM）是用来改善与供应链上游供应商的关系的，它是一种致力于实现与供应商建立和维持长久、紧密伙伴关系的管理思想和软件技术的解决方案，是旨在改善企业与供应商之间关系的新型管理机制，实施于围绕企业采购业务相关的领域，目标是通过与供应商建立长期、紧密的业务关系，及对双方资源和竞争优势的整合来共同开拓市场，扩大市场需求和份额，降低产品前期的高额成本，实现双赢的企业管理模式。

随着供应商队伍专业化的发展，准确及时的采购可以节省开支，取得市场上的采购优势。采购既要面对生产同时又要满足市场和客户的要求。SRM能够整合内部和外部数据资源，建立起高效能的组织采购，对自身业务关键性材料或者服务的需求进行战略部署，以减少日常生产运作中意想不到的问题。

SRM 系统运行中会整合、产生大量的数据，包括供应商关系数据和供应业务数据，其中的供应商关系数据反映了供应商自身属性、资质、供应品种、合同、价格等重要的信息，供应业务数据则与采购订单、库存、物流、质检、财务结算等有关，这些信息都是企业进行分析决策的重要依据。SRM 中的订单执行、技术、质量、响应、交货、成本和合同条款履行等关键数据，以及业务执行中的日志数据，可以帮助企业实现对供应商的量化绩效评估；供应商也可以向企业做出反馈，站在客户的角度给出他们对企业的看法。这些评估信息有助于改善彼此的业务关系，从而改善企业自身的业务运作。

2012 年，SAP 公司的一则收购案就说明了对 SRM 大数据分析的关注趋势。

SAP 公司成立于 1972 年，总部位于德国沃尔多夫市，是全球最大的企业管理和协同化商务解决方案供应商、世界第三大的独立软件供应商、全球第二大云公司，在全球有 120 多个国家的超过 172000 家用户正在运行 SAP 软件。财富 500 强 80% 以上的企业都正在从 SAP 公司的管理方案中获益。

2012 年，SAP 公司以 45 亿美元收购了 Ariba 采购软件公司。在收购 Ariba 公司之前，SAP 公司和 Ariba 公司在很多领域是竞争对手的关系。在这一收购案背后，是两家软件公司对 SRM 数据充分整合的考虑。

收购之后，SAP 公司自己首先成为一个混合运行 SAP 和 Ariba SRM（供应关系管理）软件的公司。SAP 公司还拥有 Ariba Network，这是一个线上企业商务市场，购买者和销售者可以在这里交流，形成一个巨大的业务数据宝藏库。随着 SAP 公司逐渐深化 Ariba 与其他软件的融合，用户可以更容易地链接、共享和查询自己的、合作伙伴的 ERP、CRM、SCM 和电子商务软件。最终的目的是无论在内部还是外部，都能做出更快、更灵活、更精准的反应。从 Ariba 公司这边来看，它也可以从加入 SAP 公司获益。对 Ariba 公司来说，SAP 公司还是一个分析类软件公司，Ariba 公司计划将大多数软件都移植到 SAP HANA 分析平台，使其用户能够利用 SAP 的内存技术快速分析大规模数据集；同样，Ariba 公司的数据可以应用于 SAP Lumira 商务智能平台，SAP 公司还把警报和预测分析软件供应商 InfoNet 公司集成到了 Ariba 公司，这样公司就可以更深入地洞察供应商，基于 HANA 的软件通过查询供应商信息和其他来自第三方的数据做出预测分析。

## 3.4 质量管理大数据

质量是制造商坚持不懈为之奋斗的目标，而现在，实现这一目标最有力的工具就是数据。

质量问题有数以百计的衡量标准，比如：

- 与上周相比，本周废品率的情况如何？
- 更换供应商之后，我们的保修成本是否发生变化？
- 如果缩短订单交付周期，我们的市场份额是否会相应提高？

如果只是笼统地、定性地回答，显然不能满足质量管理的需求，企业需要的是量化的、精确的答案，这显然需要用数据来说话。

产品质量只是企业生产的最终体现，而它的保证却是通过对市场调研、开发设计、生产制造到销售服务全过程实施有效控制而实现的。这就是全面质量管理的概念。全面质量管理（Total Quality Management，TQM），是对一个组织以产品质量为核心，以全员参与为基础，目的在于通过让用户满意和本组织所有者及社会等相关方受益而建立起一套科学、严密、高效的质量体系，从而提供满足用户需要的产品的全部活动，达到长期成功的管理途径。TQM 是改善企业运营效率的一种重要方法。

显然，TQM 要求完整的质量控制。质量管理的职能是分布在各个管理阶层、各个职能部门的，因此 TQM 要求企业各个管理阶层、各个职能部门担负起本阶层、本部门的质量管理责任。因为产品质量是企业各个部门、各个环节和各类职工的全部工作质量的综合反映，所以 TQM 要求上自企业最高领导、下至各阶层管理人员，以至一线操作员工个个都应关心产品质量，参加各种质量管理活动。

以前的质量控制实际上是孤立的环节，而 TQM 强调的是全过程的质量控制。那么问题来了，如果公司能够全面地收集与质量相关的过程、产品、设备和服务数据，那么能否在充分掌握事实的基础上，形成一个战略性、预测性和最优化的质量管理策略？这显然需要依托一个衡量功能与质量标准之间相互依存关系的信息框架。比如，默克制药（Merck）公司为了提高其一种疫苗的质量，通过 150 亿次的计算来确定那些影响最终产品质量的环境和流程因素。英特尔（Intel）公司利用数据的预测模型来预测故障，优先检查，并削减了其芯片制造工厂的监控成本。像这样的成功案例，说明了 TQM 中数据的重要性。反过来说，在大数据环境下，既然能够追踪到如此多潜在的质量属性信息并加以分析，“信息太少”这样的托词就不会再被当作质量管理不足的借口了。

麦肯锡的研究报告指出，通过大数据及其分析手段，可以针对那些与产品质量管理和合规性最相关的参数进行分析，以便帮助管理人员获得更加深刻的理解，在 TQM 的要求下，其中大部分的参数是企业层面的，而不仅仅存在于产品质量管理或控制部门。

不过，仔细地审视制造环境下的信息系统全景，不难发现质量数据实际来源于很多不同的系统，存在提取和集成的困难。

（1）企业资源计划（ERP）和物料需求计划（MRP）：通常，由一个供货商提供的解决方案也存在多种安装版本，所有这些版本的发布时间都不尽相同，定制化水平也参差不齐。因企业并购导致的存在多个供应商，加剧了数据的可获得性难度。

（2）制造执行系统：拥有不同制造设备的公司极有可能要从多个不同的制造执行系统来源获取数据。按照企业标准统一制造执行系统通常是一件消耗巨大的工作，甚至可能造成损失无法弥补的生产中断。此外，即使应用了标准化平台，制造执行系统在实施层面同样存在着企业资源计划和物料需求计划在实施过程中面临的定制化问题。也就是说，即使针对不同设备应用同一平台，数据提取也绝非易事。

（3）测试：测试系统通常具有专用数据格式，并和存储应用程序相匹配。为了有效性而从多个供应商那里引进检测设备将使问题变得更为复杂。测试数据一般会被收集到质量管理系统（Quality Management Systems，QMS）和实验室信息管理系统（Laboratory Information Management System，LIMS）中，但其只针对特定设备，因此很难实现整个系统范围内的数据共享。

（4）设备：随着越来越多的传感器和微处理器被纳入生产性资产，流程设备和机器所收集的数据日益增多，以求改善设备性能、过程和提高收益。然而，这部分数据并未得到充分利用。尽管该数据可以应用于预测分析，但设备工程师通常只在进行历史评估时才用到它们。还有，未来要实现对产品质量进行监测并且追溯到具体生产设备成为可能。通过在生产中心的所有设备上配备传感器，运营经理能够立即了解每台设备的状况。通过高级分析，每台设备及其操作者的工况、绩效以及技能差异能够得以体现。对于改进生产中心的工作流程来说，这些数据非常重要。

（5）缺陷：制造商对进料、半成品和成品实施检验，并对质量的异常征兆、缺陷和改进行动进行某种跟踪和分类，如设备检修、流程调整或产品重新设计等。这部分质量数据至关重要，获取它们和类似数据，并结合其他生产线和工厂的情况加以分析，对企业的质量管理大有裨益。

（6）过程：生产运营数据收集的原始来源是生产车间，如可编程序逻辑控制器（Programmable Logic Controller， PLC）、射频识别标签、条形码扫描器和人工数据输入站（人机界面），但其聚集和整合的方式并未对质量勘察和分析过程产生任何促进作用。

（7）供应商：当制造商从供应商那里购入原料、零件和组装配件时，一般也会获得产品附带的质量数据。这些对分析颇具价值的信息将被保留存档，但质量分析师和工程师通常很难获得这些信息。

因此，可以利用大数据存储和处理技术建立全局的企业质量控制平台，全面收集和掌控质量数据，并能够对大量数据进行深入分析，如数据挖掘、文本挖掘和精确预测。与此同时，该平台还需要向每位工程师和分析师提供分析工具的桌面应用端以及可视化功能。借助于这个平台，他们可以完成试验设计，实现数据、情境和结果的可视化，然后与企业中的其他员工分享他们的成果和模型。工程师们彼此分享最佳实践、成功模型和技术以及相关的控制数据，可以显著提升公司整体的质量工艺，为企业创造价值。总之，面对质量管理需求，企业可以在数据整合、分析和利用方面做得更加出色，将大量的质量数据从复杂的流程和纷杂的系统中提取出来，尤其是能提供战略层面观点的质量数据。

# 第 4 章　供应链大数据

## 4.1 隐藏在企业供应网络中的数据流

你从超市货架上取走一瓶洗发水意味着什么？对联合利华（中国）公司来说，答案是 1500 家供应商、25.3 万平方米生产基地、9 个区域分仓、300 个超商和经销商都因此而受到牵动。

这是构成这家公司供应链体系的一些基本节点。如果让它的全貌更明晰一些，你将会看到它的一头连接着来自全球的 1500 家供应商，另一头则是包括沃尔玛、乐购、屈臣氏和麦德龙公司等在内的总共约 300 个零售商与经销商所提供的超过 8 万个销售终端。但仅凭这条单一的纵贯线，还不足以支撑起它复杂和庞大的体系——它还有另外两个维度的支撑：清扬洗发水、力士香皂、中华牙膏、奥妙洗衣粉等 16 个品牌将近 3000 多种规格（SKU）的产品，以及这家公司在中国超过 100 亿元人民币的年销售额。

目前，联合利华公司旗下 400 多个品牌的产品在六大洲 270 个生产基地生产，所有涉及原料和包装材料的采购问题，包括采购地和供应商的选择，以及采购规模及频次的安排，都由全球统一进行调配。这种全球化的操作在成本集约上体现出了规模效应，但也对公司的供应链管理水平提出了挑战。

根据你所购买的是具体哪款洗发水，最终的生产安排将被制定出，然后去指挥一个年产值为 140 亿元的生产基地具体在每一周、每一天里如何动用它的每一家工厂、每一条生产线，例如按照速度和专长不同，十来条洗发水生产线该如何安排，去生产企业旗下 300 多个规格（SKU）的洗发水，以尽可能达到产能最大化，好让那些分散在全国各地甚至世界其他地区不断增长的购买需求得到满足。

2010 年，联合利华公司通过改造其计算机系统来处理此类工作。这番努力的结果是，公司的产品在乐购公司上海重点门店的货架满足率提高到了 98%。对于联合利华公司和乐购公司来说，数字指标提升的背后是生意的切实增长——以整个联合利华公司在全球重点客户门店实行 OSA 项目的经验来看，货架有货率每提高 3%，就会带动产品销售量提高 1%[13]。

MFG（MFG.COM）公司是全球最大的制造业在线采购市场，其总部位于美国亚特兰大，并在中国上海和法国巴黎设有分公司。MFG 使用 7 种语言，在五大洲的 200000 余位用户间进行 50 种货币的采购交易，其宝贵的统计数据可以帮助供应商筛选信息，第一时间获悉买家需求和动态，帮助买家快速找到最合适的优质供应商，让供应商有机会接触大量急需采购特定产品的买家，帮助企业运筹帷幄。现在，全球买家每天在 MFG 的有效询盘价值总额达 2 亿美元。

## 4.2 供应业务数据

数据与分析能够在生产流程中的几乎每一个环节帮助制造商——从它们的全球供应足迹到工厂中一颗螺钉的转动。而正由于一个健全的制造业是一个健全的经济体系的重要组成部分，数据驱动的制造业的优势也将遍及全国。

美国国家标准与技术研究院（NIST）正在进行一个名为“制造数据分析”的项目，内容主要是制定标准、方法和协议，其中一个主要动机是企业日益增长地的更加全面的供应链智能化的需求：即便是有数据驱动的制造工厂和设计工作室，制造商也只有当其供应链与监控水平相同时才能高枕无忧。

产业供应链的相互关联性使其成为风险的温床，如果能够掌握更多的信息，企业就可以成功地完成出货，而不是承担返工和退货的风险。比如，通用电气公司的石油和天然气业务板块，现在正使用一个基于云的供应链数据平台来管理其材料、设备和服务，用于抗衡可能的油田停工所带来的高成本。这是一个部署在五大洲的实时系统，随时掌握各种重要的信息，一有风吹草动，企业就可以迅速做出响应。惠普（HP）公司也将网络分析和数据可视化整合进供应链监控，通过这个系统，公司已经将供应链优化项目所需的时间缩短了 50%。

作为世界最大的白色家电生产厂商之一，海尔公司的供应链体系很完善，它以市场链为纽带，以订单信息流为中心，带动物流和资金流的运动，整合全球供应链资源和全球用户资源。在海尔公司供应链的各个环节，客户数据、企业内部数据、供应商数据被汇总到供应链体系中，通过供应链上的大数据采集和分析，公司能够持续进行供应链改进和优化，保证了对客户的敏捷响应。

与以往的企业相比，今天的制造商们能够更加细致地从供应商质量层面进行审视，同时能够更加精确地预测供应商的绩效。通过对大数据和高级分析的应用，制造商能够实时查看不同供应商的产品质量和配送准确度差异性，可以依据时间紧迫性在不同供应商之间对订单分配进行权衡。

## 4.3 物流数据提高配送和仓储的效能

面临激烈的市场竞争，企业只有争分夺秒，与时间赛跑，以更快速的市场响应，做出更快速准确的决策，才能更好地促进销售、市场、生产和物流环节的相互配合。从顺丰公司的“即日达”到京东公司的“211 限时达”，从日日顺的“超时免单”到双十一物流第一单仅耗时 15 分钟，物流领域的这些数字，让我们看到当今物流企业对时效性的高度重视。时间数据的准确性对于物流企业格外重要，而这需要依靠卫星定位数据、电子围栏数据、地图数据的准确性，同时需要依靠强大的后台数据处理能力和清晰的数据处理逻辑，进而迅速、准确地做出决策。

大数据应用使物流企业之间、电商与物流行业之间形成了联动机制。大数据预测可以指导商家进行库存前置，包括品类、规模、地域，以成本最低的方式提前运输到消费地，待消费者下单后，再从最近的电商仓储机构完成“最后1千米”配送，做到“订单未下，物流先行”。而物流的功能也早已经从货物位移升级成货物准确、高效地位移。

“农夫山泉”是国内知名的饮用水品牌，公司在全国建设有8个优质水源地规模化工厂，通过遍布全国的营销网络将各产品分销至全国各地。公司产值约为100亿元人民币。目前农夫山泉公司拥有员工10000多人，其中超过8000人为业务人员，负责每天与公司遍布中国一线、二线城市，外埠及外埠乡镇的共一百多万家客户联系，推动农夫山泉瓶装水及饮料业务。公司“大自然的搬运工”的宣传语，恰如其分地说明了物流对这家企业的重要性。

多年来，农夫山泉公司已经收集了大量数据。如何获取这些琐碎的销售数据呢？当我们缩微到这一百多万家客户中的一家时会发现，原来每天都会有业务员到其所负责的销售点去了解库存情况，每人要到15个销售点拍10张照片。假设每人每天拍的照片文件大小是10MB，1万个业务员每天的数据量就是100GB，每月就是3TB，这些靠最简单的方式获取的海量数据，就是农夫山泉公司销售大数据的来源。通过观察这些照片，公司想知道：各个销售点的矿泉水货品水堆是怎么摆放的？位置发生了什么变化？这些变化的原因是什么？更进一步，他们还想知道：怎样摆放水堆更有利于促进销售？不同年龄段的消费者购买量有多大？气温的变化对购买行为有什么影响？竞争对手的新包装如何？等等，这些都是对经营带来直接指导的有价值的信息。过去，获得这些信息更多的是基于经验，而现在，企业希望用数据来说话。

从2008年开始，农夫山泉公司业务员拍摄的照片就这么被收集起来。如果按照数据的属性来分类，这些“图片”属于典型的非关系型数据，更多的非关系型数据还包括视频、音频等。系统地对非关系型数据进行分析是公司设想的下一步计划，这是在“大数据时代”必须迈出的步伐。2011年6月，SAP和农夫山泉公司开始共同开发基于“饮用水”产业运输环境的数据场景，将很多数据纳入进来：高速公路的收费、道路等级、天气、配送中心辐射半径、季节性变化、不同市场的售价、不同渠道的费用、各地的人力成本、甚至突发性的需求（比如某城市召开一次大型运动会）。

在采购、仓储、配送这条线上，农夫山泉公司特别希望能够通过大数据的获取和分析来解决 3 个管理上的顽症：首先是解决生产和销售的不平衡，准确获知应该生产多少、送多少；其次，能够让 400 家办事处、30 个配送中心纳入到体系中来，形成一个动态网状结构，而非简单的树状结构；最后，让退货、残次等问题能够与生产基地实时连接起来。这需要将销售、市场费用、物流、生产、财务等数据通过工具定时抽取，然后通过计算处理进行“展现”。但是，面对这样庞大的数据，原有的数据系统几乎处于瘫痪状态，这个“展现”的过程长达 24 小时。也就是说，在 24 小时后，物流、资金流和信息流才能汇聚到一起，关联彼此而形成一份有价值的统计报告。这样的速度会导致公司每个月的财务结算都要推迟 1 天，月底无法及时提供库存报表，影响发货速度，更不用说实时察看库存数据的动态变化，并及时做出预测性分析了。管理人员意识到，需要有一种能够减少数据延迟、提高数据查询和业务逻辑处理速度的解决方案，可以对公司业务状况进行实时追踪，这样就能够在市场中占得先机。

2011 年 7 月，农夫山泉公司正式开始了 SAP HANA 的实施[14]，旋即引入生产系统，成为全球第三个、亚洲第一个上线该系统的企业。采用该系统后，同等数据量的计算速度从过去的 24 小时缩短到 0.67 秒，充分显示了大数据分析的威力。利用 SAP HANA 的触发（Trigger）机制，公司实现了真正的实时数据转移及数据同步，ERP 系统里每增加一条凭证，在 SAP HANA 里面就会增加一条记录，报表系统里也就会增加一条记录，几乎可以做到实时计算结果，这让很多不可能的事情变为了可能。这样的实时数据同步使得数据分析更加及时，也为业务人员带来了极大的便利，使得他们所做出的分析及市场反应能够更及时准确，也减少了错误的发生。

有了强大的数据分析能力作为支持，农夫山泉公司近年以 30%~40% 的年增长率，在饮用水行业快速超越了原先的三甲。根据国家统计局公布的数据，其饮用水领域的市场份额已占到 34.8%，是另外三家之和。未来，如果超市、金融公司与农夫山泉公司有某种渠道来共享这些数据，比如类似的图像、视频和音频资料，公司还计划系统地分析出更多的信息。举个例子，如果能够获取消费者的位置信息和消费行为信息，就可以分析得到基于人的消费行为的基本数据。

通过大数据的分析，不仅可以分析顾客的偏好以获得相应的商业价值，还可以通过大数据挖掘企业现存问题，并制定相应的策略不断进行优化。

在亚马逊运营中心，货品摆放看似杂乱无章，实则高效且“乱”中有序，其整个库房从到货到发货以及退货全部依靠大数据系统智能管理，在优化效率的同时，还能达成接近 100% 的准时发货率和 99.9% 的库存准确率[78]。

亚马逊运营中心这种“乱”中有序的随机上架原则，能够充分利用仓储空间和节约人力成本。一方面，亚马逊运营系统通过大数据分析消费者的购买习惯，总结出消费者最经常购买的产品种类，按照这样的方式将产品进行摆放，从而有效提高每轮取货的效率。举例来说，亚马逊通过大数据分析得出买书的人往往会买笔，所以仓库摆放时经常会将书和笔摆放在一起。另一方面，在亚马逊的每个运营中心里都有一个用来测量物品大小的工具——Cubi（立体测量仪），大多数货品上架之前都需要通过 Cubi 进行测量，以便系统根据产品的长、宽、高来计算和划分产品最适合的存储位置，通过强大的 IT 智能系统进行存储、统计、计算、分析等实现海量数据运算，然后系统根据后台数据对所有运营中心的货物统一调配，自动推荐最佳拣货路径和包装方式后，进入相应的物流系统。

基于强大的数据分析能力和物流供应链管理能力，亚马逊能够整合消费者需求和企业库存、运输等内部管理，确保消费者能够快速、便捷地享受众多个性化的网络购物体验。

世界上最大物流公司之一的美国 UPS 公司有 6 万辆汽车进行运输工作，公司在汽车里安装了传感器，将所有数据收集起来进行大数据分析，以提高汽车的导航系统和物流线路布局优化能力，一年就节省了约 5 千万千米的物流行驶里程。

## 4.4 大数据驱动的京东供应链体系

京东（JD.com）公司是中国最大的自营式电商企业，2014 年在中国自营式电商市场的占有率为 49%。京东公司的特色是自建物流体系，目前拥有中国电子商务行业最大的仓储设施，截至 2014 年 12 月 31 日，在全国拥有 7 大物流中心，在全国 40 座城市运营 123 个大型仓库，拥有 3210 个配送站和自提点，覆盖全国 1862 个区县，再加上 6 千家合作伙伴、数亿名用户，构成了一个庞大的物流体系。京东公司专业的配送队伍能够为用户提供一系列专业服务，如 211 限时达、次日达、夜间配和 3 小时极速达，GIS 包裹实时追踪、售后 100 分、快速退换货以及家电上门安装等服务，保障用户享受到卓越、全面的物流配送和完整的“端对端”购物体验。而这背后，是京东公司大数据的支撑，这些数据的特征，就是一个“全”字。在庞大的订单量背后，京东公司的数据链记录着每个用户的每一步操作：从登录京东商城浏览、选择商品、页面停留时间、评论阅读情况、是否关注促销到加入购物车、下订单、付款、配送要求，以及最终是否有售后和返修，用户的完整数据都被记录下来。

京东公司在企业运营过程中积累了大量数据战略资产，如市场趋势数据、用户行为数据、流量数据、订单数据、采购数据、库存数据等。并且，电商平台的最大优势在于随时随地、持续大量地收集数据，为业务提供及时的、可视化的供应链数据，提升各流程环节绩效，实时优化流程、优化算法，并使未来销量计划及库存等可预测、可跟踪、可量化，从而提升整体供应链效率。同时企业也会抓取其他领域数据，包括微信、微博等社交数据，通过跨领域数据的融合产生乘法效应，发挥出最大商业价值。

（1）销量预测：在供应链和库存管理中最最核心的就是需求管理。而需求管理在大数据需求下，需求预测成为大的核心。根据以往大量的用户数据、销售数据、采购数据、补货数据等，经过软件的数据清洗、数据建模等过程，并采用人工智能的相关算法，进行未来销量预测，并依此进行全国仓库的自动补货，并全自动地驱动仓库间的调拨和转运。系统能在用户未下单前，就提前从供应商那里完成商品采购，并第一时间调拨到离用户最近的仓库。

首先是产品预测，通过大数据来确定用户购买商品、采购商品、预算价格、过程中补货。通过大数据来做需求预测，能做到自动补货、自动调拨、整体库存分析、SKU 备货等，做到在用户下单之前就将商品送到最近的仓库。这里依据的预测模型基于京东公司十几年的销售数据，结合季节的变化、人均销售、促销因素来建立，同时再用算法来预测未来的趋势，确定 SKU 的量及未来销售的量。

然后是数据清洗，对于新品模型、保守模型、不动销模型、决策树模型、月均价格模型、市场需求回归模型等，均由趋势跟随价格模型来预测整体销售情况。在这些过程中，必须要注意数据清洗。而在数据清洗的过程中，凡是价格变动引起的因素，都需将整个模型进行清洗和过滤。

（2）自动补货：补货模型包括阶段性的补货与时间的匹配，保证库存不是一个最大的值而是一个最合理的值。它用补货点与安全库存点的逻辑关系来驱动整个补货效率的提升。在补货的过程中纳入成本模型，只有在成本模型的驱动下，整个销售预测和模型才会更效。

（3）维持健康库存：库存健康模拟产品未来的一个的时间点，提前做出滞销、降价、退货等处理。

（4）供应商罗盘：数据罗盘提供全方位的数据服务，包含店铺分析、行业数据和京东实验室等 3 大板块，涵盖了 20 余项主题分析。维度包含了流量分析、销售分析、广告分析、仓储分析、配送分析、售后分析、行业分析等，时间粒度从分钟、小时、天、周到月，全面覆盖。数据罗盘是通过数据告知商家最关心的指标因素和影响因素，让商家来做分析从而提升店铺的转化率。用大数据的技术解决小数据的问题，比如告诉供应商在哪个节点应该降价，配合降价应做哪些补货，商品未来周期的分析并参与京东公司的促销和补货。

(5)智慧选品：商品未来的采购量是根据大数据下的行业报告、行业分析、用户模型和价值来预测的，并在未来某个时间点上，按照一些商品在整个过程中的定位来做选品的工作。友商商品数据、京东商品数据、行业报告数据、基于大数据预知处理用户的购买趋势和采购量。

（6）智慧定价：定价的过程考虑最大利润化、限货和库存周转过程以及库存和处理滞销过程。采销可以根据定价看到商品毛利率、价格变动后的流量变化、库存周转情况，以及利用风控平台来检验价格定位是否准确。

由此可见，京东公司的供应链体系已经不是传统意义上的采购、销售乃至物流的范畴，而是完全建立在数据和数据分析之上的、大数据驱动的智慧供应链体系。

# 第 5 章　营销大数据

## 5.1 通过数据洞察客户需求

一直以来，企业都强调“以客户为中心”，即以客户需求为中心，说说容易，真正做到却非常困难。比如，传统的市场营销方式是通过前期市场调研、与客户交流沟通、发调查问卷来洞察客户需求的。这种情况下，企业只能获取 1% 的客户被动提供的样本数据，如果企业对客户的理解远远不到 1%，又何以能够打造符合客户预期和使用行为的产品呢？何以能够有针对性地进行广告投放和市场策略管理呢？

今天，越来越多的企业在使用大数据洞察并分析客户的实际需求。研究发现，这种方式的准确性、针对性更高。

全球第二大食品公司——卡夫公司澳洲分公司，透过大数据分析工具对 10 亿条社交网站帖子、50 万条论坛讨论内容进行抓取分析，发现大家对于维吉酱讨论的焦点不是口味和包装而是除涂抹在烤面包以外的各种吃法。调查人员最终分析出消费者购买的三个关注点：健康、素食主义和食品安全，并发现叶酸对孕妇尤其重要。于是，卡夫公司针对这些信息进行营销，打开了孕妇消费者市场，维吉酱销售额大幅增加，创造了该产品的历史最高纪录。

银泰百货公司在百货门店和购物中心铺设免费 Wi-Fi，顺便抓取用户数据，包括进店用户数据和 VIP 用户数据；利用银泰网（www.yintai.com）打通了线下实体店和线上的 VIP 账号。当一位已注册账号的顾客进入实体店时，他的手机连接上 Wi-Fi，后台就能识别出来，他以往与银泰公司的所有互动记录、喜好便会一一在后台呈现。通过对实体店顾客的电子小票、行走路线、停留区域的分析，可以判别他的购物喜好，分析购物行为、购物频率和品类搭配的一些习惯。另外，银泰网甚至可以累积不同用户对品牌和折扣喜爱程度的数据，依托成熟门店的相关数据，再根据新开门店所在城市的用户分析，推导出新开门店组货和招商的指导意见。

还有一个例子相当典型[15]，根据全球管理咨询公司嘉思明（Kurt Salmon）公司的研究结果，处理一次退货的成本可能是同一商品发货所耗成本的 2~3 倍。同时，美国零售联合会（National Retail Federation）发现，40% 的买家在下单时就打算退货，40% 的买家会订购同一款产品的不同规格，而 40% 的退货是由于产品信息不全所致。而如果企业支持网购、电话购物或邮购，则处理退货的成本和运费更高。HSE24 公司是一家位于德国的家庭购物网络公司，在德国、奥地利和瑞士等地拥有多达 4100 万家庭客户，它就遇到了这样的问题，公司通过对有相似退货行为的用户群进行大数据分析研究，洞察了用户的真实需求，从而降低了退货率。

HSE24 公司发现了几个退货率较高的用户群。公司基于两个条件分析了其中一个用户群。这两个条件分别是订购的产品数量和付款速度。很快发现，这些用户在购买产品时，喜欢订购多个尺寸或颜色的产品，然后再确定自己要留下和退掉的产品。在发现这一模式后，公司就能采取相应的措施。例如，公司提供更详细的产品描述信息，帮助用户在第一次订购时更准确地选择最合适的产品。此外，公司还可以推出促销活动，如果退货率较高的用户在某段时间内减少了退货次数，公司将对其予以奖励。

知客数据[16]是一款基于大数据研究的在线市场洞察分析平台，协助企业客户洞察行业趋势、分析营销效果、优化市场策略，以专业的数据支持企业的分析与决策。它通过品牌指数、产品指数和用户指数这三项主要市场洞察指标，为企业提供方便灵活的线上渠道调研、市场营销策划的数据支持（图 5.1）。

在知客数据的平台上，企业将了解自有品牌与行业竞品之间在数字营销领域的布局情况，透视品牌在各个不同平台上的活跃度，还能了解用户对品牌的好评度。对于拥有电商渠道的商户而言，还能直观地看到自有品牌与竞品在各电商平台的销量、价位和好评度等信息。

在辅助企业进行竞品调研和市场洞察的同时，知客数据还非常重视对用户群的研究分析。通过知客数据，企业用户将能识别用户在社交和电商平台上的行为表现。了解用户群的属性分布（性别、地域、兴趣、活跃度、会员等级等），并进行交叉对比分析，以更好地挖掘潜在用户。

图 5.1 “数据驱动运营”的解决方案（来源：知客数据）

## 5.2 数据驱动的精准营销

在当今经济环境中，良好的客户服务和客户体验至关重要。越来越多的企业通过挖掘客户数据提升客户关系，了解客户需求。今天的 CRM 数据分析能力已经不止局限于客户邮件、电话等数据，而是能够识别客户购买行为，了解客户情绪。随着技术和数据架构的演进，现在的数据已经延伸到很多范围，比如位置数据、基站数据，还有通话记录和移动互联网上的消费行为等。

利用这些来自多渠道的数据建立分析模型，可以 360° 全方位地观察客户的兴趣、爱好，并预测其未来的行为，从而制定个性化的营销策略。

2012 年，海尔公司推出帝樽空调。如何精准地预测有哪些客户可能选购帝樽空调？如何送去个性化的服务方案？一个营销故事可以揭示大数据的“神奇”[17]。

让我们来看看这个有趣的故事是如何折射大数据时代的。

首先看一组关键词：上海虹桥新城小区、北京景泰西里小区、外企高级经理陈然、海尔除 PM2.5 帝樽空调、旅游杂志、厄瓜多尔足球名将格隆、海尔智能平板电视机。

这是排版出现乱码了吗？当这段文字混杂着地名、杂志、家电、人物的文字出现时，你可能会这么想。的确，如果从“文字”的角度看，它们是如此的杂乱无章，但如果切换为“大数据”的视角，它们却是如此的井然有序。

海尔 SCRM（社交化客户关系管理）会员大数据平台，是一个帮助企业切换视角，在网络化时代为客户提供精准营销与互动服务的平台。这个平台已于 2013 年 1 月开始运营。

2012 年，海尔公司推出帝樽空调，因其外形由方到圆的颠覆性创新，被 ICEC 评为“影响世界的十大创意产品”。这款产品已被数以万计的客户选购。

如何精准地预测还有哪些客户可能选购？如何及时送去个性化的服务方案？这是每个营销人员殚精竭虑寻找的答案。

2013 年 4 月，海尔公司把探针伸入了 SCRM 会员大数据平台，提取数以万计的帝樽空调用户数据，与中国邮政的名址数据库匹配，建立“look-alike”模型。这个模型可以将已经购买帝樽空调的几万名用户所在的小区分成几类，并打上标签。拥有帝樽空调用户的上海虹桥新城小区被打上了一系列标签。再把这些数据标签映射回中国邮政的名址数据库，找到有相似特点的所有小区。这类小区在北京有 65 处，北京景泰西里小区就是其中之一。

事实上，这一数据处理过程有点“物以类聚，人以群分”的哲学意味。然而，纵使人以群分，终究千人千面。

帝樽空调有很多特点：健康，除 PM2.5；舒适，3D 立体送风；智能，Smart 风随人动。同样住在北京景泰西里小区的业主，谁更关注“健康”？谁最在乎“舒适”？谁又偏爱“智能”？大数据的到来让我们今天的营销能从茫茫弱水三千，精准取一瓢饮。

海尔公司 SCRM 会员大数据平台同几家旅游、健康类杂志合作，作为杂志订户关怀活动的一部分，为北京地区订户提供购买帝樽空调的优惠。

就像判断一个人的品位可以先看他交什么样的朋友，看一个人的特点可以先看他订阅什么样的杂志。北京景泰西里小区有人订阅旅游杂志，其中一位是陈然。显然，他对环境、自然应该感兴趣。

海尔公司 SCRM 会员大数据平台由此预测：陈然极有可能对帝樽空调的除 PM2.5 功能感兴趣。大数据大海捞针，陈然这位潜在用户终于浮出水面。

几天后，陈然收到了海尔公司投递的一封直邮单页，除了送去公益环保知识外，重点介绍了帝樽空调的除 PM2.5 功能。

5 月 1 日，陈然带着收到的直邮单页，来到北京洋桥国美店。

陈然对店员说：他这段时间正在费力寻找带有除 PM2.5 公司的空调，恰好收到了海尔公司给他直邮的资料，上面的内容正是他想看到的，省掉了他到处搜寻的时间。

现场体验帝樽空调后，陈然付款购买了一套。

成交后，陈然登录 www.haier.com 官方网站，自主注册为海尔公司梦享 + 会员。

通过海尔公司的精准营销，陈然享受到了个性化服务。

故事结束了吗？不，只是开始。

海尔公司不是把成交看成销售的结束，而是看成互动的开始。

5月6日，通过陈然留下的手机号码，梦享 + 会员专线回访陈然，告知他不仅可以通过购买获得会员“消费积分”，而且可以通过互动获得会员“创新积分”。

交流中，陈然透露出还打算购买彩色电视机。

当天，陈然关注了海尔公司官方微博。相应地，SCRM 大数据平台获取了他在微博上的公开数据。

微博的文字、照片、视频等结构化数据和非结构化数据，往往能完整地勾勒出博主的性格、兴趣、形象。

陈然的微博同样如此。

海尔公司 SCRM 会员大数据平台利用智能语义分析工具，从陈然的微博中得出信息：陈然是一名体育爱好者。微博中不断出现的“格隆”，就是例证。格隆是厄瓜多尔的一位足球名将。

爱看足球，则一定常看体育节目电视，对画面流畅性一定很看重。

很快，SCRM 会员大数据平台将海尔智能电视机高速画面无拖尾的特点精准地推送给了陈然。

不过，这一次不再是直邮单页，而是 SCRM 会员大数据平台触发的电子邮件。因为陈然自主注册会员后，SCRM 会员大数据平台已经获得了他自愿提供的电子邮箱地址。注册会员时，陈然接受了“同意信息推送服务”条款。

5 月 12 日，陈然再次购买了一台海尔彩色电视机。

陈然很高兴，作为用户，他说：“海尔的这种精准服务信息是我需要的。”

电视机送货安装后，陈然在自媒体微博上发帖讲述这次愉快的购物体验，传播口碑：“海尔公司的售前、售后服务都很好。”

还记得开头的那段看似杂乱无章的文字吗？在 SCRM 会员大数据平台上，海尔公司与用户互动梳理，它们变得如此井然有序，我们的故事已经将它们串联起来。这实际上就是维克托·迈尔 - 舍恩伯格《大数据时代》一书中的大数据驱动营销的逻辑：

（1）基于数据分析信息。

（2）基于信息做出预测。

（3）基于预测优化用户体验。

让人放心的是，海尔公司 SCRM 会员大数据平台有着严格的消费者隐私保护与数据安全规范。其获取的数据来源于用户、服务于用户。数据来自用户在互联网上发表的公开信息，以及注册海尔公司会员时自主填写的信息。

海尔公司分析这些数据的目的只有唯一的指向——预测用户需求，优化用户体验，就如帮助陈然省下四处寻找除 PM2.5 功能空调的时间。

这一大数据平台定位于与企业内部的全流程数据动态打通，以用户最佳体验为导向，驱动产品数据、销售数据、供应链数据、服务数据等全流程数据优化增值，同时与企业外部的全网络数据动态链接，最终形成全流程用户体验生态圈。

## 5.3 利用数据改善用户体验

提起耐克，我们会想到篮球，会想到乔丹。但是现在，人们却经常提到耐克公司的一个网站——Nikeplus.com（即 Nike+）。Nike+ 是一个管理健身过程的网站，也是一个分享和交流健身体验的社区，这个社区既包括移动的 APP，也包括网上的社交门户（图 5.2）。据统计，Nike+ 线上社区用户超过 2800 万，美国 4% 的人是 Nike+ 的用户。

具体而言，耐克公司将其运动鞋变成可穿戴设备，并以“Nike 跑鞋或腕带传感器”产品将用户的健身数据连接到 Nike+ 社交网络。运动者只要穿着耐克的跑鞋运动，鞋子就会对他的训练数据进行记录，包括运动的时间、距离、消耗的热量等，iPod 就可以存储并显示运动日期、时间、距离、热量消耗值等数据。用户将数据上传到耐克社区，可以同好友分享讨论。社区成员可以对这些数据进行比对、分析，从而为自己的训练进行有针对性的调整。在社区里，这种用户之间的互动具有非常大的吸引力。更为关键的是，用户一旦成为其社区网络的成员，马上就变成了耐克鞋的潜在用户！

那么，Nike+ 对耐克公司意味着什么呢？随着跑步者不断上传自己的跑步路线， 耐克公司掌握了主要城市最佳跑步路线的数据库，将来如果组织城市跑步活动的话效果会更好。目前，Nike+ 用户每天不停地上传数据，耐克公司借此与用户建立了前所未有的牢固关系。同时，海量的数据对于公司了解用户习惯、改进产品、精准投放和精准营销也起到了不可替代的作用。

图 5.2 Nike+ 的主要功能

根据耐克公司官方公布的几个信息，通过 Nike+，耐克公司得出了以下结论：

（1）在冬天，美国人比非洲人和欧洲人跑步的人数多，但进行的时间短。

（2）全球人平均每次跑步时间为 35 分钟。

（3）跑步者最喜欢听的歌是哪些。

除此之外，耐克公司还掌握了跑步者最常聚集地区的地图。这些结论，来源于用户每天自行上传的大量真实数据。

与此同时，用户通过线上、线下对运动的交流，又加深了对耐克这个品牌的认同，自发进行品牌的人际传播。

对新技术、新模式的追求，成就了一个大数据时代的全新的耐克公司。在 Nike+ 应用的 5 年后，耐克公司的收入增长了 45%，股价翻了 4 倍，跑步产品的收入超过了篮球产品，由此形成了和阿迪达斯公司的竞争新优势。

这样的例子还有很多。福特公司研究与创新研究院系统分析部经理 John Ginder 说，公司已经做了大约 20 年的先进业务建模工作，但有了大数据，那就是另外一回事了。今天的技术使福特公司能够处理更大的数据集、比以前更加多样化的数据集，通过研究院的努力，福特公司的业务已经开始在包括汽车本身的许多领域开花结果。

数据影响驾驶体验最明显的例子可能是汽车能够反馈给公司的丰富的数据类型。在最新款的福特 Energi 混合动力汽车上，安装了多达 74 个传感器，包括声呐、照相机、雷达、加速传感器、温度传感器和雨量传感器。这些传感器每小时产生 25GB 数据，这些数据被传送回到工厂进行实时分析，并通过一个移动应用程序反馈给驾驶员。这个应用可以告诉驾驶员电池的寿命、最近的充电站以及其他与车辆性能有关的数据。

图 5.3 福特公司的 MyFord 移动应用架构

福特公司确实对从更多的车辆收集更多的数据感兴趣，公司推出了 MyFord Touch 全新车载系统，在驾驶员四周安插了前所未有的各种互动工具。比如，车内系统自动采集驾驶员的驾驶习惯信息，为不同的驾驶员匹配不同的汽车设置；夜晚疲劳驾车时，驾驶员坐姿发生改变，车内会自动发出警告；通过指纹识别车主、启动车辆等。这都是大数据的应用案例，有些已经应用在现在的汽车中。但值得注意的是对隐私的保护问题，比如有人会知道你在哪儿和如何驾驶，这是一个尚未引起主流关注的潜在问题。因此，目前的数据只展现了那些能够帮助提升客户体验的部分。

通过更多的数据，企业可以满足用户更多的“需求”，为用户提供更多的“机会”。福特公司的最终目的是更好地了解驾驶员如何使用车辆，并使用这些信息来不断改进车辆和提升整体体验。例如，福特 Super Duty 卡车系列提供了一个“队长”包，让老板可以监控整个车队的燃油消耗、引擎性能和其他数据。

2014 年 8 月 1 日，一家以色列的智能驾驶辅助系统公司 Mobileye（www.mobileye.com）在美国首次公开发行股票，募资额达到 8.9 亿美元，创下美国历史上以色列公司 IPO 的最高纪录。上市首日每股股价暴涨至 37 美元，这是自 Twitter 上市以来，在美募资超过 5 亿美金的 IPO 案中的最大首日涨幅。截止到同年 8 月 26 日，股价已经攀升到 41.43 美元，市值达到 85.7 亿美元。

Mobileye 公司设计和生产汽车用的安全驾驶辅助系统，其产品售价大约为 50 美元，包含一个摄像头和芯片模块，使汽车实现智能紧急制动、自动测距巡航、行人识别、偏航提醒等功能（图 5.4）。

图 5.4 Mobileye 公司的 HMW 会实时显示与前车的距离（如果距离小于设定值（以秒为单位计算），它会提醒驾驶员本车已进入危险距离，一个小车图标会同时显示，根据危险等级显示为红色或绿色。）

与大多数商家企图通过提高摄像头的视力或者增加雷达来增强设备检测物体的能力不同，Mobileye 公司另辟蹊径，运用单摄像头附带传感器和特有算法，将物体探测任务在单一硬件平台上执行，这使得设备安装程序大为简化，成本也大大降低。而 Mobileye 公司的制胜法宝还是数据，通过过去 10 年和全世界大部分汽车厂商的合作，公司积累了数以百万英里不同环境、不同气候、不同道路状况，横跨 43 个国家的驾驶场景。正是基于这些数据，Mobileye 公司才能开发出它领先的核心算法。Mobileye 公司独步全球的技术迅速占领了汽车安全驾驶系统全球 70% 以上的市场份额，已经有超过 330 万辆汽车安装了 EyeQ 芯片。而在这数百万辆汽车的使用过程中，Mobileye 公司又会迅速地积累更多的数据，再基于更大的数据量开发下一步的创新应用。

汽车大数据的应用改变的不仅仅是自动驾驶、智能车载系统等技术层面的思维模式。无论是目前正在尝试的汽车电商和精准营销，还是未来可能实现的精确定制化服务，都离不开大数据技术的应用。甚至于保险公司也会依据大数据推出针对不同驾驶员群体的保险计划：由大数据公司对不同潜在客户的驾车习惯进行分析，如果数据表明客户是白天上班，路近，所经过的地带是安全路线，驾车习惯良好，没有特别情绪化举动，则给其所买的保险打折；反之，会提高保费甚至拒绝保单。

美国前进保险公司（Progressive Insurance）就推出了一项名为“快照”的计划，使用该计划，你可以基于你的驾驶行为确定自己的保险费率，而这是由安装在车内的一个叫作“快照”的小装置实现的（图 5.5）。

一旦你注册了该计划，保险公司将寄给你这样一个小装置。第一天，你把这个装置插到汽车方向盘下面的一个小接口上。在接下来的 30 天中，公司会查看你的驾驶习惯，看你能不能省几个保费。这样，驾驶时，你必须把你的驾驶信息共享给保险公司，比如你是如何驾驶的、行驶多久、什么时候驾驶，等等。你也可以追踪你的驾驶数据和预计节省的费用。30 天后，你的驾驶数据收集充分，一个 0~30% 不等的初始快照折扣就会加到你的保险计划里。

6 个月后，你归还快照设备，公司给你保费折扣。

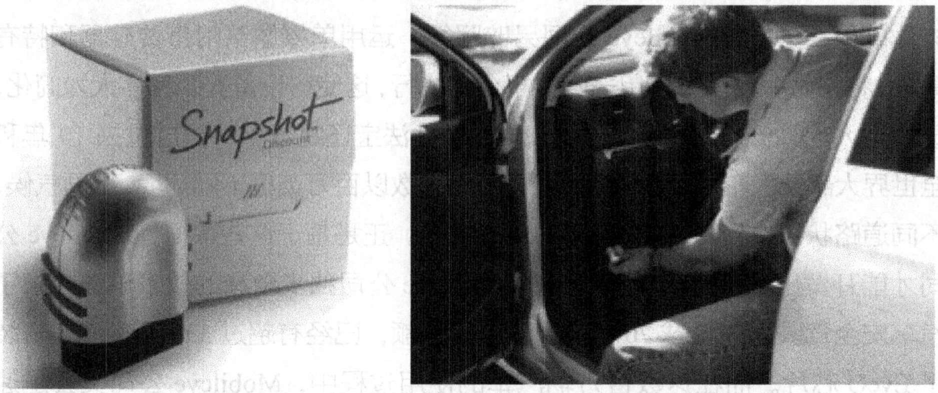


图 5.5 前进保险公司的快照（Snapshot）驾驶数据收集装置及其安装

# 第 6 章　服务大数据

曾经名满天下的金龙牌电风扇，获得过中国电扇行业重要奖项国家银质奖、国际博览会金奖、全国畅销国产商品金桥奖。如今，金龙牌电风扇已不复当年之勇，市场上也鲜见其身影。然而，用户却对金龙电扇充满怀念，因为这是改革开放之初很多家庭买的几大件之一，很多一直使用到今天，“结实”、“耐用”、“不出故障”是很多用户对金龙电扇的一致赞誉。为什么好的产品，却没有好的市场？也许是金龙电扇生不逢时，没有赶上大数据时代。在前数据时代，售后服务是“成本中心”，精明的企业为了避免售后成本上升，会尽力提升质量，一旦销售了产品，就希望用户永远别来找它，因为害怕用户联系进行维修，企业就要付出成本。而在大数据时代，售后服务成为“利润中心”，精明的企业会发挥庞大的用户优势，想尽办法黏住用户，通过智能产品向用户推送增值服务，创造新的价值。

## 6.1 智能设备感知数据

2012 年，春秋航空公司曾经轻轻松松地省下了一笔可能花掉的 21 万美元，怎么做到的呢？原来，美国通用电气公司在供应给春秋航空的飞机发动机上安装了数十个传感器，用于采集转速、排气温度等数据。2012 年 9 月 19 日，这些传感器传回的数据显示，一架春秋航空公司飞机的二号发动机风扇振动值突然升高，通用电气公司在上海的航空客户支援中心立即向春秋航空公司发送通知，航空公司排查后发现发动机的两片风扇叶片被外物击伤。打伤的风扇叶片很快被更换，一次飞机故障停场检修就这样被避免了，为春秋航空公司节省了超过 21 万美元的飞机维修费用，更重要的是避免了数次计划外的发动机拆卸和停飞待用。这是通用电气公司董事长兼首席执行官杰夫·伊梅尔特曾经举过的一个案例。

企业的产品质量对于最终用户的使用，对于企业的经济效益起着举足轻重的作用。为了掌控产品的质量，过去经常采用抽样检测的方法，比如下面这个经常出现在高等数学例题中的场景：

已知某种灯泡的寿命服从正态分布，现从一批灯泡中随机抽取 16 只，测得其使用寿命（单位：小时）分别为1510、1520、1480、1500、1450、1480、1510、1520、1480、1490、1530、1510、1460、1460、1470、1470。试建立该批灯泡平均使用寿命 95% 的置信区间。

这种基于概率的手段存在很大的不确定性风险，比如现实中，对于飞机发动机这种漏检就有可能造成重大损失的产品而言，仅仅依靠抽样检验来判定质量是远远不够的。飞机发动机是一个高速旋转、结构复杂的机械装置，而且又工作在高温、高压、高应力及交变载荷的恶劣条件下，其振动故障率通常较高，必须全数检验，除此之外，还必须对飞行中的状态进行实时监测。过去，飞机发动机中的传感器都是被动模式——直到出现故障才会在仪表盘上亮红灯。而且这些传感数据过去很少被保留和研究，在大多数飞行中，飞机发动机只会保留 3 个平均值，分别是起飞、巡航和降落数据。

大数据时代，游戏规则发生了变化。通过大量数据的积累和分析，我们可以将检测变为预测，防患于未然。通用电气公司的新一代喷气式发动机 GEnx（用于装备波音 787 飞机）具有每秒 5000 个数据点的分析能力，并将保留每次飞行的所有基础数据，甚至可以将数据从飞机实时传回公司进行分析。这样一台引擎 1 年产生的数据量甚至会超过通用电气公司航空业务历史上所有的数据。通用电气公司通过云计算服务的模式，为使用其发动机的航空公司提供了这样一种能力——当一架飞机落地以后，可以很快地把飞机飞行中积累的数据用无线方式传递出去，然后量身打造一套专门针对这架飞机的维修方案。

支撑前述春秋航空公司故事的其实就是通用电气公司的大数据应用。通用电气公司希望通过在其产品中增加更多的传感器来获取海量数据，并最终帮助公司提高其机车、飞机引擎，核磁共振仪器等设备的能源效率。要做到这一点其实很不容易，必须引入许多新技术，这也是为什么大数据技术受到企业界关注的原因之一。例如，一台现代飞机发动机，每 10 毫秒可产生几百个传感标记数据，一次飞行可以生成 1TB 传感器数据；这对于拥有数百架飞机的航空公司而言，累加起来将是非常庞大的数据。航空公司的航班运营中心和外包的远程监控中心必须在下载和分析这些数据时就能够实时标记可能的异常信息，并使用这些信息帮助航空公司优化对飞机的维护，保持航班按计划精准执行。对于飞机发动机而言，当潜在的重要事件被检测到或者被预测出来时，飞机上的机载智能装还置必须能够在无人干预的情况下立即采取行动，并且要达到极端的可靠性（99.999999999％）。这就要求必须能够在飞行过程中就将重要的传感信息通过卫星通信传输到操作中心。而且，发动机工作在不断变化的环境中，这不同程度地影响设备功能退化的速度（比如，发动机风扇叶片在飞越炎热多沙的沙漠地区时，要比飞越温和气候条件地区时损坏得更快），所以在进行分析和处理时还要考虑它们所处的位置。另外，发动机不像固定资产那样可以在现场进行维护，而是必须飞往维护中心，这也进一步增加了调度、零件供应及其他维护及操作因素的复杂性。负责维护这些设备的企业必须有强大的实时数据处理能力、分析能力和调度能力。

汽车工业也在做同样的尝试，即发现故障于未发之时。实际上，福特汽车公司早在 20 世纪 90 年代就开始研发车载分析系统。2004 年，福特公司为阿斯顿·马丁 DB9 研发了一个自学习神经网络系统，该系统通过识别发动机故障和特殊的驾驶条件，能够正确地保持发动机运转，优化驾驶员的驾驶行为，并相应地调整发动机的性能和做出各种必要的预警。然而，要做出准确的预测，需要分析的数据量非常庞大，这在过去是一道难以逾越的技术障碍。现在，福特公司已经改进了这项技术，并将它实际应用于一个名为智能库存管理的系统（SIMS）中。该系统可以帮助汽车经销商优化车辆和备件库存，原来有的经销商的库存管理非常复杂，有的过于简单，有了 SIMS 后，全国范围内的各种汽车销售数据和一些本地相关数据都会汇集到福特公司的大数据平台，然后神经网络算法会学习最新的模式，帮助福特公司做出更好的库存管理建议供经销商选择。

这样的例子还有很多。在一个拥有 200 座涡轮风力发电机的风力发电场中，需要对实时传感数据进行三级分析，以实现对发电过程的优化管理。第一级分析发生在设备前端，针对风力涡轮机。涡轮机控制器收集传感器数据并进行实时分析，暂存在一个历史数据库中。使用这些数据，涡轮机每隔 40 毫秒优化一次叶片桨距，实现旋转能量到电能的转化，并决定是向电池充 / 放电还是发送到输电网。

第二级分析发生在风力发电场。风电场控制器每隔 160 毫秒从每个涡轮机接收 30 多个信号，对这些数据的实时分析可以确保将若干涡轮机进行正确的组合，确保给用电设施提供可靠的电力。此外，风电场的监控软件还可以在 1 秒的间隔内处理每个涡轮机的 200 个传感标记数据。这些近乎实时的分析用于评估涡轮机的健康状况和性能表现。然后，这些风电场的涡轮机数据会以 1 分钟的时间间隔向几英里外的远程监控中心传输。在那里，数据科学家和工程师团队分析单个涡轮机和整个风电场的数据，用以微调它们的过程控制和算法，这些增强的分析会被下推到机器。同时，一个高性能计算机集群利用多年的经营数据来建立预测模型，发现数据之间的相关性和隐藏在单个涡轮机那成千上万个传感标记数据中的严重问题。当需要对毫秒级的微观数据进行分析时，从监控中心发起的查询可以再次分散到数以千计的风力发电机组的历史数据中去执行。

最后，第三级分析，即对风电场运营数据和来自运营商企业系统的财务数据等数据进行混合分析，以电力预测和生产报告的形式传送到首席财务官办公室。

通过这个过程可以看到，这个风电场成功的关键在于对数据的处理和这三级各司其职的分析，它们以恰当的速度、正确的数量收集和提供正确的数据，并以一系列精心编排的分析为各级操作提供对数据的洞察。

得益于云计算技术和大数据技术的发展，企业可以对不同形式的工业大数据进行收集和整理，发现规律和潜在的问题，对设备运行和企业运营提供科学的预测，尽早做出优化决策。这不但改善了企业的运营，实际上更多的是创立了一种前所未有的业务模式。

## 6.2 数据支持的产品即服务

2014 年，麻省理工大学举办了一场有关大数据的 CIO 沙龙座谈会（MIT Sloan CIO Symposium），来自 NuoDB 公司的创始人 Barry Morris 反复引用一个实例，那就是电动汽车制造商特斯拉公司。

仅靠单一的汽车设计和电动平台，特斯拉公司提供的客户服务比其他各家汽车公司都要关怀备至，而实际上这种平台在方便程度上还远远落后于目前普及的使用汽油的汽车系统。但一直以来，特斯拉公司都在利用数据帮助企业制定商业决策。实际上，特斯拉公司利用数据的过程并非刻意为之，而是顺其自然的结果。特斯拉公司并没有设置一个专门的数据分析部门，也没有特意去研究如何利用数据获得竞争优势，但事实上一直在分析交付到客户手上的电动汽车数据。这些数据会告诉特斯拉公司，什么时候刹车片可能会磨损殆尽，开多远道路需要充一次电，在什么地方建立下一个充电站是最合乎逻辑的。特斯拉公司监测数据、收集数据，虽然他们卖的不是数据，但是数据已经成为公司业务中最重要的组成部分之一。

特斯拉公司构建了一个典型的数据生态圈。特斯拉有两个网络，第一个是车联网，一台特斯拉汽车相当于带着四个车轮的移动智能终端，车上装备了齐全的数据设备，内置了 3G 和 Wi-Fi 模块，使汽车永远在线，并无线连接到企业总部，以便深入分析。服务中心后台还可以持续跟踪获取车身信息，如果发生故障或事故，服务中心能第一时间收到通知，并为车主提供相应的技术支持。通过对汽车运用数据分析技术，特斯拉公司可以对汽车持续改进，每隔几个月就会进行软件升级，每次升级都会使这辆车的性能和体验更好。

与此同时，汽车也成为特斯拉公司服务的载体，比如，可以在“空中”修复汽车，不论车主是在车库、行车道还是在停车场中，都可以以大致相同的方式通过智能手机接收软件升级。特斯拉车主最近收到全国公路交通安全管理局的召回通知，提醒他们，一个充电器插头需要维修，因为它被发现可能会引发火灾。特斯拉公司通过软件更新已经为其 29222 位车主修复了他们的汽车。而这已经不是第一次了。特斯拉公司于 2014 年 10 月推出新车 Model S P85D，它从 0 到 100 千米的加速时间是 3.4 秒，但之后通过软件升级，P85D 的加速时间缩短到 3.3 秒，通过这次升级，P85D 的加速性能超越了历史上极为经典的迈凯轮 F1。另外，特斯拉公司亲自经营的汽车论坛人气极旺，论坛让特斯拉公司直接面对客户，得以不断了解是什么让客户兴奋，又是什么让客户恼怒，这让特斯拉公司与没有开设或关注汽车论坛的厂商相比获得了巨大优势。车主的互动信息是特斯拉公司决策过程中的一个重要参考，它还帮助在问题影响公司之前，更准确地预测和纠正这些问题。最终的结果是特斯拉公司获得了极高的客户满意度，而且更有针对性地将资源投入到改善客户满意度上，由此带来了极其出众的客户体验，这正是特斯拉公司的成功秘诀。

特斯拉公司的第二个网络是充电桩网络。特斯拉公司通过大量铺设充电桩并连接起来，不仅可以实现随时随地充电，而且构成了一个巨大的物联网网络。

特斯拉公司已经建立了一个有数千个超级充电桩的网络（图 6.1），其超级充电桩可以免费使用。作为世界上最快的充电站，使用超级充电桩为 Model S 充电仅需几十分钟，而不是花费几小时。充电站通常建在饭店、购物中心以及 Wi-Fi 热点附近，非常方便。每座超级充电站均安装有多台充电桩，可同时为多辆电动汽车充电。

充电过程实际上也是服务的过程（图 6.2）。第一步是查找，超级充电站的位置会显示在车内 17 英寸触控屏幕上的地图中；第二步是充电，在爱车充电时，车主可以喝杯咖啡或吃点东西。而这个充电过程也是互动的，车主可以在他的手机 APP 上查看爱车的充电情况。

图 6.1　特斯拉公司的充电网络，包括 401 座超级充电站、2207 台超级充电桩（来源：特斯拉公司官网）

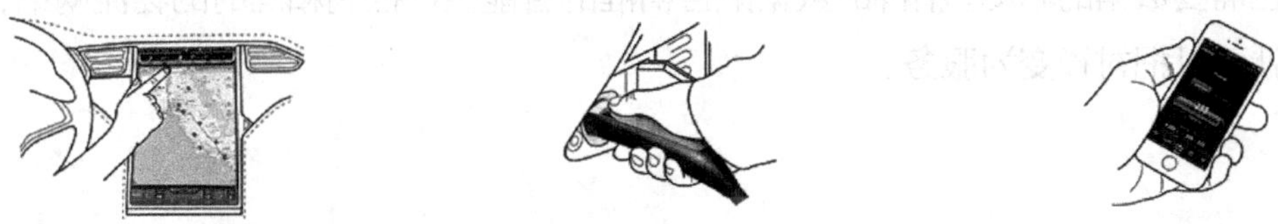

图 6.2　特斯拉公司的充电过程（来源：特斯拉公司官网）

更重要的是，充电桩作为连接终端的节点，不仅能够实时观察到有多少辆汽车在哪些充电桩上进行充电，充了多长时间，也可以承载网络服务，将上网、导航、购物等一系列服务纳入公司的整体服务生态。当用户驾驶特斯拉汽车时，除了享受本就属于汽车的所有功能外，还能通过充电桩构建的“物联网 + 互联网”获得以往传统的汽车业务之外的服务。

转型的关键是提供涵盖信息、事务和专业性服务的数字化服务。一些企业已经从单纯的产品模式转化为“产品 + 服务”的混合模式，通过智能的、可联网的实物产品生成数据，并据此提供数字化服务。戴姆勒公司也独辟蹊径地为客户提供增值服务：按使用收费，为市民提供灵活便捷的汽车租赁服务 Car2Go。客户只需通过应用程序找到离自己最近的可租车辆，使用会员卡打开车门，等开到目的地，把车停在街边锁上车门就可完成整个租车过程。与传统的出租车服务或 Uber 等其他租车服务相比，Car2Go 的价格优势及便利性都很明显，而这两点对于客户来说都至关重要。客户可以选择按里程或按时按天等不同的计费方式，费用比出租车低，还不用预定、下单和还车，真正实现了随停随用[18]。

将产品变为服务，还有个更加像是天方夜谭的例子——衬衫即服务（SaaS）。商务人士每天都需要洁净的衬衫，选购衬衫、洗衬衫和换衬衫这些活动是商务人士匆忙的生活中不可缺少的组成部分。但实际上，人们需要的只是在工作时洁净衬衫所带来的那种得体。比利时服装制造商 Bivolino 公司就通过衬衫服务水平协议确保衬衫的洁净。例如，客户可以签订一个服务合同，根据客户对服装穿用的实际需求，按需提供洗衣服务、衬衫的购买组合、定制衬衫和服装的租赁，客户就可以随时享用干净整洁的衬衫。这背后当然也需要数据的驱动。精确的数据配合精准的智能生产控制和准时的物流网络，就可以把衬衫变为服务。

# 第 7 章　“外部”大数据

内部数据的挖掘利用可以让企业初尝“智慧”。值得注意的是，调研发现，有 60% 以上的企业 CIO 认为，自己的公司没有“大数据”。他们只看到了公司的内部数据。在大数据时代，每个企业都可以做得更多，每个企业都有丰富的“大数据”，它们就围绕在企业的身边，这些“外部”大数据的主要来源有六个方面，即电子商务数据、社交网络数据、宏观经济数据、上下游供应链数据、以招聘网站等为代表的云中数据，以及以可穿戴设备、传感器为代表的物联网数据（图 7.1）。

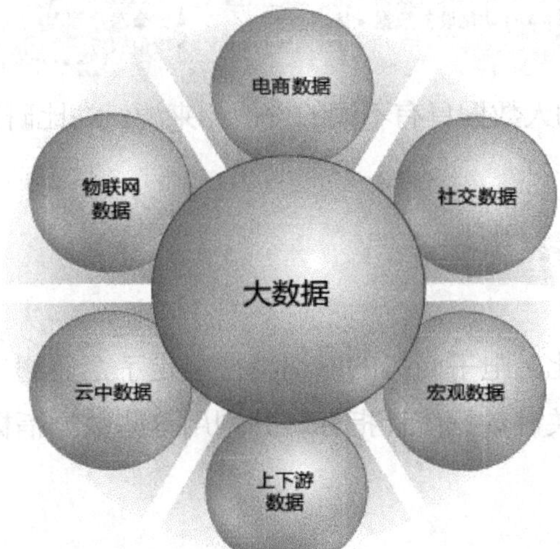


图 7.1　“外部”大数据来源（来源：海比研究，2014）

这些数据源都是典型的大数据。每个数据源有着不一样的类型，对于企业而言，每个数据源都有不一样的价值（图 7.2）。更重要的是，每种大数据都是一座金矿，等着有智慧的人前来开采。

| | 定义 | 典型平台 | 数据类型 | 企业结合点 | 实施优先级 | 主要问题 |
|---|---|---|---|---|---|---|
| 电子商务数据 | • 各种第三方电子商务平台所产生的数据 | • 淘宝、天猫、京东、亚马逊 | • 价格、销量、消费者行为 | • 预测未来市场<br>• 了解客户行为 | • 高 | • 电商平台数据不开放 |
| 社交网络数据 | • 各种社交媒体平台所产生的数据 | • 微博、微信、视频网站 | • 粉丝数量、品牌关注度、消费者行为 | • 营销推广<br>• 客户互动<br>• 客户服务 | • 高 | • 媒体数据不开放<br>• 流数据处理 |
| 宏观经济数据 | • 以政府、行业协会、第三方研究机构为代表的宏观经济数据 | • 统计局、行业协会、汇率等宏观数据 | • 经济行业数据、汇率与利率、原材料价格 | • 战略制定<br>• 趋势预测 | • 中 | • 数据的实时性不够<br>• 数据的质量不够 |
| 上下游数据 | • 企业中上下游供应链的协同数据 | • 配件商的数据<br>• 销售商的数据<br>• 客户的数据 | • 订单、库存、采购、设计 | • 订单协同、生产协同、采购协同、设计协同 | • 高 | • 供应链协同 |
| 云中数据 | • 第三方招聘网站、物流商、SaaS和IaaS运营商为代表的云数据 | • 第三方招聘网站、物流公司、云服务商 | • 人力资源等各企业管理与运营数据 | • 运行与管理服务<br>• 绩效考核<br>• 企业对标 | • 中 | • 数据的开放与隐私<br>• 数据不开放 |
| 物联网数据 | • 以可穿戴式数据、智能传感为代表的物联网数据 | • M2M数据<br>• 可穿戴设备数据<br>• 自动化设备数据 | • 机器运行数据<br>• 生产工艺数据<br>• 体感数据 | • 设备跟踪管理<br>• 产品追溯管理<br>• 健康医疗管理<br>• 增值服务 | • 低 | • 数据传输<br>• 设备维护 |

图 7.2 不同的大数据具有不同的价值（来源：海比研究，2014）

## 7.1 电子商务大数据

与传统商务相比，电子商务的网络特性决定了企业通过电子商务平台可以容易地获得各项关键数据统计指标，并利用这些数据指标改善提升企业的经营效率。

电子商务数据包括了各种第三方电子商务平台及自身电商平台所产生的数据，可分为前端行为数据和后端商业数据两类。前端行为数据指访问量、浏览量、点击流及站内搜索等反映用户行为的数据；而后端商业数据主要包括交易量、投资回报率，以及全生命周期管理等。目前，国内主要的电子商务平台有淘宝网、天猫网、京东商城、亚马逊、1 号店、当当网等。

B2C 型电子商务在本质上是一种零售模式，与线下相比，它具有更容易获取消费者数据、商品数据的特点。国内几家大型的电商网站都有着超过千万级别的活跃用户，京东每天的平均交易额超过 1 亿元，订单量超过 50 万。企业内部有着复杂的运营流程，这些都应该是数据可以发挥重大作用的环节，对数据的充分利用可以在效率、成本节约上发挥重要作用。

根据在线营销的业务流程、内容和主要特征，可以将电子商务的数据指标分为流量指标、转化指标、推广指标、服务指标和用户指标五类一级指标。每类一级指标又分别由若干个二级指标组成[19]（图 7.3）。

| 一级指标 | 二级指标 |
| --- | --- |
| 流量指标 | • 访客数、回访客数、浏览量、访问深度、人均浏览量、入站次数、跳失数、跳失率、停留时间等 |
| 转化指标 | • 注册用户数、注册转化率、收藏量、收藏用户数、推车访客数、推车率、下单用户数、下单率、确认订单数、成交订单数、支付率、成交用户数、成交转化率、成交金额 |
| 推广指标 | • 推广费用、展示时长、展现量、千次展现费、点击量、点击率、平均点击花费、点击到达率、引导成交订单数、点击转化率、引导成交用户数、引导成交金额、投资回报率 |
| 服务指标 | • 咨询访客数、咨询响应访客数、咨询响应率、咨询响应时间、咨询下单用户数、咨询下单率、咨询成交用户数、咨询成交金额、咨询用户转化率、平均退款时间、订单处理耗时、物流耗时、正常发货订单数、发货准确率、退款订单数、退款订单率、投诉订单率、投诉率 |
| 用户指标 | • 新成交用户数、用户获取成本、成交回头客数、成交回头客占比、重复购买率、客单价、成交频次、最近成交日期 |

图 7.3 电子商务的数据指标

通过对电子商务大数据进行分析，可以预测企业的未来市场，了解客户行为，指导企业产品设计及市场布局。

### 1. 预测企业的未来市场

春秋时期，范蠡在辅佐勾践灭吴复国以后，即弃官经商，19 年中三致千金，成为天下富翁。他的经营之道说起来很简单，就是能够根据市场上商品的供求情况来预测商品的价格变化。“论其存余不足，则知贵贱，贵上极则反贱，贱下极则反贵。”

准确地预测和反映市场供求变化非常关键，电子商务能够方便而及时地收集数据，有时几乎可以做到实时收集，从而能够给企业提供第一手的市场供需反馈。同时，通过细分电子商务数据指标，可以得到市场需求的趋势、用户的分类需求、用户对产品的及时反馈等更加有针对性的信息，这些都可以帮助企业对未来的生产和营销做出前瞻性的预测。

### 2. 了解客户行为

电商最根本的就是做用户体验，尤其是 B2C 型电商，对客户行为的研究观点众多，经济学界有很多种理论，如跨期消费理论、行为理论、随机理论等，但这些基本是宏观层面的。电商手里有着大量的客户购买行为的数据，微观领域的深入研究将是主要方向，甚至可以具体到某个用户，包含区域购买力、商品区域化、客户分层、购物周期、购物偏向性、投诉原因等诸多数据指标的结合将为企业实行差异化战略和精准式营销提供重要依据。

### 3. 指导企业产品设计及市场布局

通过大数据的统计知道客户需要什么，按照偏好生产，与市场需求灵活匹配。对现代制造商说，基于对消费市场大数据的精准把握，通过大数据的获取—分析—供需匹配—提升销售，就能不但知道要生产什么，而且做到精准、灵活的生产调度。

但是，目前电子商务数据的主要问题是电商平台数据不对外开放的问题。不过，数据开放是大势所趋。2013 年年底，淘宝天猫启动了数据共享计划，将它们沉淀的行业数据分享给厂商，从价格分布、关键属性、流量、成交量、客户评价等维度建模，挖掘出功能卖点、主流价格段分布、客户需求、增值卖点来指导厂家的研发、设计、生产。淘宝数据魔方就是淘宝平台上的大数据应用方案。通过这一服务，商家可以了解淘宝平台上的行业宏观情况、自己品牌的市场状况、客户行为情况等，并可以据此进行生产、库存决策，而与此同时，更多的客户也能以更优惠的价格买到更心仪的宝贝。

## 7.2 社交网络大数据

社交网络数据是指各种社交媒体所产生的数据，主要数据类型包括"粉丝"数量、品牌关注度、客户行为等。目前，主要的社交媒体国内有微信、微博，还有优酷等视频网站；国外则以 Facebook、Twitter 等为代表。通过大数据技术分析，可以将社交网络数据用于企业的营销推广、客户互动、客户服务等。

在社交媒体上，人们往往可以真实地表达意见。对产品问题的社交网络数据流分析可以增强原先传统支持渠道的产品反馈。通常，经过全面测试的产品仍然会有质量问题，客户或许不会给制造商报告问题，但却会在社交媒体上向他们的朋友和家人抱怨。从这些海量的社交媒体情绪数据中，制造商可以挖掘出宝贵的一手客户体验数据作为早期质量信号，让企业及早地了解问题，尽早采取行动，以保护产品的良好声誉，赢得和保持客户的忠诚度。

社交网络数据也可以帮助企业开发新产品。2013 款福特翼虎汽车拥有的感应式后备箱门受到了广大车主的欢迎，但是如果没有数据分析的支持，可能就会是另外一种情形了。为了明确究竟用户需要实现哪些功能，福特公司设立了专门的数据团队，而令人意想不到的是，福特公司数据团队依靠的却是一个看上去有些不太可能的数据源——社交媒体。

为了能让翼虎车型与车主进行更多的互动，福特公司的设计师们考虑了许多概念，还利用了运动传感器，比如在车的后视镜上加入了"翻转玻璃"的功能；还有，应该设计一个什么样式的尾门？是那种标准的掀背式尾门（可以手动打开，后窗也可以打开），还是电动提升尾门（后窗玻璃和门是一个整体）。后者通过用脚轻点后保险杠下方，门可以自动打开，但窗户打不开

（图 7.4）。常规的市场调查解决不了这个问题，福特公司的大数据团队转向社交媒体求助答案。从社交媒体上，数据团队找到了车主经常遇到的一个困扰：每当车主从商场拎着一堆购物袋回到车上或是要把家具搬到车上时，往往空不出手来打开后备箱的车门。当把所有的数据汇聚到一起时，福特公司得到了一个 4∶1 的结果，也就是说，希望拥有感应式电动提升尾门的人，是想拥有其他车辆功能的人数的 4 倍。与此同时，公司也发现，其实人们根本不关心后视镜上是否安装了翻转玻璃。现在，这已经成为福特公司 Escape 产品的一个特征了[20]。

图 7.4 通过脚触开启后备箱的设计（来源：福特公司）

在沃尔玛公司全力掘金大数据之前，曾进行了一系列的收购，包括 3 亿美元收购的 Kosmix（沃尔玛实验室前身）、OneRiot、Small Society、Social Calenda、Set Direction、Grabble 等多家中小型创业公司。这些创业公司无一例外地要么精于数据挖掘和各种算法，要么在移动社交领域有其专长，这些都是沃尔玛公司全面开展社交媒体和移动应用大数据分析的铺垫。

作为一家传统的零售业企业，沃尔玛公司在社交媒体分析和大数据工具上投入如此多的财力、物力，说明大数据已经不再是 IT 厂商虚张声势的营销概念，而是传统企业争相追逐的下一个商战“神器”。

Kosmix 公司的团队被沃尔玛收购后被编入新成立的公司——沃尔玛实验

室。沃尔玛公司看重的是 Kosmix 公司极为准确的文本语义分析技术，例如，如果用户发了一条推文：“I enjoyed Salt.” Kosmix 公司就能够判断出这条推文与安吉丽娜·朱莉主演的一部影片有关，而与“食盐”无关。通过对社交媒体进行语义分析，Kosmix 公司能够分析出用户、话题、位置和产品之间的关系。

Kosmix 公司的一个独特优势是能够对实时数据流中的关系进行搜索并分析，让企业对用户个体的了解前所未有地深入。Kosmix 平台有一个针对事件的实时社交媒体过滤器——TweetBeat。对于通过过滤器产生的情报，Kosmix 公司正在建设一个巨型知识库——社交基因库（Social Genome）。这个巨大的知识库能捕获关于用户、事件、话题、产品、位置和组织等实体的各种关系和信息。

通过分析用户的社交媒体活动，社交基因库能向用户推荐他们感兴趣的产品和活动。例如，通过公开的社交数据，包括 Twitter 和 Facebook 留言墙上的话题、热点，沃尔玛公司的分店能有针对性地进行线上和线下的产品推荐活动。

沃尔玛公司高级副总裁 Anand Rajaraman 表示，今天关于用户、产品、企业、品牌的数据规模空前庞大，能够挖掘这些数据矿藏并能进行深入精细分析的企业将获得巨大的竞争优势。沃尔玛公司已经领先一步，目前能够对这些数据进行过滤，从中了解与位置有关的用户消费趋向，同时在相应地区增加相关产品的库存。通过对社交媒体的监控，沃尔玛公司将能够针对用户需求进行提前备货[21]。

## 7.3 宏观经济大数据

宏观经济数据主要是指以政府、行业协会、第三方研究机构为代表的各种宏观经济数据，主要包括经济行业数据、汇率与利率、原材料价格等。目前产生宏观经济数据的平台主要是统计局、行业协会等。

通过大数据技术分析宏观经济数据，可以用于企业战略制定、趋势预测等。目前，这类数据越来越多，越来越容易获取。为加快建设现代化服务型统计，更好地服务社会，国家统计局在 2008 年创建的“中国统计数据库”基础上，于 2013 年建立了新版统计数据库——国家数据（data.stats.gov.cn）（图 7.5）。

图 7.5 国家数据（data.stats.gov.cn）

国家数据主要提供国家统计局调查统计的各专业领域的主要指标时间序列数据，包含月度、季度、年度数据，以及地区数据、普查数据、国际数据六类统计数据，近 800 万条数据面向公众开放。公众完成网上注册后就可以在“国家数据”方便地查询全国及 31 个省（区、直辖市）的数据。

（1）月度数据主要有居民消费价格指数（CPI）、工业生产价格指数（PPI）、商品零售价格指数、规模以上工业生产、固定资产投资、房地产开发投资、社会消费品零售总额、对外经济贸易、交通运输、邮电通信、采购经理指数（PMI）、财政、金融。

（2）季度数据主要有国内生产总值、农业、工业、建筑业、城镇居民收入与支出、农村居民收入与支出、固定资产价格指数、农产品生产价格指数。

（3）年度数据包括综合、国内生产总值、人口、就业人员和工资等 27 个领域的数据。

（4）地区数据涵盖了全国 31 个省（区、直辖市）以及部分城市的主要经济指标。

（5）普查数据包括 2000 年、2010 年全国人口普查，2004 年、2008 年全国经济普查数据。

（6）国际数据提供了世界众多国家国内生产总值等主要指标的月度及年度数据。

这些宏观经济数据，对于了解宏观经济形势、及时调整企业经营都有重要的参考价值，值得企业管理者把握。不过，由于数据开放意识的滞后，我国的宏观数据目前还存在实时性不够、质量不高等问题。

## 7.4 上下游大数据

上下游数据是指产业链的上下游企业之间的协作所产生的相关数据。上下游产业链数据类型主要有订单、库存、采购、设计等数据，主要包括配件商的数据、销售商的数据以及客户的数据等。

通过大数据技术分析上下游数据，可用于设计协同、订单协同、生产协同、采购协同、供应链协同等企业决策过程。

## 7.5 云中业务大数据

云中业务数据是指通过第三方招聘网站、物流商、SaaS 和 IaaS 运营商为代表的云数据，主要包括人力资源、第三方物流、云应用日志数据等各类与企业管理与运营相关的数据。典型的云数据平台主要有第三方招聘网站、物流公司、云服务商等。

通过大数据技术分析云中业务数据，主要用于企业运营与管理服务、绩效考核和企业对标等。

目前，云中业务数据主要面临的问题是云服务上数据的开放性和涉及的隐私问题。

## 7.6 物联网大数据

物联网数据是指以可穿戴式设备、智能传感为代表的物联网技术所产生的数据，主要包括机器运行数据、生产工艺数据和体感数据。产生物联网数据的典型平台主要有 M2M（Machine-to-Machine 通信）、可穿戴设备、自动化设备等。

物联网数据通过大数据技术分析，可以用于设备跟踪管理、产品追溯管理、健康医疗管理以及增值服务等。同时，目前最主要的问题是数据传输和设备维护。

## 7.7 公共大数据

大数据是金矿，企业和政府都已经意识到其中的价值，在大数据上有野心的企业都期望获得更多有价值的数据，可能来自其用户，可能来自合作伙伴，还有一个重要来源是政府等组织机构的公开数据。

不同来源、不同性质的数据关联在一起交叉挖掘分析，会发生“化学反应”，得到更多价值。电商网站拿到微博数据可以挖掘做好精准营销，拿到交通部门数据可以与物流网络结合，拿到金融监管部门数据便可与用户交易和理财记录结合做个人征信服务；导航平台拿到交通部门数据可以与地图应用结合；体育网站拿到博彩指数公司数据，可以结合网络数据做世界杯预测……

数据开放是大势所趋。2013 年 8 月，澳大利亚政府信息管理办公室（AGIMO）发布了公共服务大数据战略。该战略将以“数据属于国有资产，从设计着手保护隐私，数据完整性与程序透明度，技巧、资源共享，与业界和学界合作，强化开放数据”等六条大数据原则为支撑，旨在推动公共行业利用大数据分析进行服务改革，制定更好的公共政策，保护公民隐私，使澳大利亚在该领域跻身全球领先水平。预计这六条原则将极大地提高生产力及创新收益，并协助政府解决各种难题。

在 2015 年的“两会”上，李克强总理明确表态，政府应尽量地公开非涉密的数据，以便利用这些数据更好地服务社会，也为政府决策和监管服务。这是中国政府首次正式公开表态支持大数据。

在互联网时代，已经有大量的公共数据可供获取和使用，图 7.6 是大数据导航网站所收集的众多开放大数据资源。

图 7.6 大数据导航（hao.199it.com）

但就企业而言，该如何让开放数据分析帮助决策？生产空调的海尔集团公司就很好地利用了气象公开数据的便利，将这些大数据通过企业产品应用落地。气象“大数据”将精确预测小范围的未来天气情况和环境信息。比如，今日是否适宜晨练，3 小时后的天气变化如何，下午是否可以进行爬山运动；再比如，可以检测到北京某时间段雾霾严重，此时人们可以调整外出时间，准备好口罩等应对雾霾的装备，同时提前做好室内空气净化工作……这些精准生动的专业性建议，将为人们打造“有据可依”的智慧生活。

2014 年 11 月 4 日，中国气象局公共气象服务中心与海尔公司达成独家战略共识，共同开展基于大数据的专业气象服务合作。

海尔公司介绍说，基于互联网时代用户对空气需求的多元化和个性化，双方将推动空气大数据在空调产业的应用。与此同时，通过空气大数据的实时共享，海尔公司研发的空气类产品也将转变为“私人气象局”，用户买走一台海尔智能空气类产品，就相当于把气象局搬回了家。

据了解，中国气象局在我国地面目前共有 5 万多个观测站，每年新增的气象数据达到 PB 量级（相当于 100 万 GB），较 20 世纪 90 年代增长了数千倍，而且仍在快速增长中。更为关键的是，海尔公司能够借助这些海量的气象大数据形成短期、中期、长期的精细化气象预测数据报告，并通过数据分析平台变为实时分析应用的“活数据”。

重要的是，依托于精准大数据，用户的体验会更好。例如，海尔公司目前研发成功的空气盒子、天铂空调等创新产品，均是基于大数据分析统计的结果。这些产品，与其说是单纯的智能空气类产品，倒不如说是个人健康空气管理的智能管家。通过结合湿度、温度、粉尘传感器的质量检验与标定服务等大数据，大幅提升了海尔智能空气类产品的传感器检测的准确性。另外，海尔智能空气类产品通过应用气象大数据，还可以根据室内外温度的变化，自动调整制冷、制热功能，即使是在换季昼夜温差很大的时候，都能及时照顾到用户体感的舒适度，从而提供最佳空气解决方案，更人性化、科学化，更具“天性”。

## 7.8 未连接的大数据

虽然身边有如此众多的大数据，但绝大多数企业对绝大多数大数据还是视而不见。

据海比研究公司的调查，目前已有 40% 的企业采用第三方电商平台，

36.7% 的企业在考虑第三方电商平台（图 7.7）。这些企业采用的第三方电商平台中，淘宝是采用量最大的电商平台，占比 56.3%。同时，各个行业也有自身特色，如医药行业企业主要采用药房网等（图 7.8）。

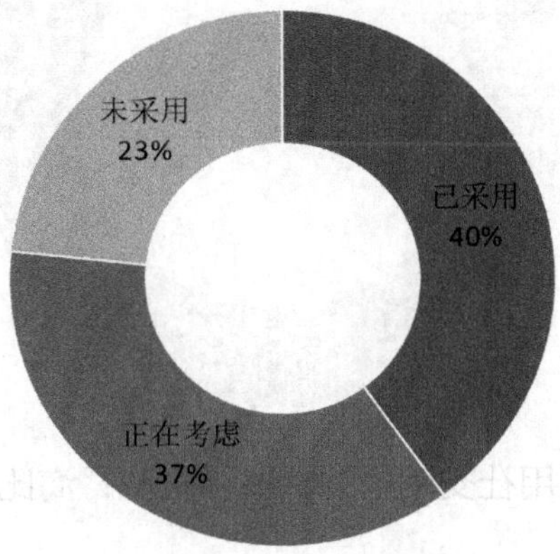


图 7.7 企业采用第三方电商平台情况（来源：海比研究公司，2014）

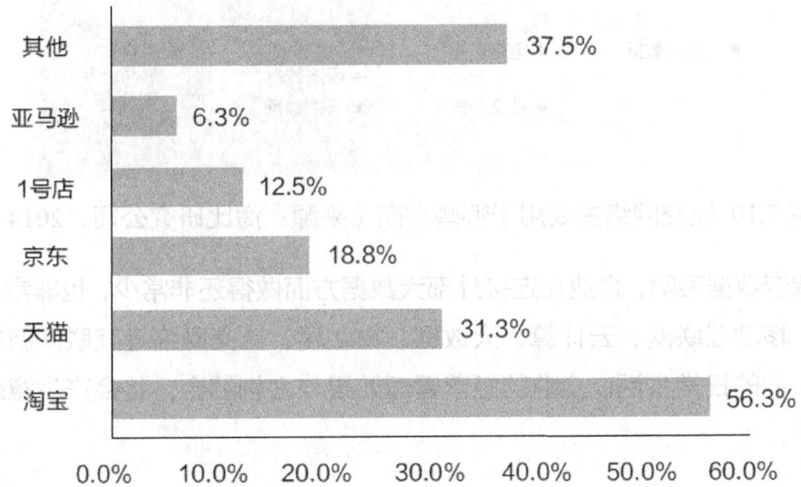


图 7.8 企业采用第三方电商的所占比重（来源：海比研究公司，2014）

在所调查的企业中，有 36.7% 已开始使用社交网络（图 7.9），主要表现为在这些社交媒体中开通了企业的官方账号。目前，这些企业的社交网络主要用于售后咨询和售后服务，在与用户的全生命周期互动方面做得较少（图 7.10）。

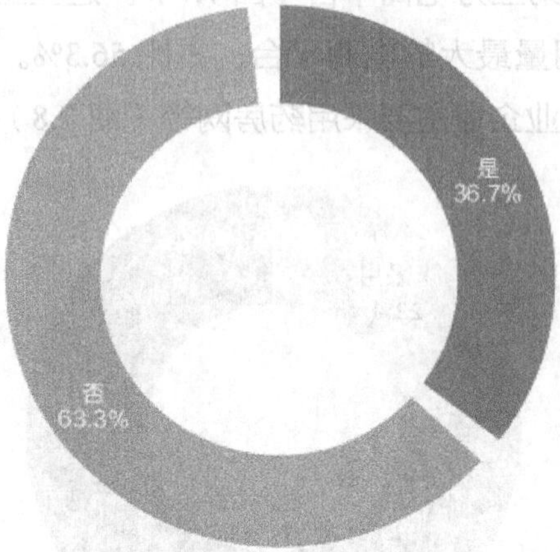


图 7.9 行业客户使用社交网络的状况（来源：海比研究公司，2014）

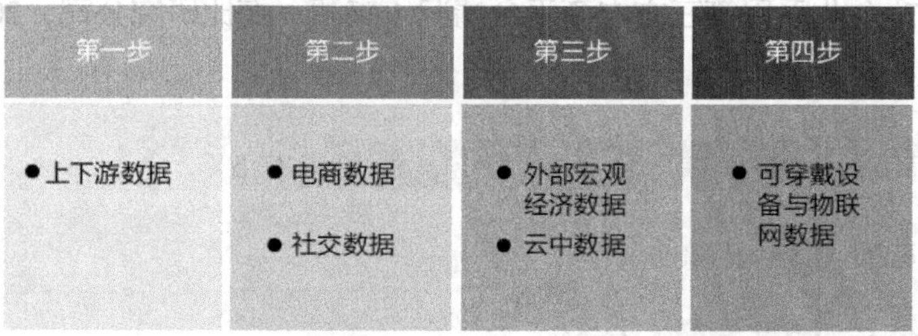


图 7.10 社交网络主要用于哪些方面（来源：海比研究公司，2014）

调查数据表明，企业在连接外部大数据方面做得还非常少，也非常简单。当前，移动互联网、云计算、大数据、物联网、社交网络等互联网新技术已深入人们的日常生活。企业的经营管理如果与之相结合，将会产生意想不到的效果。

# 第二部分
# 发掘大数据的价值

企业的大数据逐渐变得更普遍，也更容易采集，设备监控数据的实时更新，业务数据的日积月累，外部数据的不断涌入，都在不断地产生巨大的数据量。企业可以利用大数据为决策管理奠定基础，将新的业务信号整合到业务工作流程和机器的自动化工作流程中，并通过创新推动业务增长，提高企业利润。

目前时髦的术语“大数据”在严格意义上讲可能有些误导，大多数认识都习惯于描述大数据的“大”，突出其体量，但大数据真正的价值却在于挖掘其中的价值。数据本身不会说话，但是它们真实而可靠，需要的是我们通过技术使数据说话。这也正是大数据技术发挥作用的地方。

企业对大数据的价值还存在疑虑，主要是大数据技术本身的复杂性以及可能的巨额投资。但如果考虑到大数据挖掘所能创造的价值，多数企业应该试一试。根据通用电气公司所做的测算，未来15年中，几个关键行业如果采用互联网技术和数据分析技术，即使系统效率只提升1%，带来的收益也将是非常巨大的：商用航空领域，1%的燃料节省意味着300亿美元的收益；燃气发电领域，1%的燃料节省意味着660亿美元的收益；油气开采行业，1%的资本节省意味着900亿美元的收益；医疗行业，1%的系统性优化意味着630亿美元的收益。

美国麻省理工学院的David Simchi - Levi教授指出，企业使用大数据的益处主要有以下三个方面：减少成本、减少时间的消耗以及创造更多的利润。其实，如果能做到这三条中的任何一条，企业就能欣然接受大数据技术了。实际上，一些技术先驱企业已经从数据宝藏中挖掘出了价值。

2012年，美国麻省理工学院大数据分析中心和一些电子商务公司开展项目合作，通过分析销售活动开始的前几分钟里顾客的行为模式数据指导其后的定价，在这些试验中，商家增加了7%~8%的收入。

大数据应用对于时间成本的节约也非常可观。美国一些纺织及化工企业，根据从各家百货公司的POS机上收集的产品销售信息，将原来18周的送货周期缩减到 3 周。这意味着百货公司和分销商能以更快的速度拿到货物，减少仓储。对于生产商而言，无疑也可以节约大量的仓储成本。

今天，企业可以对大量来自生产和销售过程中的数据进行追踪。但是更多的公司缺少的是数据处理和数据分析的能力，客观上欠缺对大数据的深入研究，这才是关键。商务应用中需要进行复杂的逻辑运算，这是一项费时费力的任务；业务部门及主管决策部门人员也急需实时更新的业务数据作为决策的依据。随着业务的不断扩展，实现数据的实时可视性成为企业长远发展、提高效率和降低成本的关键所在。

麦肯锡咨询公司发表的文章《如何利用大数据改进制造业》[22]，就大数据及高级分析如何使生物制药、化工和离散制造更加合理化给出了深度分析。这篇文章通过对数个案例进行解析，说明了大数据以及高级分析应用和平台如何能够为经营决策提供帮助，如何利用高级分析来提高产量并且降低费用，以及如何通过寻找决定过程效益的核心因素，厘清制造中的价值链，帮助管理人员采取行动，对制造过程进行持续改进。下面是关于大数据如何颠覆制造过程的10条途径。

（1）在生物制药行业的生产过程中，进一步提高精确度、质量和产量。

在生物制药的生产流程中，制造商通常需要对超过 200 种以上变量进行监视，以便确保原料成分的纯净度，同时确保生产出的药品符合标准。让生物制药生产过程充满挑战的因素之一是：产量会在 50%~100% 之间变化，而且还无法马上辨别出原因。而使用高级分析后，制造商能够对 9 个最能影响产量变化的变量进行追踪。通过上述手段的帮助，企业将疫苗的产量提高了 50%，每年在单一疫苗品种上节省的费用就达到 500 万 ~1000 万美元。

（2）加快 IT、制造与营运的整合，让工业 4.0 的愿景更快成为现实。

工业 4.0 是由德国政府提出的，旨在通过发展智能工厂促进制造行业自动化。根据供应商、客户、有效产能以及费用的相关约束，大数据已经被应用在优化生产进度方面。那些存在高度管制的行业的制造业价值链上的厂商得益于德国供应商和制造商的帮助，正在大踏步迈向工业4.0。同时，以此为契机，这些厂商的各个部门能够充分发挥各自功能，而大数据和高级分析对于取得这些成功至关重要。

（3）大数据帮助提高制造绩效的三个主要方面。

根据调查“LNS研究与MESA国际”得出的大数据帮助提高制造绩效的三个主要方面分别是：更好地预测产品需求并调整产能（46%）、跨多重指标理解工厂绩效（45%）以及更快地为用户提供服务与支持（39%）。

（4）在六西格玛DMAIC（定义、测量、分析、改进及控制）框架中整合高级分析，以便持续改进。

对一个由DMAIC驱动的改进计划的工作过程取得更加深入的理解，同时就该计划如何对制造绩效的所有其他领域造成的影响进行深入领会。与以往相比，这一领域的发展有望促使生产流程转向更加面向用户驱动的方向。

（5）与以往相比，能够更加细致地从供应商质量层面进行审视，同时能够更加精确地预测供应商的绩效。

通过对大数据和高级分析的应用，制造商能够实时查看产品质量和配送准确度，可依据时间紧迫性对在不同供应商之间分配订单生产任务进行权衡；对产品品质的管控优先于发货进度。

（6）对产品合规性进行监测，追溯到具体生产设备成为可能。

通过在生产中心的所有设备上配备传感器，运营经理能够立即了解每台设备的状况。通过高级分析，每台设备及其操作者的工况、绩效以及技能差异得以体现。对于改进生产中心的工作流程来说，这些数据非常重要。

（7）只销售利润率最大的定制产品型号，或者以以销定产方式生产对产能影响最小的产品型号。

对于拥有许多复杂产品型号的制造商来说，定制产品或者以销定产的产品能够带来更高的毛利率，但是在生产过程没有被合理规划的情形下，同样可能导致生产费用的急剧上升。运用高级分析，制造商能够计算出合理的生产计划，以便在生产上述定制或以销定产的产品时，对目前的生产计划产生最低程度的影响，进而将规划分析具体到设备运行计划、人员以及店面级别。

（8）将质量管理和合规体系综合考虑并给予两者企业层面优先级。

对于制造商来说，是时候针对产品质量和合规性给予更具战略性的眼光了。麦肯锡公司的文章中给出了数个应用大数据和分析的制造商的例子，指出如何通过大数据以及分析手段，针对那些与产品质量管理和合规性最相关的参数进行分析，以便帮助管理人员获得更加深刻的理解。这些参数大部分是企业层面的，而不仅仅存在于产品质量管理或者合规部门。

（9）量化每日产能对企业财务状况的影响并具体到生产设备层面。

通过大数据和高级分析，制造商的财务状况能够和每日生产活动直接联系起来。通过对每台生产设备进行追踪，管理者能够了解工厂的运转效率，生产规划负责人和高级管理人员能够更好地调整生产规模。

（10）通过对产品进行监测，制造商能够主动为用户提供预防性维护建议，以便提供更好的服务。

制造商开始生产更加复杂的产品，需要在产品中配备板上传感器并通过操作系统加以管理。这些传感器能够收集产品运行情况的数据，并且根据情况发出预防性维护的通知。通过大数据和高级分析，这些维护建议能够在第一时间发出，用户也就能够从中获得更多的价值。目前，通用电气公司在它的引擎和钻井平台上使用了类似的手法。

# 第 8 章 唤醒沉睡的数据

业界专家们认为，将数据唤醒并加以深度利用，是当前企业信息化的一大重点工作，也是企业信息化价值体现的重要方面。

在充分认清大数据重要性的基础上，企业需要理解大数据对于业务的价值点，然后在企业业务规划的每个阶段以及企业的每个层级中充分利用数据，进一步扩展大数据的影响力，从而形成良性循环。让更多员工更有规律地、更好地利用那些可管理的数据，并让业务逐渐能够基于数据来采取行动。通过这样的管理新思路，就能够唤醒更多的数据，真正让大数据为我所用。

但在现实中，许多企业管理者盲目收集数据并进行分析，期待能够得到快速的回报。很遗憾，他们未能如愿。无论是企业的整体规划、技术平台，还是业务流程，大多数企业并未针对大数据分析做出特别的调整与变化。而传统数据管理体系也正在阻碍企业从大数据中提取价值。

## 8.1 厚数据、快数据、慢数据

2009 年，人类学学者特雷西亚·王（Tricia Wang）在对打工者、街头小贩和网吧等地的低收入者调研数月之后，给当时她所在的诺基亚公司写了一份详尽的市场报告，告诉老板自己观察并捕捉到的大量有价值的市场信号——低收入者已经准备好了为更昂贵的智能手机买单——建议诺基亚公司增加投入，研发价格适中、面向低收入者的智能手机。诺基亚公司总部本来还挺欣赏特雷西亚的报告，但看到她的调查样本只有 100 个时就纠结了，最后干脆放弃了，因为和企业已有的成百上千万的样本量相比，特雷西亚的报告完全微不足道。后面的事情大家都知道了，2013 年 11 月 11 日，将诺基亚公司收于麾下的微软公司发布了首款自主品牌手机——Lumia 535，这也标志着诺基亚品牌彻底告别了智能手机市场。

这个案例反映了人们在大数据时代的浮躁，人人都提大数据，乃至迷恋大数据，似乎数据越多越好，越大越好，而像这个案例中只有 100 个样本的小规模数据，被无情地忽视。而这种数据在企业中比比皆是，我们把它们称为“厚数据”（Thick Data）。厚数据的概念可以追溯到人类学家格尔兹早在 1973 年提出的概念。厚数据和厚描述是指关于行为的上下文和意义，用于深入地理解人们为什么以某种特定方式行动。可以这么理解，大数据呈现的是数据，厚数据呈现的是故事；前者揭示的是“是什么”，后者展现的是“为什么”。特雷西亚解释了为什么大数据需要厚数据并指出以故事作为一种工具的力量。另两位学者 Mikkel Krenchel 和 Christian Madsbjerg 在最近的一篇文章中也有同样的观点，他们认为，如果不把大数据带进现实世界，那它就一文不值；很多日常事物的背景知识很难获取，但却非常重要。

厚数据思维是在这个大数据时代对数据的一个重新定义，厚数据的确缺乏广度，但大数据缺乏深度也是不争的事实，两者结合似乎才是数据挖掘的未来之道。

还有一种数据，我们称之为“快数据”。大数据通常是由生产速度极高的数据创建的，其中包括点击流数据、金融交易数据、日志聚合数据或者传感器数据等。这些事件每秒往往会发生数千甚至数万次。快数据，实际上也就是大数据“4V”特征中的速度方面，这个概念不是新的；而且出于性价比的考虑，快数据应用正在被更广泛地提供。如今，社交媒体数据是增长最快的大数据源。而且诸如 Twitter 等社交媒体产生的数据不仅是大数据，还是快数据，它们具有实时特性。随着移动设备数量的快速增长，位置数据成为又一个同时具备大数据和快数据特性的数据源。

另一种快数据的定义是根据对数据分析和处理方式的不同，大数据可以划分为两种处理模式——批处理模式和流处理模式。批处理模式是指数据库中的数据积累到一定量时统一进行分析和处理；流处理模式是指在数据流导入的同时即刻进行分析和处理。快数据指的就是流处理模式中的活动数据、即时状态数据或者正在进行处理的数据。

Twitter 推文、Facebook 帖子和博客等信息产生的数据流速度很快，依靠传统的 Map-Reduce 和 Hadoop 框架等大数据解决方案都无法对其进行及时有效的分析。企业同样面临快数据的处理难题，设备监控数据、实时采集的运维数据等就是一种典型的、需要实时处理的快数据。

在快数据中捕捉价值的最佳方式就是在信息抵达时立即做出反应及操作。如果以批量方式处理输入数据，那就意味着当你获得结果时已经失去了其时效性，进而丢掉了快数据的核心价值。

对快数据的处理，通常采用流处理方式，即从快速数据流中实时捕捉有用的价值，为用户提供当前状态信息或者警告提示等。例如，电信公司需要同时处理来自上万或者几十万个通话请求。针对这种快数据情景，实时分析就需要对每个请求及时进行处理，获知或修改用户余额、通信双方的基本信息等。因此，这种应用模式中，数据分析和数据入库的过程基本要同时进行。依赖之前数据分析所获得的规律和模式，针对当前一段时间的数据进行分析和整理。对于已经处理完毕的数据，可以直接丢弃。

目前，有两套流系统方案获得了市场的广泛认同：Apache Storm 与 Apache Kafka。Storm 作为最初由 Twitter 工程技术团队开发出的项目，能够非常可靠地处理每秒信息量高达百万级别的数据流。而作为由 LinkedIn 工程技术团队开发的项目，Kafka 则是一套具备极高数据吞吐能力的分布式消息查询系统。这两大流系统方案解决了快数据处理任务的前提性难题。不过相比之下，Kafka 的作用显得更为独特。Kafka 的设计目的在于实现消息查询并打破现有技术在此类任务中的局限。这类似于一种立足于查询之上而又拥有无限可扩展性的分布式部署方案，支持多租户且持久性极强。

企业大数据通常就是由“厚数据”、“快数据”和“慢数据”这三大类组成的。“厚数据”是指数据价值密度高、业务相关性高的数据，这些数据一般是结构化数据，来自于企业所使用的各种信息管理和业务系统。“厚数据”在企业大数据中居于核心地位，其他数据则围绕其来展开采集和集成。对于这部分数据，可以通过改进传统的 ETL[23] 工具来进行整合。由于涉及的企业数和业务系统类型较多，传统的 ETL 工具并不能快速地进行定制和使用。因此，需要研究 ETL 工具快速定制技术，针对不同类型的业务系统，快速地进行定制和部署，从而缩短数据处理操作的实施周期。

“快数据”生成速度快、需要响应时间短，这些数据一般是价值密度较低、数据量较大的流数据，主要来自于传感器网络、视频监控和系统日志等系统。快数据在异常检测、工业实时控制、场景预测等方面有着重要作用。针对这些数据，需要结合一些现有的流数据工具进行采集。可以使用 Flume 对流数据进行监控和汇总，同时结合 Kafka 进行分布式消息订阅管理。企业用户可以通过部署 Kafka 集群来满足自身的全部消息查询需求。尽管有许多现有的流数据采集工具，但如何保证采集效率和便于流数据处理还需要进一步的技术探索。

“慢数据”就是一般意义上的大数据，指生成速度较慢、变化性不大，但数据量大、数据范围广的数据。这些数据一般来自于互联网的非结构化数据，虽然其具有价值稀疏性，却是企业内部数据的有力补充，是互联网 + 的重要资源。针对慢数据的采集和获取，可以采用面向主题的互联网数据爬取和订阅技术，包括基于增量学习的聚焦爬虫模型、基于订阅的爬行知识库的组成和爬行知识的生成算法等。通过高效的互联网数据爬取算法，按照业务需求设定的数据主题，广泛采集各种可能的数据源，可对获得的大量数据采用并行计算的方法加以处理，抽取其中的价值为企业决策提供外部数据支持。

实际上，不论是厚数据、快数据还是慢数据，都是企业的重要价值数据，它们共同构成了企业数据的基础。在企业构建大数据处理框架时，三种数据同样重要，对特定数据的深度挖掘、批处理大数据和流处理快数据这几种模式相辅相成，才能够发现其中的价值。

沃尔玛实验室已经在同时处理大数据和快数据，以为企业的经营提供分析。沃尔玛公司可以通过 Hadoop 和其他开源工具等批处理方式的分析工具分析来自 Twitter、Facebook、Foursquare 等社交媒体的海量数据源。同时，公司还自行开发了一个解决方案——Muppet，能够通过大规模服务器集群以极高的速度处理"快数据"流。如果说 Hadoop 的基本要素是"Map"和"Reduce"，那么 Muppet 的基本要素就是"Map"和"Update"。现在，Muppet 每天能处理数以十亿计的社交媒体更新信息。例如，基于 FourSquare 的签到数据，Muppet 能实时分析出哪家店在黑色星期五（感恩节后一天，是美国最重要的购物节日）的客流量最大。

## 8.2 起航你的大数据之旅

有些企业认为自身数据量还不够"大"，自己没有"大数据"。这其实是一种错误的认知，造成这种情况的原因是没有对企业内部数据和企业外部数据有很清楚的认识，并进行很好的梳理。正如本书前面的讨论，企业在生产经营的每个环节，在产品生命周期的每个阶段，甚至每台设备、每个生产线工人的操作行为，无时无刻不在产生着数据，关键是这些内部数据的日积月累将产生不可估量的价值。

因此，企业管理者首先需要问清自己这样一个问题："大数据如何帮助我的企业实现发展？"如果不能指导行动，那么收集再多的数据也是毫无意义的。事实上，获得洞察力是一方面，而实践性也是分析的标志之一。即企业能否从大量历史数据的"噪声"中获得可实践的预测以及具有前瞻性的决策。

其次，企业需要针对大数据分析来改变传统的业务流程与决策流程。按照传统企业经营方式，高层的主观意见会对决策造成决定性影响，这种现象到现在也还是非常普遍。让真实的数据来说话，这是许多企业管理者需要进行的观念转变。当然，收集更多的数据并不意味着就能够将数据转化为洞察，如果没有一个更适应大数据时代的技术架构，大量的数据反而会让企业无所适从，让企业的转型变得难上加难。

再次，技术平台不是万能的，但没有技术平台是万万不能的。在很多情况下，我们会看到各种观点对弱化技术所起到的作用。事实上，这样的观点是比较片面的。要真正驾驭大数据，仍然需要一个过硬的技术平台来作为支撑。很难想象用现有的 SQL 数据库来分析海量非结构化信息，企业要有一个更全面、更高效的平台来进行组织、处理和分析大数据，同时需要考虑如何将大数据平台与原有的数据架构进行最佳集成。

为实现上述目标，SAP 公司总结了一套方法论，能够帮助企业思考以下几个问题，并将大数据转化为实在的收益：

- 我是否拥有目前所需的数据？
- 我能否获取这些数据？
- 获取数据后，我如何挖掘这些数据的价值？
- 业务环境发生变化时，我如何处理这些数据？

企业在进行数据管理方式转型的时候，需要从四个方面来把握并覆盖数据的全生命周期，即设想、创建、部署和扩展，并以此形成一个有机的闭环。根据这一方法论，SAP 公司推出了有针对性的大数据服务，帮助企业从数据中获取全新洞察，进一步扩展业务功能，获得更多业务机会。

在设想阶段，企业需要制定一套大数据战略、路线图和计划，设想业务的发展方向并确定大数据将如何帮助企业以业务目标为切入点。在这一阶段中，有经验的数据科学家可以帮助企业挖掘大数据的潜在应用场景，构建业务案例并确定大数据将为企业带来哪些价值。

制定好路线图和战略后，企业可以利用各种开源技术或者商用的大数据服务创建一个支持大数据的最佳架构，从而实现目标（图 8.1）。这一过程包括：安全集成新兴技术与现有信息化投资；设计一个全面的基础架构，以从多个数据源（通常是现有数据集）获取数据；实施最佳大数据平台；将大数据的影响纳入治理政策范围内。

部署阶段，将是企业从大数据中获得回报的阶段。通过大数据平台，大数据分析服务和应用实施服务能够支持企业运行分析应用，让企业进一步掌控全局，分析当前信息和历史信息。通过预测分析能力来提升业务成果，以绝佳的可视化效果传达和共享洞察，以及根据需求将信息交付给业务用户，并支持移动设备的信息共享。

最后，基于企业现有的大数据潜能，大数据服务将让企业以一种最灵活、运营成本最低且最能满足需求的方式部署解决方案，从而充分利用新环境，获取更丰厚的业务成果。通过内部部署、云模式或混合模式来部署解决方案，评估企业的现有功能，然后建立能力中心，推出企业所需的新技能，从而更有效地管理大数据并扩展大数据的影响力。

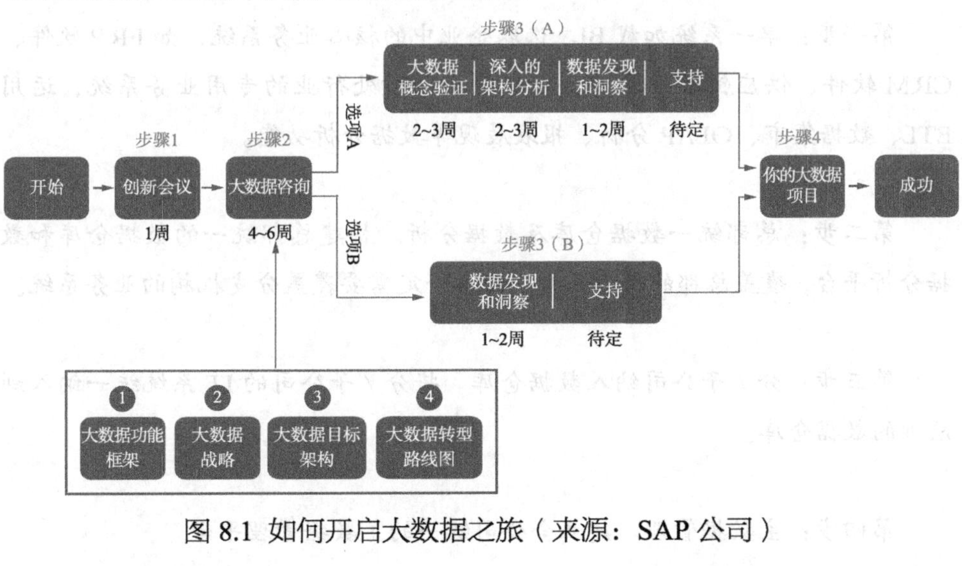


图 8.1 如何开启大数据之旅（来源：SAP 公司）

## 8.3 唤醒数据五步走

数据应用领先的企业，早已开始对数据进行深入挖掘与分析，并在实践中逐渐形成一套比较成熟的路线图与方法论（图 8.2）。利用这套方法论，企业能充分而快速地利用成熟的软件工具，唤醒沉睡的企业内部数据。

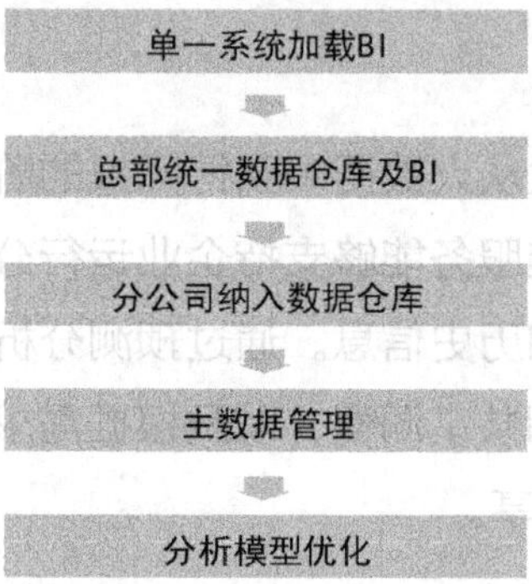


图 8.2 企业内部数据利用路线图（来源：海比研究公司，2014）

这些企业的数据利用经验告诉我们，企业内部数据利用要遵循从简到繁的原则。简单地说，其路线图应从单一系统的数据利用逐步扩展到企业所有系统、所有主体之中。

第一步：单一系统加载 BI。选取企业中的核心业务系统，如 ERP 软件、CRM 软件、供应链管理软件，或者是企业所处行业的专用业务系统，运用 ETL、数据集市、OLAP 分析、报表展现等数据分析功能。

第二步：总部统一数据仓库及数据分析。构建总部统一的数据仓库和数据分析平台，覆盖总部的所有系统，但不一定需要覆盖分支机构的业务系统。

第三步：分 / 子公司纳入数据仓库。将分 / 子公司的 IT 系统统一纳入到总部的数据仓库。

第四步：主数据管理。建立全公司统一的主数据管理平台。

第五步：分析模型优化。分析模型是企业利用数据的重要手段。要想获得有价值的数据，必须有适当的、科学的分析模型。因此，企业在数据利用过程中，要不断对分析模型进行优化，从而不断提升数据的利用价值。

## 8.4 借助商务智能软件

目前，企业内部数据的唤醒工具主要是商务智能软件 BI。这类软件中一般都会包含数据采集、数据存储和分析工具。数据采集模块主要包含传统 ETL 和 XBRL 工具等，用于从企业的 ERP、HRM 等业务管理系统中获取企业内部数据；采集获取的数据存储于数据仓库或者数据集市中；然后通过管理驾驶舱、指标工具等分析工具进行分析，发现内部数据的规律，为企业决策层的思维决策和战略发展、风险预警等方面提供有力服务，减少管理决策中“凭经验、拍脑袋”的风险和隐患，提高企业市场快速反应力与竞争力。

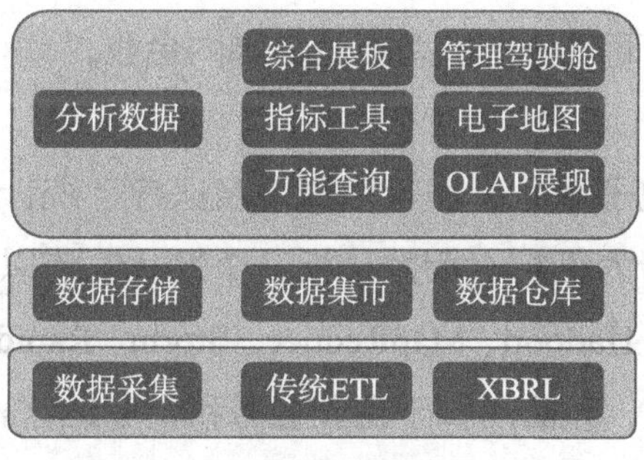


图 8.3 商务智能软件框架（来源：浪潮公司，2014）

从技术层面来讲，一个完整的商务智能BI平台，需要包含BI框架、运行时、设计工具、分析应用、门户框架五个部分。其中 BI 框架包括组织管理、权限管理、访问日志、数据库访问等；运行时包括界面组合引擎、报告生成引擎等；设计工具包括报表工具、XBRL 等；分析应用包括财务分析、HR 分析等；门户框架是统一的对外窗口（图 8.4）。

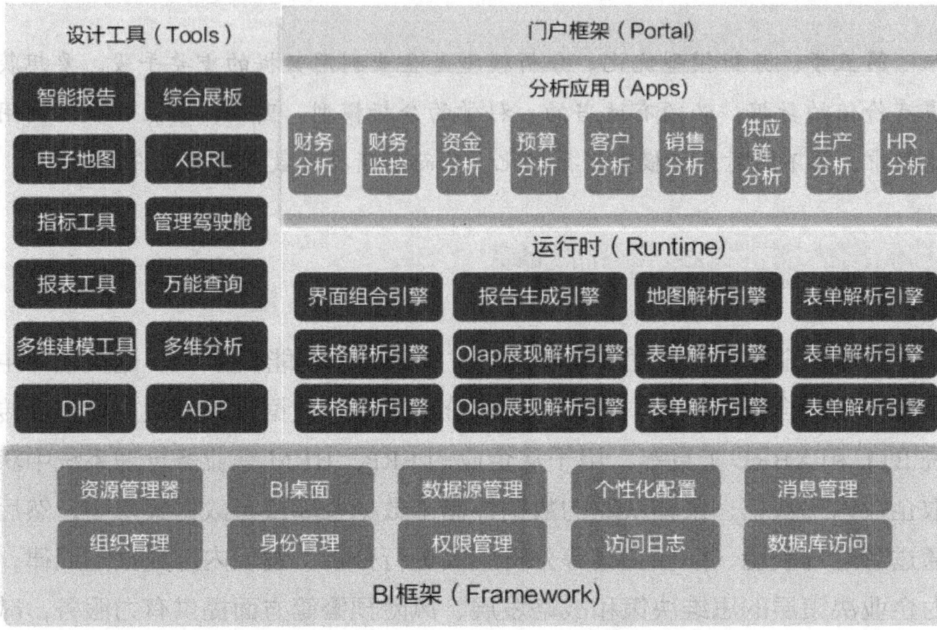


图 8.4 商务智能软件技术架构（来源：浪潮公司，2014）

国外厂商做商务智能软件比较早，相对比较成熟。近些年来，国内相关厂商发展得比较快，而且分析模型更适合国内企业。

尽管大数据在电子商务、搜索引擎以及医疗、统计等领域取得了诸多创新性应用，如消费行为剖析、指数分析、个性化医疗以及 CPI 分析等，但大数据时代的企业面对 Hadoop、MapReduce、Storm、RapidMiner 等一系列技术、工具，依然无所适从，无法落脚于企业业务和企业运营。

借助传统商务智能软件其实就是降低大数据应用的难度，先从容易处理、理解的方面做起来。因为商务智能领域已经有很多成熟的数据分析模型，将它们作用于企业内部的沉睡数据，可以比较方便地帮助企业切入数据分析领域，得到各种有效的分析结果，实现大数据技术与企业应用的有效融合，指导企业运营。

企业在分析数据时主要从战略层和运营层来进行，并且在两个层面都要拥有丰富的分析模型。一般而言，战略层的分析模型有基于风险预测的财务危机预警模型、经营风险预警模型、企业战略及资源配置决策模型等；运营层的分析模型有支持存货最优批量经济订货的客户需求管理模型、基于动态成本的产品配置模型、生产过程动态规划模型等（表 8.1）。

表 8.1 主要的商务智能分析模型（来源：浪潮公司，2014）

<table>
<tr><td rowspan="5">战略层</td><td>①基于风险预测的财务危机预警模型</td><td>②经营风险预警的 Z-Score 模型</td></tr>
<tr><td>③企业战略及资源配置决策模型</td><td>④ Logistic 回归分析和 Fisher 判断模型</td></tr>
<tr><td>⑤基于 EVA 生产过程绩效评价模型及价值动因树算法</td><td>⑥投资决策分析模型</td></tr>
<tr><td>⑦改进的沃尔评分模型</td><td rowspan="2">⑧财务和销售预测模型（多元和一元多次回归预测模型、指数平滑预测模型、ARIMA 预测模型、灰色预测模型）</td></tr>
<tr><td>⑨偿债 / 盈利 / 营运和成长能力多维分析</td></tr>
<tr><td rowspan="5">运营层</td><td>①支持存货最优批量经济订货的客户需求管理模型</td><td>②营销（销售、客户、产品、库存）多维分析、交叉销售、价格促销利润估计模型、最有利润的商品组合模型</td></tr>
<tr><td>③支持企业物流成本最优的多目标物流成本预算管理模型</td><td>④供应链结构设计模型、供应商选择和评价、产品质量跟踪分析模型</td></tr>
<tr><td>⑤支持价值客户评价的客户动态评价管理模型</td><td>⑥制造目标成本模型</td></tr>
<tr><td>⑦支持制造业动态成本评估的基于 BOM 的成本估算模型</td><td>⑧基于动态成本的产品配置模型</td></tr>
<tr><td>⑨支持业务流程优化的基于产品族的配置模型</td><td>⑩生产过程动态规划模型</td></tr>
</table>

## 8.5 大数据重塑企业信息化的价值

### 1. 大数据重新定义企业信息化

根据信息化发展规律、信息化的集成度及价值收益，可以将中国企业的信息化历程分成四个阶段，分别是：财务电算化、数字化企业、信息化企业和智慧企业[24]。

（1）财会电算化：该阶段为20世纪80年代到90年代初。1981年，财政部推动提出“会计电算化”概念，国内企业开始开展企业信息化应用，计算机应用主要集中在财务电算化和档案数字化等个别领域。

（2）数字化企业：“数字地球”是20世纪90年代由美国首先提出的，数字地球理论的建立、数字地球核心技术的发展以及集团企业业务与管理的需要成为信息技术发展的催化剂。这个阶段的企业信息化应用特点为部门级应用，实现了文档电子化、办公自动化、业务流程化，支持内部流程整合。

（3）信息化企业：2000年以来，我国企业信息化进入了快速发展时期。这个阶段的应用特点为以ERP套装软件为集成应用的企业级应用，加强信息资源利用，集成和整合信息流、价值流、业务流，支持企业管控模式，全面提升企业决策能力。

（4）智慧企业：2008年11月，IBM公司提出“智慧地球”。2009年8月，时任总理温家宝做出迅速建立“感知中国”中心的指示。随着各种新兴技术的成熟和相关政策的落实，企业也开始积极尝试采用物联网、云计算等新兴信息技术，步入智慧的阶段，其特点为信息化和管理提升充分结合，紧跟市场、随需速动、智慧经营，充分支持企业模式创新和产业转型升级。

从信息化的形态来看，早期的财会电算化阶段主要实现了企业的财务、人力资源、进销存等部门级别的办公数字化与自动化。数字化企业阶段和企业信息化阶段则以集成为主线，主要围绕企业运营的业务流程来做，通过 IT 提高效率降低成本，以 C/S、B/S 架构信息系统为主，本质是企业级别的企业应用集成。与前两个阶段不同，智慧企业阶段主要是实现企业的互联网化，是企业间、产业链级的信息化，这一阶段的信息化是企业智慧经营创新的重要基础，企业需要打造新的具有互联网特性的技术平台和 IT 系统，以实现商业创新和产业的跨界融合。其核心价值则是智慧驱动的商业创新和产业融合，是企业运营模式的变革（图 8.5）。

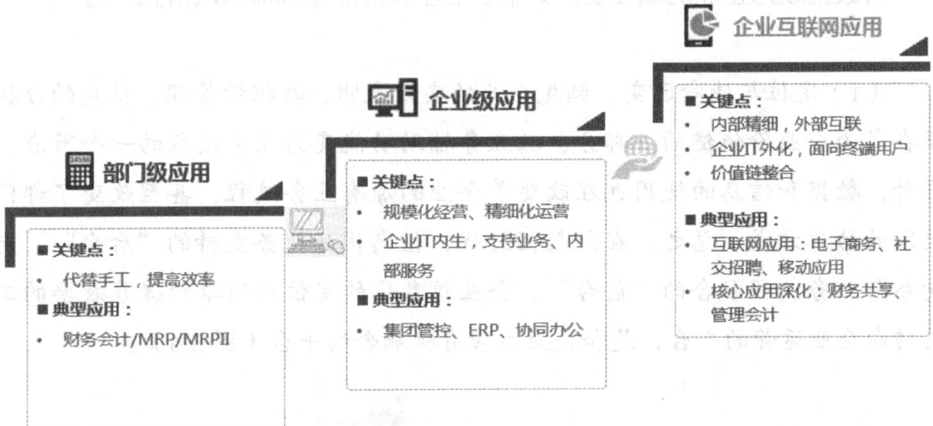


图 8.5　大数据时代，企业信息化也将重新定义（来源：浪潮公司）

这其中，大数据将推动各个行业的信息技术应用，并产生两大重要趋势。

一是数据资产化，信息部门将从“成本中心”转向“利润中心”。在大数据时代，数据渗透各个行业，渐渐成为企业战略资产。那些相对于其他企业拥有更多数据的公司，将拥有更多获取数据潜在价值的可能，在互联网领域与金融领域其实已经发现了这个现象。拥有数据的规模、活性，以及收集、运用数据的能力，将决定企业的核心竞争力。掌控数据就可以深入洞察市场，从而做出快速而精准的应对策略，这意味着巨大的投资回报，因此企业的 IT 部门将从“成本中心”转变为“利润中心”，而数据将成为企业的核心资产。

二是决策智能化，企业战略将从“业务驱动”转向“数据驱动”。智能化决策是企业未来的发展方向。过去很多企业对自身经营发展的分析只停留在数据和信息的简单汇总层面，缺乏对客户、业务、营销、竞争等方面的深入分析。如果决策者只凭主观与经验对市场进行估测而制定决策，将导致战略定位不准，存在很大风险。在大数据时代，企业通过收集、分析大量内部和外部的数据，获取有价值的信息。通过挖掘这些信息，企业可以预测市场需求，进行智能化决策分析，从而制定更加行之有效的战略。

当数据成为企业的重要资产之后，企业的信息化面临着新的变化。

（1）定位与使命已变：领先企业的实践表明，数据的管理、信息的分析正在成为企业价值链的一部分，从业务辅助功能变为业务流程的一个节点。另外，数据和信息的使用也在改变着企业的原有业务流程，甚至改变了部门之间的协作方式。总之，在大数据时代，信息化从业务支持的“后台”，走向参与业务流程融合的“前台”。企业信息化的定位从简单的提升效率的工具转向企业运营的平台，是和企业运营有机融合的平台（图 8.6）。

图 8.6 企业信息化的定位与使命（来源：海比研究公司，2014）

（2）信息化范围已变：在大数据时代，企业信息化的业务涵盖范畴从企业内拓展到了企业的上下游合作方。同时，利用新兴信息技术，信息化应用的深度不断提升，获取的信息量级不断提升，信息的碎片化程度也不断提升。同时，物联网、云计算、移动互联网等新一代信息技术在企业产品研发、客户关系管理、风险管理、供应链管理、决策支持等环节的应用逐步深入，具有“大量（Volume）、多样（Variety）、快速（Velocity）、价值（Value）”

特性的信息被大量制造出来。这些信息资源在统一标准规范、实时精准管控和深层价值挖掘上难度较大，企业面临信息资源管理的巨大挑战（图 8.7）。

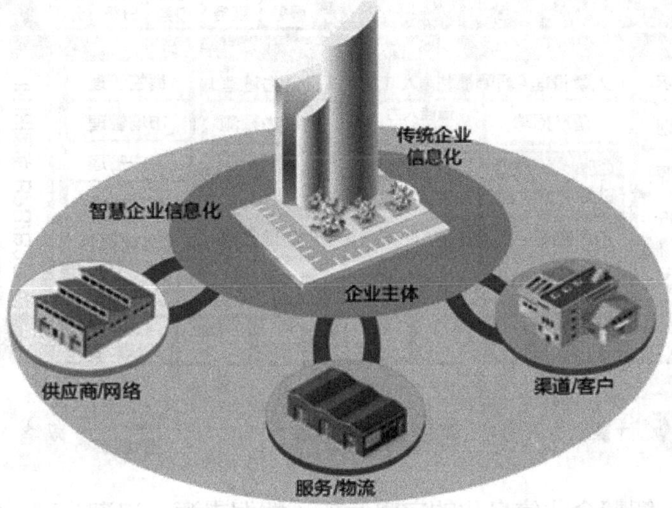


图 8.7 企业信息化范围扩大（来源：浪潮公司，2014）

（3）信息化应用已变：随着大数据的充分利用，基于云计算、移动互联、社交网络和物联网等技术的普及与应用，传统管理软件将进行智慧化升级：基于数据的价值链管理，消费类级别的用户体验、移动化的应用、敏捷的架构。大数据时代，企业信息资源整合的最终目标是利用大数据分析与挖掘技术实现信息资源的高效利用。应用系统是大数据的根基，企业应加大大数据技术的应用部署力度，综合运用云计算、分布式计算、数据交换、数据仓库、数据挖掘以及非结构化的数据处理等多层次的大数据技术搭建大数据平台（图 8.8）。

（4）信息化平台已变：领先企业的信息化非常注重统一平台的作用。在企业信息化中，将会需要大数据平台和企业云平台等。大数据时代对企业 IT 系统的要求将会超越现有厂商架构的技术顶点，IT 支出与数据信息的增长将呈现线性正相关。据赛迪顾问公司统计，各行业大数据 IT 投资规模在急速攀升，2012 年投资规模超过 4.5 亿元，2013 年已达到 10 亿元规模，有望在 2016 年突破百亿元规模。企业面临成本、技术和商业模式的严峻挑战。目前，国

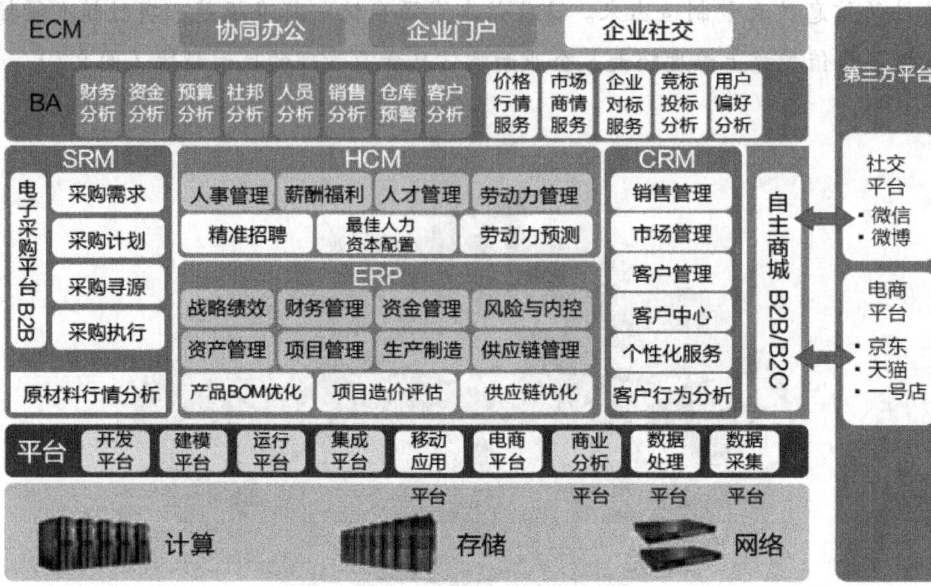


图 8.8 智慧企业信息化的完整框架（数据来源：浪潮公司，2014）

产化热潮来袭，呈现利用“Scale-out 架构 + 开源软件”逐步替代现有系统架构的信息化建设的趋势（图 8.9）。

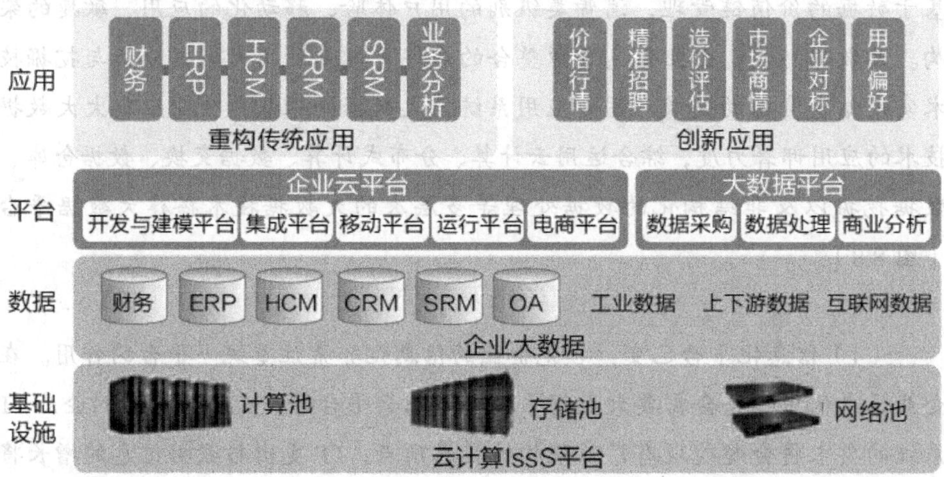


图 8.9 信息化统一平台框架（来源：浪潮公司，2014）

### 2. 大数据时代企业信息化的路径

大数据时代，智慧企业信息化建设需要分三个阶段来完成（图 8.10）。

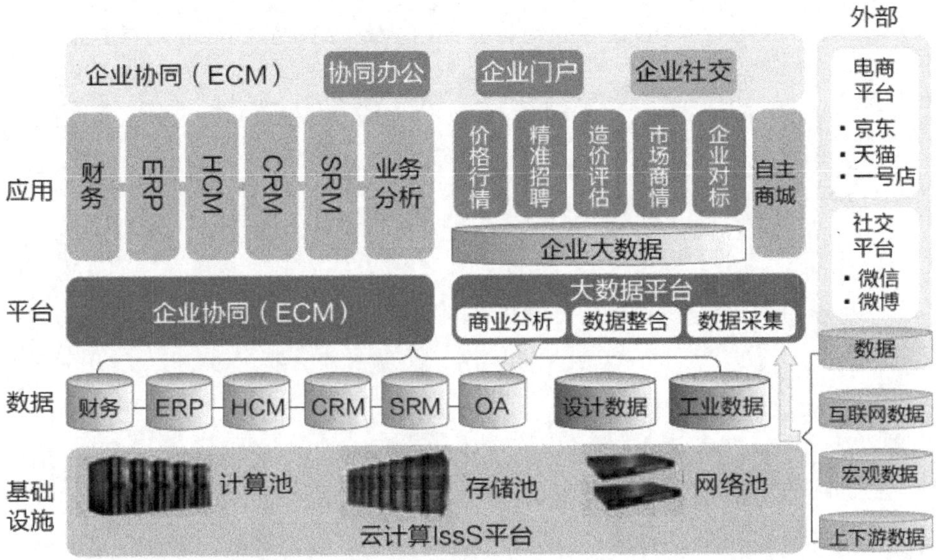


图 8.10 大数据时代的智慧企业信息化路径图（数据来源：浪潮公司，2014）

（1）实现企业内部数据整合：目前，由于企业内部业务流程、业务模式并非完全都是标准数据化的。这就要求企业在采用大数据平台时，做到企业内部数据的整合，实现经营业绩、业务模式、用户行为、员工管理这四方面的数据化，以便于企业数据的统一管理。在这个过程中，使用云平台重构传统应用是一种比较好的模式。

（2）用大数据平台实现内外数据整合：在实现企业内部数据整合后，企业应做到不改变系统架构而实现内外应用集成与数据整合，并能够与第三方电商平台集成。这就需要搭建统一的数据平台，能同时采集企业内、外部数据，并进行整合分析，进行大数据应用输出。在这一过程中，由于企业内部数据整合情况限制，企业可以根据自身情况优先选择第三方大数据服务。

**（3）用大数据构建智慧企业：基于互联网技术手段实现企业全面互联，以智能优化决策为核心，以大数据驱动各种业务活动的执行，提升企业洞察力、能动性、自组织能力，全面实现智慧企业。**

# 第 9 章 构建统一的企业数据平台

技术驱动着当今世界的发展，计算能力飞速增长，数字化设备越来越普遍，互联网越来越容易接入，比以往任何时候都多的数据正在被传输和收集。随着企业产生并收集的数据量增多，企业开始认识到数据分析的重要性。但是，企业必须先有效地管理好自己拥有的大量数据信息。这会产生新的挑战：怎样才能存储大量的数据？怎样处理它们？怎样高效地分析它们？如何构建一个可扩展的大数据平台架构？

大数据技术在互联网平台、电商平台、搜索引擎以及生物医药、环境、税务、统计等社会化应用领域可谓炙手可热，取得了诸多创新性应用，正在悄然影响诸多领域的思维方法和商业模式。但传统制造企业在大数据应用方面相对滞后。比如，传统商业智能的思维和大数据的思维不同，大数据强调相关关系，而传统商业智能强调因果关系；传统商业智能是对已知数据范围中易处理的数据进行分析，数据源相对封闭，而大数据是对完整的、多结构的全景数据进行深度分析，更具有挑战性。相对于传统商业智能侧重于可视化展现和报告呈现，大数据分析更加注重于数据的实时分析和如何把数据转化为企业价值，实现数据驱动业务流程的自动化执行。面对大数据时代海量存储、多源异构数据管理、计算处理高速化的需求，现有技术与平台往往侧重提升大数据存储、计算等基础能力，尚缺乏能在研发、制造、经营、服务和营销等环节全面支撑制造企业应用的大数据分析技术与平台。

## 9.1 统一企业数据平台

大数据固然是好， 但要真正将其利用起来，却并不简单。业界专家一致认为，和内部的结构化数据相比，以半结构化和非结构化为主的大数据的处理更加复杂，也更为困难。领先企业的 CIO 们一致同意，在大数据时代，企业需要有一个统一数据平台来处理所有的数据。

从数据的来源看，大数据时代的企业会拥有三个方面的数据，即企业内部传统数据，包括了产品数据、经营数据、价值链数据，大部分是内部的结构化数据；机器产生的数据和传感数据，大部分结构化数据和半结构化数据；企业外部的互联网数据，大部分是非结构化数据。这些数据散布于企业的各个系统和各个角落，但它们又存在各种千丝万缕的关系。因此，企业的统一数据平台必须能将这些数据都管理起来，并真正让它们为企业所用（图 9.1）。

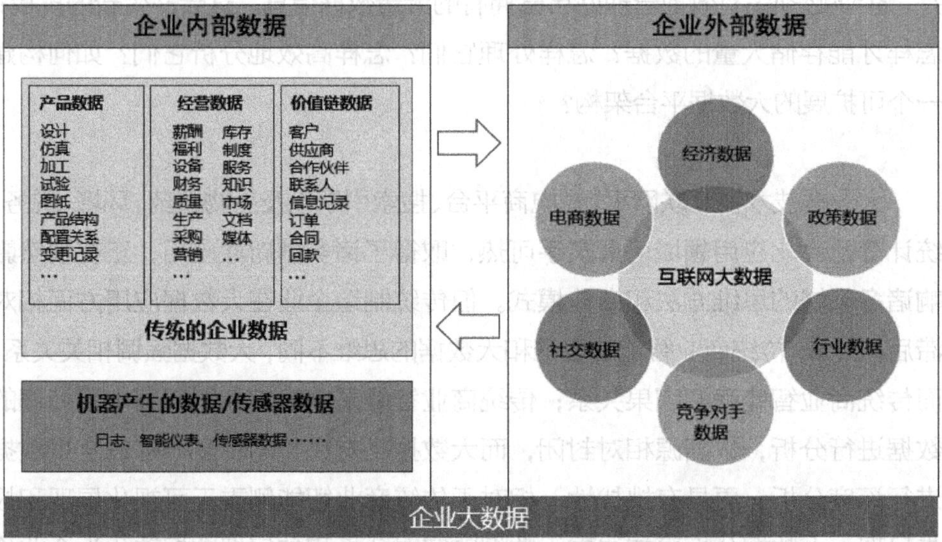

图 9.1 企业大数据示意图

不同于传统企业数据中心主要服务于数据的存储管理和业务系统的运行环境，统一的大数据平台更加强调数据的处理和分析，它基本包括五大组成部分：传统数据处理和分析平台、大数据处理和分析平台、统一数据交换平台、统一数据分析平台及统一数据展现平台（图 9.2）。

（1）传统数据处理和分析平台：这主要是指传统的数据集市、数据仓库和商务智能技术和产品。它们用来分析企业各种业务系统中的结构化数据。

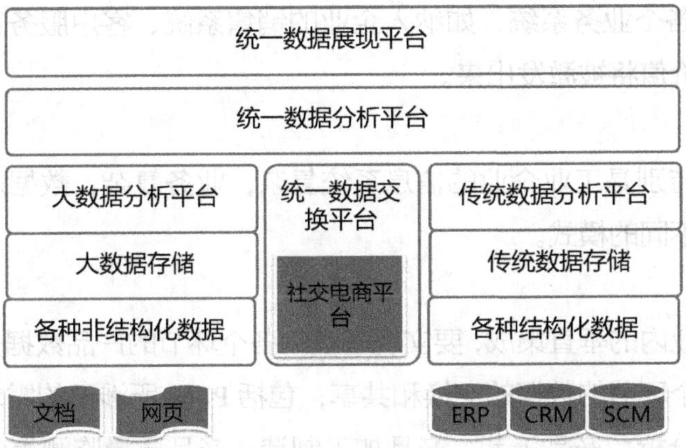


图 9.2 统一数据平台基本框架（来源：海比研究公司，2014）

**（2）大数据处理和分析平台：这主要是指大数据的专门处理和分析平台，主要包括大数据的存储、处理工具。Hadoop 是当前典型的开源方案。这个平台也要包括专门针对大数据的数据仓库、分析等工具。**

**（3）统一数据交换平台：这主要是指企业的数据交换平台，主要用于外部数据的对接，如和电子商务平台、社交网络平台等外部数据的对接；同时，还承担企业内部大数据与结构化数据之间的交换与对接。**

**（4）统一数据分析平台：这主要是指企业需要构建一个新的数据分析平台。它可以综合分析结构化和非结构化数据。**

**（5）统一数据展现平台：企业构建一个统一的数据展现平台，提供各种丰富的可视化工具和手段，支持各类数据的可视分析，将数据的分析结果用易于体验的方式展现给用户。**

## 9.2 内外数据，兼收并蓄

大数据的价值在于广泛的关联，要利用好大数据，必须将企业内部数据与外部数据进行整合。这是因为，外部大数据如果没有被整合到内部数据中，就会被视为低价值数据，甚至垃圾数据。但事实上，如果能将其外部大数据纳入企业的各个业务系统，如纳入企业的销售系统、客户服务系统、决策支持系统，其价值将被激发出来。

企业，特别是工业企业的信息系统复杂，业务复杂，数据形态多样，数据集成也有不同的模式。

一是企业内的垂直集成，要实现垂直的各个环节的产品数据交换与共享。生产制造各个环节的数据的交换和共享，包括 PLM 所涉及的需求分析、产品设计、产品分析、产品工艺、产品加工制造、产品质量监测等各个环节的数据的共享，也包括 MES 所涉及的生产线、生产设备的数据的共享。企业运营与管理数据的共享，包括 ERP 所涉及的组织结构、生产设备、质量控制、运营管理、电子商务、客户服务等数据的整合与共享。

二是横向数据集成，即各种上下游数据的交换与共享，包括客户、供应商、合作伙伴等数据。大数据技术的发展和应用，使得价值链上各环节的数据和信息能够被深入分析和挖掘，为制造企业提供看待价值网络的全新视角。

从数据的整合方式看，当前主要存在两种。一种是单一业务系统整合，即通过企业的某个核心业务系统与外部的大数据进行整合。例如，将企业自己的 ERP 系统和外部的淘宝、天猫、京东等电子商务平台打通，将自己的 CRM 和微信、微博等打通。这是目前绝大多数据企业所采用的整合方式，也是绝大多数管理软件等核心业务系统提供商、数据处理和分析提供商常用的方式。

单一业务系统整合方式的优点有两点：比较容易实现；能与业务系统进行充分集成，处理效率比较高。其缺点也有两点：不具有可拓展性，当其他业务系统需要和外部数据进行集成时，还需要再做一遍工作；和软件厂商的解决方案关系比较紧密，如果厂商不支持，则整合无法进行（图 9.3）。

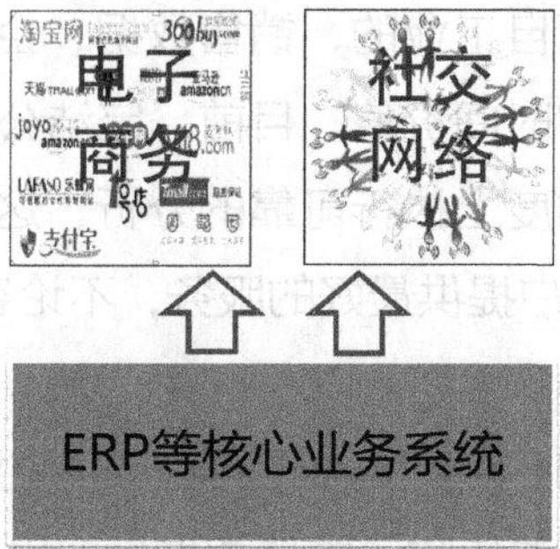


图 9.3 单一业务系统与外部大数据整合（来源：海比研究公司，2014）

另一种整合方式是通过统一数据交换平台进行整合，即企业建立统一的数据交换平台。该交换平台相当于建立了一个数据的资源池，它能将所有外部大数据都集成到平台中，而各个业务系统也通过该平台共享自己所需要的外部数据（图 9.4）。

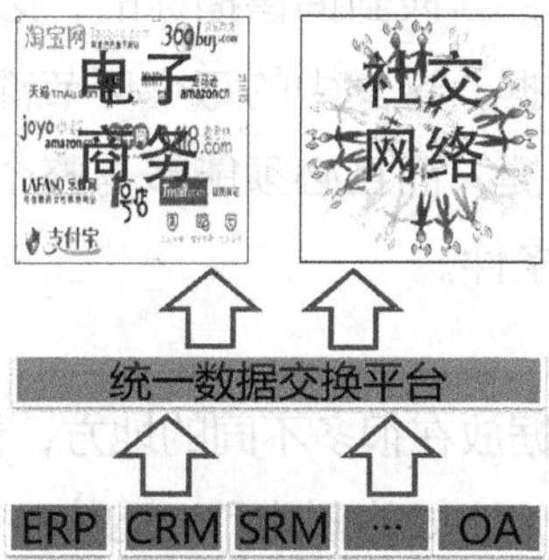


图 9.4 统一数据平台与外部大数据整合（来源：海比研究公司，2014）

统一数据交换平台整合方式的优点是，能够一站式实现所有外部数据与所有业务系统的数据交换与整合，是一个相对一劳永逸、可管理性较强的整合方式；缺点是成本较高，实施周期比较长，且需要有比较好的工具。

为了评估公司商业活动是否成功，对变化的市场做出快速反应，宝洁公司通过实施 Oracle Big Data 解决方案，并与 Cloudera Hadoop 系统结合。公司整合了在研发、供应链、面向客户的业务、客户交互中大量的结构与非结构数据——这些数据都源自历史数据和在线新数据——并运用新的分析工具来解决遗留已久的问题。内外部数据的整合使宝洁公司有能力快速解决多重数据集的分析，包括那些源自工业的、销售数据、企业内部信息，在更快速地响应的同时提供了优越的时间价值。目前，宝洁公司能够做到更快速地加载和整合数据，在不同的维度上执行可靠的分析，这在从前是不可能的。而解决方案也帮助了公司为客户提供最好的服务，不论客户在哪儿。

全球性软件公司 Citrix 使用 Salesforce.com 提供的 CRM 系统，向其销售人员提供所有可用的销售指标和关键绩效指标，以帮助他们管理业务。Citrix 公司的销售人员很依赖 Salesforce.com，但他们的很多数据和指标并不全部放在同一个地方。然而，要充分发挥销售数据的价值，不仅需要将销售数据连接到其他数据，还需要将销售数据与其他数据合并到一起分析。比如，如果没有地域数据、公司业绩数据和营销数据的支持，销售数据本身的价值并不高，因为单一数据仅支持有限范围内的决策。如果没有数据，销售人员就无法信心十足地做出决策。比如，当谈到销售指标时，必须关注从潜在销售渠道到最终实现收益的全过程数据，这其中的每个环节都至关重要，因此，使用的分析解决方案必须方便快捷，而且必须能够与整个数据生态系统无缝整合，连接到多个数据源是首要条件。

解决方案是仍然将数据放在很多不同的地方，但是使用 Salesforce.com 来管理商机信息和预测信息，比如将预购和订购信息存储在公司的 SAP ERP 系统中，通过云提供商 Callidus 公司管理有关销售配额和销售佣金的信息，最后通过数据整合在 Salesforce.com 中对这些数据进行可视化（图 9.5）。

图 9.5 基于 Salesforce.com 平台实现数据整合

通过在公共字段中合并数据，企业可以全面了解企业的潜在客户、销售渠道、账户和销售业绩的情况，并跟踪销售流程每个步骤的目标完成情况。利用这些全面的数据，企业可以构建交互式仪表板和报告，并将所需的任何视图嵌入到 Salesforce.com 中。以下是通过 Salesforce.com 将企业内外部数据融合可以获得的竞争优势：

（1）将 Salesforce 数据与产品数据混合，可了解产品利润率。

（2）将 Salesforce 数据与区域销售计划结合，可执行假设分析并根据多个度量评估各个区域。

（3）将 Salesforce 数据与营销活动数据和客户支持数据结合，可全方位地了解客户。

（4）将 Salesforce 数据与人口数据混合，可了解市场渗透率和新商机。

（5）将 Salesforce 数据与 Excel 电子表格形式的销售数据、客户数据和财务数据合并，利用从中获得的全面见解来进行决策。

## 9.3 连接设备数据

企业中各种各样的智能设备每时每刻都会产生大量的数据，怎么处理这些数据呢？如果每种设备都需要单独的数据连接，企业就得专门聘请一个团队来建设云架构、仪表板和相关的应用程序等，这显然是一种非常昂贵的处理方式。我们需要找到一种通用的解决方案。

面向工业 4.0 时代出现的大量物联网数据处理的需求，像微软这样的平台化软件厂商，也在极力通过建立标准，掌握数据的入口。微软公司提供了一项新的云服务，叫作 Azure 物联网套件（Azure IOT Suite），可帮助用户捕获和管理来自传感器和设备生成的数据。企业将能够使用微软公司的数据分析工具捕获和分析来自该服务的数据，如 HD Insight、Azure Hadoop 服务、Power BI 业务智能服务。

Wolfram Data Drop 也是这样一个产品，现在企业只需要搜集数据，然后储存到 Data Drop，这些数据就会上传到 Wolfram 的云端（或是企业自己的专有云端），企业可以十分便捷地通过网页、应用程序、API 以及其他很多方法获取这些数据。它是一个能汇聚全球所有数据的数据库，旨在获得和系统地处理传感器、各种设备、各种程序以及人类等所有一切事物中的数据，并将这些数据以特定的方式储存在云中，从而实现无缝计算。

## 9.4 多源企业数据融合

在工业 4.0 时代，制造企业的数据将会呈现爆炸式增长态势。制造企业为了实现精益制造、业务创新和业务转型，需要充分利用企业内外信息管理系统的业务运营数据、工业现场数据和互联网数据，以多源、异构数据的融合集成为基础，开发创新应用，实现业务优化和创新。数据融合是应用大数据分析技术的基础。

前面提到企业大数据可以分为三类：厚数据、快数据和慢数据。从形态上看，包括静态数据和动态数据；从类型上看，分为结构化数据、半结构化和非结构构化数据（图 9.6）。静态的结构化数据主要是存储于各类企业应用系统中的业务数据，约占数据总量的 20%，数量少，但是价值密度高，易于处理、分析，属于企业的厚数据。而另外 80% 的机器数据和社交数据等数量巨大，但是价值密度稀疏，由于数量巨大，处理速度跟不上产生的速度，是企业数据处理的难点。工业企业的生产线处于高速运转状态，由工业设备所产生的数据量远大于企业中计算机和人工产生的数据。从数据类型看，有的属于结构化数据，传统的实时数据库就是用来处理这类数据的；有些如监控视频数据等，则属于非结构化数据，这些动态海量数据由于实时性要求更高，处理难度也更大。

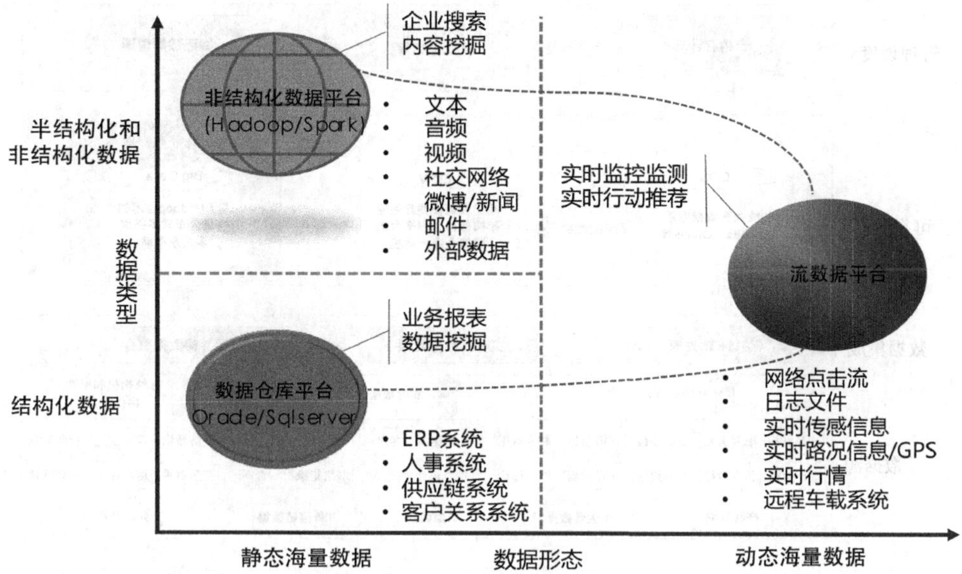


图 9.6 三类企业海量数据及其大数据处理方案

针对这些数据，企业需要综合采用从数据采集、数据统一描述、数据预处理到可靠性存储的一整套数据融合核心技术，为大数据分析应用提供基础数据支撑（图 9.7）。

（1）数据采集：在企业大数据的数据采集环节，需要针对厚数据、快数据和慢数据等不同类型的数据，使用相应的数据集成工具进行数据采集和集成。关系数据已经有成熟的工具（如 ETL、数据仓库、数据集市等）可以利用，可以通过数据集成工具融合集成企业内外管理信息系统数据；机器设备运行、传感器产生的数据，采用通用的通信协议和物联网数据接口进行采集，还可以借助正在发展中的流数据技术；通过高效的互联网数据爬取算法，可按照用户设定的业务主题，为企业决策采集海量互联网外部数据。

（2）数据统一描述和预处理：针对工业大数据多元、异构、多关系的特性，需采用基于统一元数据的异构数据统一描述。利用元数据描述数据业务属性、技术属性、数据价值属性、数据关系属性，以及时效性、可能的业务价值维度、数据依赖关系与关联关系等，通过元数据实现异构大数据的统一描述和管理，

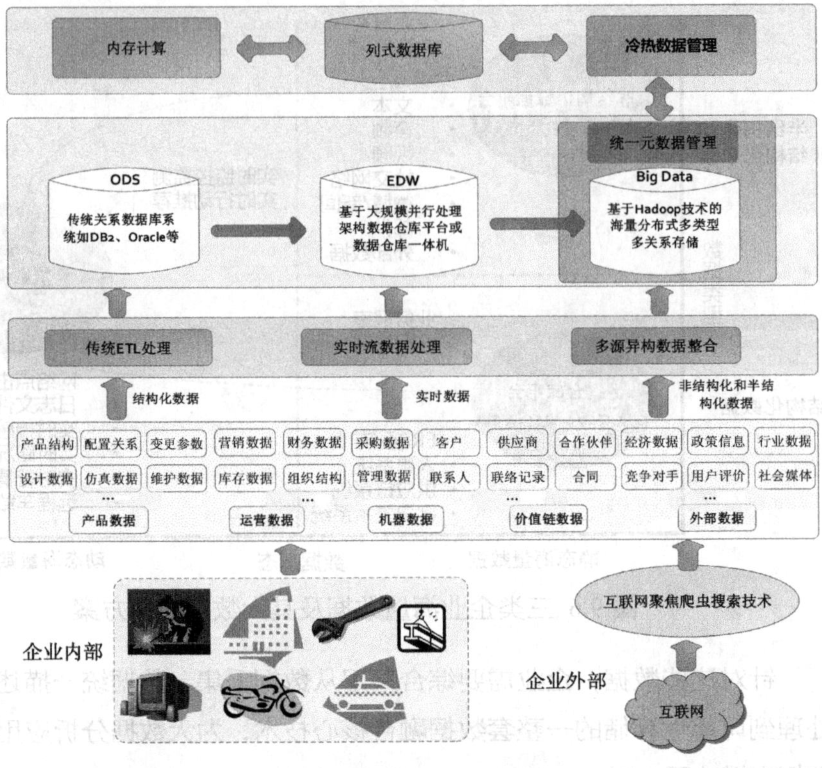


图 9.7 工业大数据多源融合架构图

为面向数据关系网络的大数据分析创造条件。针对非结构化数据重点采用面向主题的特征抽取、标记、量化、维度约简和预处理技术。通过元数据描述的关系来形成数据关系网络，通过元数据中的业务主题帮助用户提供业务数据。通过数据清洗对这些数据进行预处理，包括检查数据一致性、处理无效值和缺失值等，使得非结构化数据能够以数字化的形式二次表达，为基于大数据的信息融合和决策支持创造技术条件。

在数据分析前的准备阶段所需要的关键技术，主要是结合传统的数据挖掘和统计分析在预处理阶段的技术，同时针对非结构化数据引入后和海量数据的背景下对传统技术存在的不足进行改进。

（3）可靠性存储。数量庞大的工业大数据需要通过分布式存储系统实现可靠性存储。需要提出一种新型的数据存储体系，针对不同类型、不同价值的数据需要采用不同的存储手段。对于价值较高而且多为结构化数据的厚数据，可以采用关系型数据库集群进行存取，以保证数据的可靠性和访问效率；针对企业关系、产品关系、社交图谱等图结构的数据，可以采用 Neo4j 等图数据库，从而方便数据建模和加快遍历速度；对于非结构化的数据，采用 HDFS、MongDB 等进行存储。新型的数据存储不再是简单的一种存储，而是按需求差异选用不同存储工具的组合。

在数据存储层面，对于不同的数据，需要有不同的可靠性存储方案，而且数据的可靠性需求是动态的，因而需要采用基于数据决策价值关联度和数据温度的可靠存储技术，通过价值关联度和数据温度动态计算数据冗余度和数据的分布，以最小化的数据保存成本实现最大价值的可靠性，并在不影响数据分析结果的情况下，减少需要处理的数据量，提升系统的处理能力和响应速度。在已有的关系数据库和 HDFS 的分布式存储与可靠性保障机制之上，根据数据局部访问原理，设计冷热数据管理策略和业务价值关联度管理策略。对于热数据（即经常被访问的数据）和业务价值关联度大的数据增加副本的数目，保障每个节点都能就近获得需要的数据。对于冷数据，则减少副本数目，对于失去业务价值的数据甚至可以离线存储。通过该技术可保证企业以最低的成本存储那些对业务贡献最大的数据，降低成本并提高数据分析的效率。

# 第 10 章 企业大数据处理技术

IDC 认为，大数据具有 4V 特性，即海量性、实时性、多样性以及低价值性。正是大数据的海量性、实时性、多样性，使传统的数据处理和分析工具无法应用到大数据领域。因此，大数据的处理需要用新工具，需要用“牛刀”。大数据的到来将会对工具进行重构。这是当前最为热门的话题，也是最有发展潜力、最具创新力的技术方向。

事实上，在大数据领域，其存储、处理、分析和展现都需要新的方法、工具。例如，大数据存储需要分布式存储和可横向扩展方案，大数据处理需要分布式软件架构和并行处理框架等。

首先，大数据存储与管理要用存储器把采集到的数据存储起来，建立相应的数据库，并进行管理和调用。重点解决复杂结构化、半结构化和非结构化大数据混合管理与处理难点，以及大数据的可存储、可表示、可处理、可靠性及有效传输等几个关键问题。开发可靠的分布式文件系统（DFS）、能效优化的存储、计算融入存储、大数据消冗及高效低成本的大数据存储技术，着重突破分布式非关系型大数据管理与处理技术、异构数据的数据融合技术、数据组织技术、大数据建模技术，以及大数据索引技术，数据移动、备份、复制等技术。

开发新型数据库技术。数据库分为关系型数据库、非关系型数据库以及数据库缓存系统。其中，非关系型数据库主要指的是 NoSQL 数据库，分为键值数据库、列存数据库、图存数据库以及文档数据库等类型。关系型数据库包含了传统关系数据库系统以及 NewSQL 数据库。

开发大数据安全技术。改进数据销毁、透明加解密、分布式访问控制、数据审计等技术，突破隐私保护和推理控制、数据真伪识别和取证、数据持有完整性验证等技术。

## 10.1 大数据处理流程

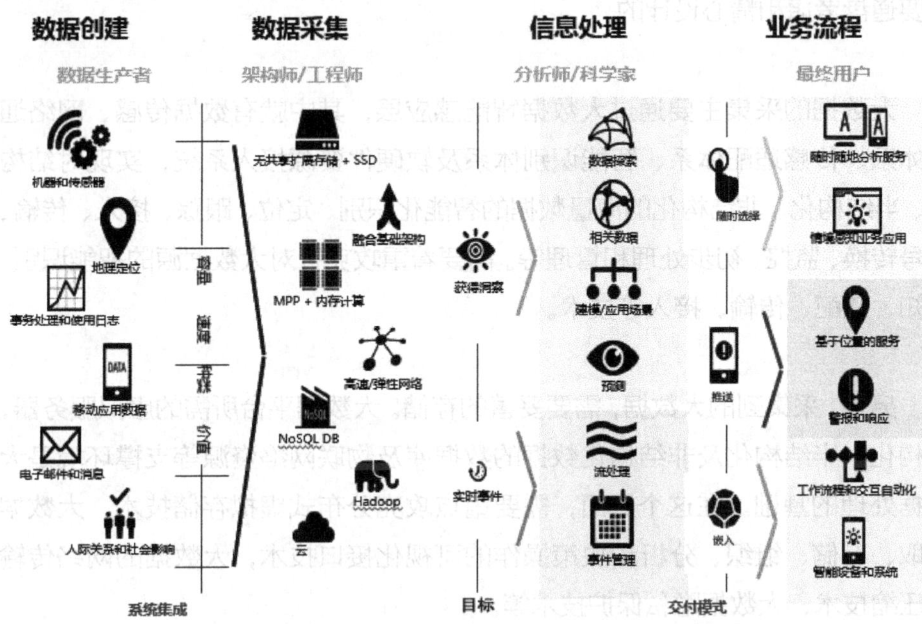


图 10.1 数据处理流程（来源：IDC，2013）

具体的大数据处理方法确实有很多，整个处理流程可以概括为四步，分别是采集、导入和预处理、统计和分析、数据挖掘[25]。

### 1. 大数据处理流程之一：采集

大数据的采集是指利用多个数据库来接收发自客户端（Web、App 或者传感器等）的数据，并且用户可以通过这些数据库进行简单的查询和处理工作。比如，电商会使用传统的关系型数据库 MySQL 和 Oracle 等来存储每一笔事务数据。除此之外，Redis 和 MongoDB 这样的 NoSQL 数据库也常用于数据的采集。

在大数据的采集过程中，其主要特点和挑战是并发数高，因为可能会有成千上万的用户同时进行访问和操作。比如，12306 火车票售票网站和“双十一”的淘宝网，其并发访问量在峰值是上亿次，所以需要在采集端部署大量数据库才能支撑。而如何在这些数据库之间进行负载均衡和分片，的确是需要通盘考虑和精心设计的。

大数据的采集主要通过大数据智能感应层，其中就有数据传感、网络通信体系、传感适配体系、智能识别体系及软硬件资源接入系统，实现对结构化、半结构化、非结构化的海量数据的智能化识别、定位、跟踪、接入、传输、信号转换、监控、初步处理和管理等。需要着重攻克针对大数据源的智能识别、感知、适配、传输、接入等技术。

另外，采集到的大数据，需要妥善的存储。大数据平台所需的虚拟服务器，结构化、半结构化及非结构化数据的数据库及物联网络资源等支撑环境是大数据处理的基础。在这个层面，需要重点攻克分布式虚拟存储技术，大数据获取、存储、组织、分析和决策操作的可视化接口技术，大数据的网络传输与压缩技术，大数据隐私保护技术等。

2. 大数据处理流程之二：导入和预处理

虽然采集端本身会有很多数据库，但是如果要对这些海量数据进行有效的分析，还需要将这些来自前端的数据导入到一个集中的大型分布式数据库，或者分布式存储集群，必要时在导入基础上还要做一些简单的清洗和预处理工作。也有一些应用会在导入时使用来自 Twitter 公司的 Storm 对数据进行流式计算，以满足部分业务的实时计算需求。

在预处理阶段，主要完成对已接收数据的辨析、抽取、清洗等操作。

（1）抽取：因获取的数据可能具有多种结构和类型，数据抽取过程可以帮助我们将这些复杂的数据转化为单一的或者便于处理的构型，以达到快速分析处理的目的。

（2）清洗：对于大数据，并不全是有价值的，有些数据并不是我们所关心的内容，而另一些数据则是完全错误的干扰项，因此要对数据通过过滤“去噪”，从而提取出有效数据。

导入和预处理过程的特点和挑战主要是导入的数据量大，每秒的导入量经常会达到百兆甚至千兆级别。

3. 大数据处理流程之三：统计和分析

统计与分析主要利用分布式数据库，或者分布式计算集群来对存储于其内的海量数据进行普通的分析和分类汇总等，以满足大多数常见的分析需求，在这方面，一些实时性需求会用到 EMC 的 GreenPlum、Oracle 的 Exadata，以及基于 MySQL 的列式存储 Infobright 等，而一些批处理，或者基于半结构化数据的需求可以使用 Hadoop。

统计与分析这部分的主要特点和挑战是分析涉及的数据量大，其对系统资源，特别是 I/O 会有极大的占用。

4. 大数据处理流程之四：数据挖掘

数据挖掘就是从大量的、不完全的、有噪声的、模糊的、随机的实际应用数据中，提取隐含在其中的、人们事先不知道的、但又是潜在有用的信息和知识的过程。数据挖掘涉及的技术方法很多，有多种分类法。根据挖掘任务，可分为分类或预测模型发现、数据总结、聚类、关联规则发现、序列模式发现、依赖关系或依赖模型发现、异常和趋势发现等。根据挖掘对象，可分为关系数据库、面向对象数据库、空间数据库、时态数据库、文本数据源、多媒体数据库、异质数据库、遗产数据库以及 Web 数据等。根据挖掘方法分，可粗分为机器学习方法、统计方法、神经网络方法和数据库方法；机器学习方法又可细分为归纳学习方法（决策树、规则归纳等）、基于范例学习、遗传算法等；统计方法又可细分为回归分析（多元回归、自回归等）、判别分析（贝叶斯判别、费歇尔判别、非参数判别等）、聚类分析（系统聚类、动态聚类等）、探索性分析（主元分析法、相关分析法等）等；神经网络方法又可细分为前向神经网络（BP 算法等）、自组织神经网络（自组织特征映射、竞争学习等）等；数据库方法主要是多维数据分析或 OLAP 方法，另外还有面向属性的归纳方法等。

与前面统计和分析过程不同的是，数据挖掘一般没有什么预先设定好的主题，主要是在现有数据上进行基于各种算法的计算，从而起到预测（Predict）的效果，实现一些高级别数据分析的需求。该过程的特点和挑战主要是用于挖掘的算法很复杂，并且计算涉及的数据量和计算量都很大。

整个大数据处理的普遍流程至少应该包括以上四个步骤，才能算得上是比较完整的大数据处理。

## 10.2 一站式大数据平台

面对不同的数据类型及不同的分析应用，企业需要在生产过程中利用各种大数据分析工具和方法进行数据分析和预测，需要处理业务流与数据流的融合问题，需要借助企业外部海量数据的分析支持企业的经营决策。因此，要解决制造过程中的各种大数据分析处理需求，每次都单独进行分析处理显然是低效的，需要构建一个一站式大数据分析平台，在统一的大数据汇聚层上对数据进行加工处理，并与行业大数据分析应用进行横向集成，最终将大数据分析集成到各种应用系统中。

一站式企业大数据分析平台，是对主流汇聚、分析、存储和可视化技术的集成，以提供存储、处理、分析和可视化服务的形式，支持从数据汇聚到数据处理，再到分析与可视化的企业大数据分析全过程。

Hortonworks 公司[26]大数据平台 HDP（Hortonworks Data Platform）是一个基于 Apache Hadoop 的开源数据平台，提供大数据云存储、大数据处理和分析等服务。该平台专门用来应对多来源和多格式的数据，并使其处理简单，更有成本效益。图 10.2 是一个 Hortonworks 的制造业大数据参考架构，它反映了一些制造业大数据分析的公共系统组件和流程。

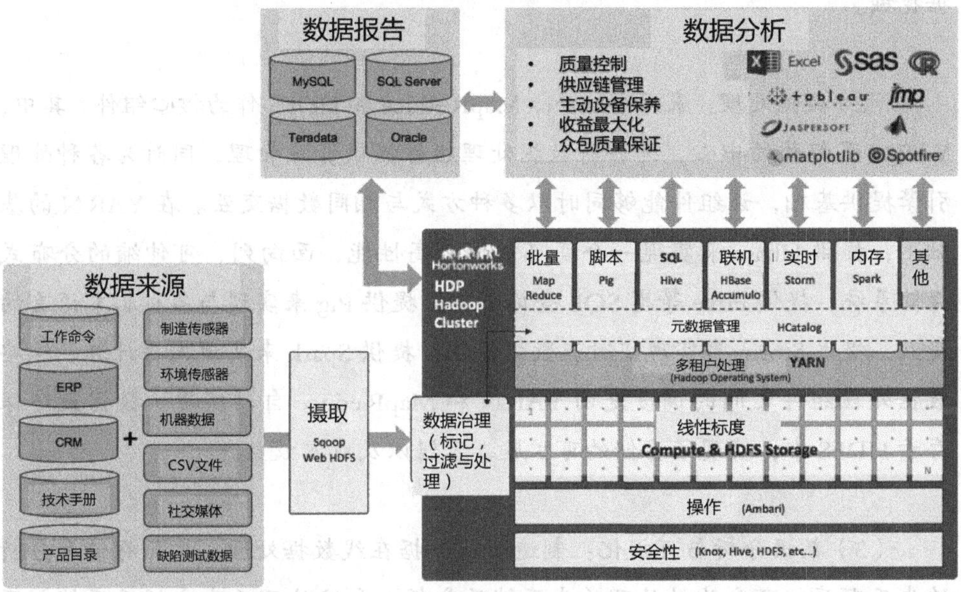


图 10.2 制造业大数据参考架构（来源：Hortonworks 公司[27]）

HDP 提供了一个开放、稳定和高度可扩展的平台，使其更容易地集成 Apache Hadoop 的数据流业务与现有的数据架构。该平台包括各种 Apache Hadoop 项目以及 Hadoop 分布式文件系统（Hadoop Distributed Filesystem，HDFS）、MapReduce、Pig、Hive、HBase、Zookeeper 和其他各种组件，使 Hadoop 平台更易于管理，更加具有开放性及可扩展性，主要针对以下功能领域：数据汇聚、数据处理、分析和可视化。

（1）数据汇聚：一站式大数据分析平台集成了 Sqoop、Flume 以及

Kafaka 等数据汇聚组件，使得企业应用中不再需要单独部署数据集成、数据清洗、数据预处理、数据分析、数据挖掘、数据可视化、数据报告等众多工具。Sqoop 组件将原来存在于不同的各类关系数据库以及各类不同的大数据存储方式中的结构化和非结构化数据，Flume 将工业生产中的日志数据、监控数据，Kafaka 将工业生产与销售过程中的日志数据、消息数据，通过简单，一致的步骤加载到分析平台。HDFS 等存储组件为大数据提供可扩展、容错、具有成本效益的存储。最终，通过这样一个一站式的平台，将企业所有的数据加载到 Hadoop、Spark 等主流的分析工具，继而实现数据的可视化和高效的数据挖掘。

（2）数据处理：采用 YARN、MapReduce 和 HDFS 作为核心组件。其中，YARN 是架构的中心，为各种数据处理组件提供资源管理，同时为各种处理引擎提供基础，让组件能够同时以多种方式与相同数据交互。在 YARN 的基础上，提供 Hbase 来实现一个高可靠性、高性能、面向列、可伸缩的分布式存储系统，提供 Hive 等类 SQL 查询工具，提供 Pig 来实现与各种脚本语言的交互，提供 Storm 来实现实时流数据处理，提供 Spark 来实现内存计算。这些数据处理组件之间的调度是由 YARN 和 MapReduce 自动实现。数据最终保存于 HDFS 中，实现了存储的可扩展、容错以及成本效益。

（3）数据分析与可视化：制造企业数据在线数据处理，按照存储和分析的先后顺序，可分为批处理（先存储后分析）和流处理（先分析后存储）两类。企业的实时分析需求往往有特定的应用场景，需要对业务和现行系统有深入的理解才能设计出一个合理的架构。在工业生产中，Flume 将工业生产中的实时数据源源不断地汇聚到在一站式大数据分析平台中，具有信息流处理与连续计算能力的数据分析组件 Storm 对 Flume 进行流处理和连续计算，满足了工业企业的实时流处理需求，实现了工业生产中的实时监控。批数据查询分析一般来自于特定时间段，设计上需要考虑的是将数据存入历史库中时，建立时间索引。另一种情况是某种业务问题的定位或分析，在数据量巨大的情况下，基于 Hadoop 或 Spark 等框架编写分析算法并直接在一站式大数据分析平台上运行，可以大大节约数据导出 / 导入、格式转换与各种分析工具对接的时间。

企业大数据的大量分析应用需要快速处理大规模的数据，如设备运行状态的分析、大规模实时关联查询、大规模数据统计分析等。而内存计算将数据放在内存中，并采用多线程和多机并行优势来加速计算和数据处理。基于 Spark 核心机制，通过针对智能制造各种分析需求的计算模型对数据进行分析，构造 RDD（Resilient Distributed Datasets）对象，并存放到内存中进行处理，可以省去 Map Reduce 框架中由于 Shuffle 操作所引发的大量磁盘输入 / 输出操作。

在一站式大数据分析平台中，还集成了大量可视化分析工具，包括 Matplotlib、Spotfire、JASPERSOFT、Matlab、Tableau、Imp、SAS、R、Excel 等。在这些工具的基础上，可以将巨量的、复杂的、枯燥的、潜逻辑的工业数据直截了当地展现给企业的决策者，起到了帮助他们获取决策依据、进行科学数据分析、辅助科学决策的作用。

（4）配置、管理和监控：在一站式大数据分析平台中，集成有 ZooKeeper、Ambari、Ganglia、Nageos 等组件，以实现大数据分析组件的自动部署，并且在部署之后，平台使用者还可以根据自己的需要随时添加服务或者在集群中添加主机。ZooKeeper 组件主要实现一站式分析平台集成 Spark 相关组件的配置与管理。Ambari、Ganglia、Nageos 等组件实时监控组件运行状态，使用者可以随时查看平台运行状态与运行任务，在异常发生时，这些组件可以通过电子邮件等各种方式及时通知使用者。

## 10.3 企业大数据分析

### 10.3.1 大数据分析的主要方面

传统的大数据分析主要包括可视化分析、数据挖掘算法、预测性分析、语义引擎与数据质量和数据管理这五个基本方面[28]。

（1）可视化分析（Analytic Visualizations）：大数据分析的使用者有大数据分析专家，同时还有普通用户，但是二者对于大数据分析最基本的要求就是可视化分析，因为可视化分析能够直观地呈现大数据特点，同时能够非常容易被接受，就如同看图说话一样简单明了。

（2）数据挖掘算法（Data Mining Algorithms）：大数据分析的理论核心就是数据挖掘算法。各种数据挖掘算法基于不同的数据类型和格式，科学地呈现了数据本身具备的特点，正是基于这些算法，才能深入数据内部，挖掘出公认的价值，才能更快速地处理大数据，如果一个算法得花上好几年才能得出结论，那大数据的价值也就无从说起了。

（3）预测性分析能力（Predictive Analytic Capabilities）：大数据分析最重要的应用领域之一就是预测性分析，从大数据中挖掘出特点，通过科学地建立模型，之后便可以通过模型带入新的数据，从而预测未来的数据。

（4）语义引擎（Semantic Engines）：大数据分析广泛应用于网络数据挖掘，可从用户的搜索关键词、标签关键词、或其他输入语义，分析、判断用户需求，从而实现更好的用户体验和广告匹配。

（5）数据质量和数据管理（Data Quality and Master Data Management）：大数据分析离不开数据质量和数据管理，高质量的数据和有效的数据管理，无论是在学术研究还是在商业应用领域，都能够保证分析结果的真实和有价值。

大数据分析的基础主要包括以上五个方面，当然更加深入大数据分析的话，还有很多很多更加有特点、更加深入、更加专业的大数据分析方法。

### 10.3.2 “数据”为主的主题分析

大数据带给企业的不再是精挑细选的代表性样本，而是所谓的“全体”数据，是一种不可避免的混杂性数据，也是大数据分析的标准数据基础。面对企业极为关注的一些分析主题，如何组织数据、抽取数据、处理数据也需要全新的思维方法。从大数据的应用方法论来看，不是按照“从数据到信息再到知识和智慧”的研究思路，而是“从数据直接到价值”。相比传统的数据挖掘，大数据应用分析更侧重对数据的理解和数据的组织，而非分析算法的设计与优化。因此，全面剖析制造企业数据基础、数据来源、数据层级、数据内在关系，从一个个孤立的数据集合和分散的数据链接中，寻找其共性的、数据网络化的整体特征，是完成制造企业大数据业务分析应用的关键工作。侧重“数据”理解而非分析“算法”，是企业实现各项主题分析的重要技术路线。

大数据带给企业的一个冲击就是企业运营“透明化”，企业被置身于社会化的网络生态环境下。围绕企业风险预警分析主题以及供应链优化分析主题，企业数据分析将抓取所处产业、目标竞争企业、供应商、销售商、服务商等产业链上下游企业的外部数据，集成其开放的内部信息系统数据，依托大数据技术的实时分析能力以及协同优化方法、预测性分析算法等，实现上下游企业的响应式供应链实时协同分析、企业及产业风险预警分析决策任务等。

以企业数据关系网络分析的技术思路，是从数据研究对象、数据类型、数据关联关系、数据谱系、数据相互作用机理等不同层面、不同视角，按照“数据化”而非“数字化”的思维，寻找支撑各项主题分析的数据脉络，设计主题分析所需的数据样本。通过对数据的深入剖析和理解，简化数据分析技术、算法与流程，以全新的方法完成大数据环境下的业务分析与应用。

图 10.3 从企业分析对象这一层面，初步展示了分析对象所涉及的繁杂数据，以及可能产生的关联影响和催生的分析场景。

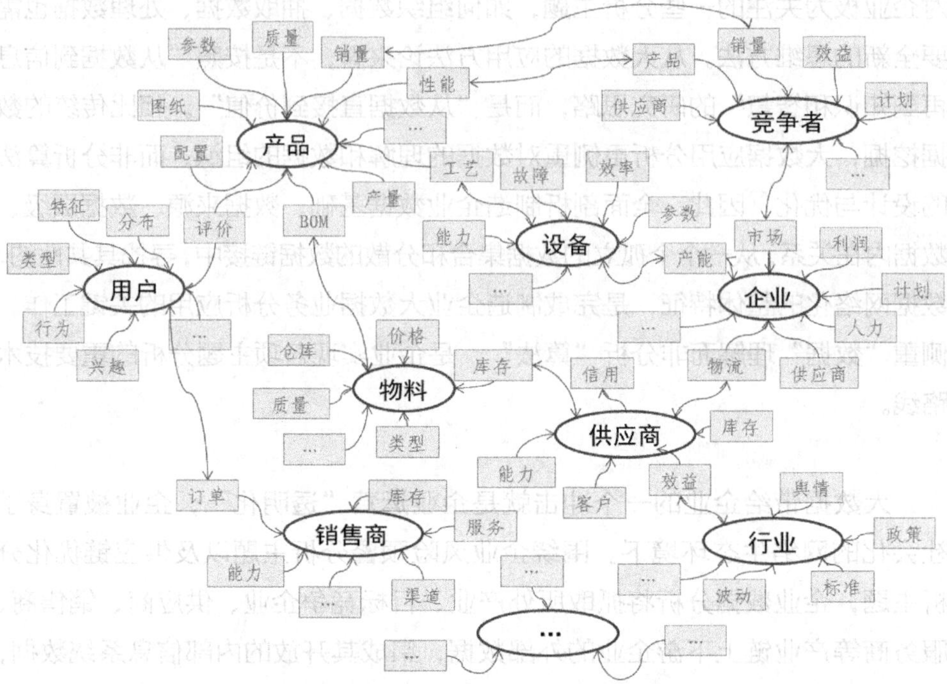


图 10.3 从分析对象层面展示的数据关系网络示意图

大数据带给企业直接的冲击是企业更容易触摸到用户，更容易与用户直接对话。与用户的零距离，使得制造企业更加清晰产品研发方向，更易于实现产品创新。用户无隐私地暴露在商业力量面前，更利于企业实现个性化的精准营销与主动式的售后服务和实时服务。因此，企业数据分析将以用户驱动的思路，开展围绕产品、企业、工艺、营销等一系列主题分析。

整个分析路线图见图 10.4。

用户分析作为整个应用的龙头环节，企业数据分析将以企业外部数据（电商、社交、搜索、资讯等）为主，以企业 CRM 等系统数据为辅，采用分类 / 聚类、语义分析、关联分析、特征提取等技术和手段，分析、获得企业目标用户的群体分类、群体属性特征，从用户群体类型、分布、结构、特征等多个层面，准确锁定目标用户群体。在确定群体的基础上，着重围绕用户行为以及兴趣谱图，全面剖析出用户的消费需求、购买动机、产品偏好、消费渐进趋势、产品满意度、地域性消费特征等，形成目标用户群体的“数据影像”，从而驱动产品设计、企业经营、制造、营销等后续主题分析工作。

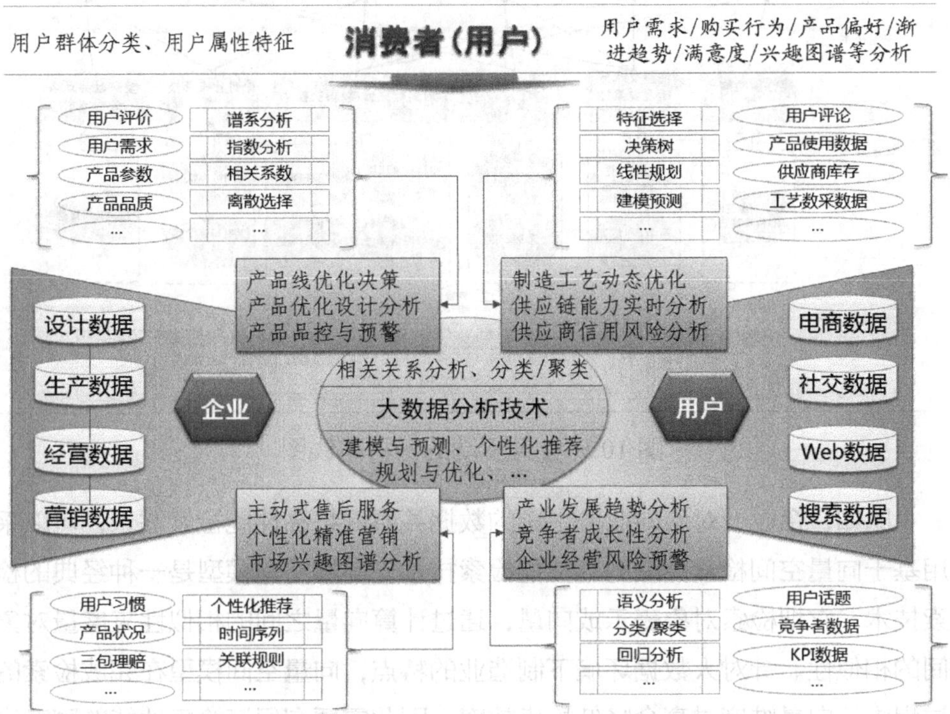


图 10.4　用户驱动的业务分析路线图

### 10.3.3 “业务”驱动的分析

借助于大数据分析，企业可以执行很多有价值的分析。这些往往需要同时利用以机器学习为基础的数据挖掘算法和以统计学为基础的统计分析算法，从发现规律和发现价值两个维度发现大数据的价值。但是，仅有技术是不够的，毕竟企业人员并非专业的数据专家或者算法专家，企业大数据分析还是需要从业务出发，根据业务需要定制分析内容，在基本的算法和分析技术基础上，通过定制分析模型，实现业务驱动的分析（图 10.5）。

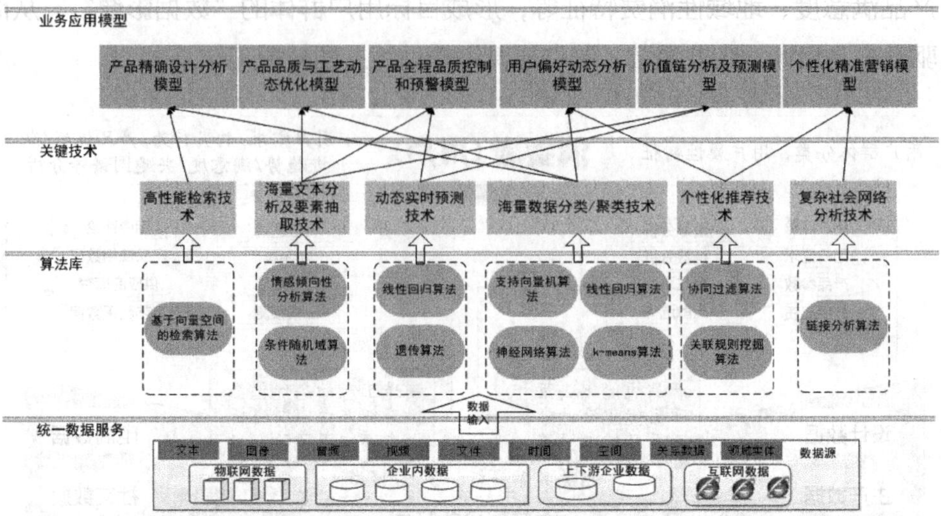


图 10.5 业务驱动的分析路线图

比如，企业针对面向业务主题的数据关系网络高性能检索需求，可以采用基于向量空间检索算法的高性能检索技术。向量空间模型是一种经典的检索技术，它把检索对象表示成向量，通过计算向量之间的相似性来度量对象间的相似性。针对大数据环境下制造业的特点，向量空间模型在完成检索的过程中，向量维度过高会降低检索效率，因此需要在保证检索性能的同时进行降维。利用特征变换和特征降维等算法解决检索的性能问题。在对象检索出来后，根据被检索对象的元数据，计算依赖和关联的数据，最后将检索到的数据以数据关系网络展现给用户。

制造业产品及用户需求具有复杂多样性，海量数据中存在大量的关联，并交织成复杂网络，如果使用传统网络分析方法，计算量大、耗时长，难以针对用户群体提供精准的个性化服务。使用复杂社会网络分析技术和研究成果，在链接分析算法基础上进行优化，能够提高关联规则挖掘的效率，保证在大数据条件下依然能够在用户可以接受的时间内发现有价值的关联规则。

传统技术只考虑产品局部数据，难以满足预测分析未来趋势的需求。通过优化线性回归算法和遗传算法等算法和动态实时预测技术，可以综合产品的各方面数据，实现对产品未来趋势的实时预测，再结合遗传算法对计算过程进行动态优化。这样的新技术可以支撑安全、统一、高效、协同的全产业链质量控制体系和风险预警模型。

## 10.4 数据可视化

大数据时代的到来，使人类第一次有机会和条件在非常多的领域和非常深入的层次获得和使用全面数据、完整数据和系统数据，深入探索现实世界的规律，获取过去不可能获取的知识，得到过去无法实现的商机。而洞察本质、揭示规律，离不开大数据处理的最后一环——数据可视化。

### 10.4.1 企业数据可视化的需求

数据可视化旨在借助于图形化手段，清晰有效地传达与沟通信息。可视化是数据处理的有效组成，其最高境界是有效地传达思想观念，同时兼顾美学形式与功能，通过直观地传达数据的关键方面与特征，实现对那些稀疏而又复杂的数据集的深入洞察。数据可视化需要依据数据及其内在模式和关系，同时要利用计算机生成的图像来获得深入认识和知识，核心是利用人类感觉系统的广阔带宽来操纵和解释错综复杂的过程、涉及不同学科领域的数据集以及来源多样的大型抽象数据集合的模拟。

企业的生产线处于高速运转状态，由工业设备所产生、采集和处理的数据量远大于企业中计算机和人工产生的数据，对数据的实时性要求也更高。破解这些大数据就是企业在新一轮制造革命中赢得竞争力的武器。工业生产可视化是将虚拟现实技术有机融入工业监控系统，系统展现界面，以生产厂房的仿真场景为基础，对各个工段、重要设备的形态都进行复原，作业流转状态可以在厂房视图中直接显示。

在工业生产中，数据可视化是商务智能系统的前端，负责与决策者进行交互，是一个实现了数据浏览和分析等操作功能的可视化、交互式的应用。其对于决策者获取决策依据、进行科学的数据分析，辅助决策人员进行科学决策十分重要。当前的商务智能可视化不再是单纯精美的设计，其核心目的是厘清展现数据的逻辑关系，将后台数据与前端呈现系统完美对接。然而，商务智能又需要精美的设计，简单的数据显示方式对于高层的高效决策要求以及企业的信息化成果展示要求是相去甚远的。数据可视化的多视图整合，探索不同维度的数据关系，并且所有数据视图是交互联动的，可以从多个不同角度去分析数据，进而实现所有数据联动，有利于提高商务智能水平。在宝洁（P&G）公司的会议室里，可供 16 人就座的椭圆形会议桌前有一面高 8 英尺、宽 32 英尺的幕墙（图 10.6），被称作业务水晶球（Business Sphere）。这面墙由两块凹形的屏幕组成，是一个实时显示系统，每次开会时用到的各种纷繁复杂的经营数据、关键绩效指标等都会在上面以图形或者表格的形式，用不同颜色直观地呈现，包括销售量、市场份额、支出等可视化数据，参加视频会议的每个人都能看到同样的数据。过去几年，宝洁公司在全球增加部署了 50 个业务水晶球，让更多员工能够使用这个系统。

图 10.6　宝洁（P&G）公司的视频会议系统与业务水晶球[29]

### 10.4.2 常用的数据可视化形式与工具

企业大数据分析中对可视化的应用要坚持两个原则，从业务洞察需求出发，同时熟练掌握各种可视化手段，特别是新兴的可视化技术，往往可以得到原来忽略的、隐藏在数据背后的知识，帮助企业从信息中提取知识、从知识中收获价值。

常用的数据可视化形式有面积与尺寸可视化、颜色可视化、图形可视化、地域空间可视化与概念可视化这五种[30]。

（1）面积与尺寸可视化：对同一类图形（如柱状、圆环和蜘蛛图等）的长度、高度或面积加以区别，来清晰地表达不同指标对应的指标值之间的对比。这种方法会让用户对数据及其之间的对比一目了然。制作这类数据可视化图形时，要用数学公式计算，来表达准确的尺度和比例。

（2）颜色可视化：通过颜色的深浅来表达指标值的强弱和大小，是数据可视化设计的常用方法，用户一眼看去便可从整体看出哪部分指标的数据值更突出。

（3）图形可视化：在设计指标及数据时，使用有对应实际含义的图形来结合呈现，会使数据图表更加生动地被展现，更便于用户理解图表要表达的主题。

（4）地域空间可视化：当指标数据要表达的主题跟地域有关联时，一般会选择用地图为大背景。这样用户可以直观了解整体的数据情况，同时也可以根据地理位置快速定位到某一地区来查看详细数据。

（5）概念可视化：通过将抽象的指标数据转换成熟悉的、容易感知的数据时，用户便更容易理解图形要表达的意义。

传统的数据可视化工具仅仅将数据加以组合，通过不同的展现方式提供给用户，用于发现数据之间的关联信息。近年来，随着云和大数据时代的到来，数据可视化产品已经不再满足于使用传统的数据可视化工具来对数据仓库中的数据抽取、归纳并简单地展现。新型的数据可视化产品必须满足互联网爆发的大数据需求，必须快速收集、筛选、分析、归纳、展现用户所需要的信息，并根据新增的数据进行实时更新。目前，业界已开发出大量可视化工具，表 10.1 中给出了 55 种常用的大数据可视化分析工具，并对其进行了简单的介绍。

表 10.1 55 种实用的大数据可视化分析工具[31]

| 序号 | 名称 | 介绍 |
|---|---|---|
| 1 | Excel | Excel 作为一个入门级工具，是快速分析数据的理想工具，也能创建供内部使用的数据图，但是颜色、线条和样式可选择的范围有限，这意味着用 Excel 很难制作出能符合专业出版物和网站需要的数据图 |
| 2 | Google Chart API | Google Chart 提供了一种非常完美的方式来可视化数据，提供了大量现成的图标类型，从简单的线图表到复杂的分层树地图等。它还内置了动画和用户交互控制 |
| 3 | D3 | D3（Data Driven Documents）是支持 SVG 渲染的另一种 JavaScript 库。但是 D3 能够提供大量线性图和条形图之外的复杂图表样式，如 Voronoi 图、树形图、圆形集群和单词云等 |
| 4 | R | R 语言是主要用于统计分析、绘图的语言和操作环境。虽然 R 主要用于统计分析或者开发统计相关的软件，但也可以用作矩阵计算。其分析速度可媲美 GNUOctave，甚至商业软件 MATLAB |
| 5 | Visual.ly | 如果需要制作信息图而不仅仅是数据可视化，Visual.ly 是最流行的一个选择 |
| 6 | Processing | Processing 是数据可视化的招牌工具。用户只需要编写一些简单的代码，然后编译成 Java 文件。Processing 可以在几乎所有平台上运行 |
| 7 | Leaflet | Leaflet 是一个开源的 JavaScript 库，用来开发便于移动应用的交互地图 |
| 8 | Openlayers | Openlayers 可能是所有地图库中可靠性最高的一个。虽然文档注释并不完善，且学习曲线非常陡峭，但是对于特定的任务来说，Openlayers 能够提供一些其他地图库没有的特殊工具 |

续表

| 序号 | 名称 | 介绍 |
| --- | --- | --- |
| 9 | PolyMaps | PolyMaps 是一个地图库，主要面向数据可视化用户。PolyMaps 在地图风格化方面有独到之处，有类似 CSS 样式表的选择器 |
| 10 | Charting Fonts | Charting Fonts 可以将符号字体与字体整合（把符号变成字体），创建出漂亮的矢量化图标 |
| 11 | Gephi | Gephi 是进行社会图谱数据可视化分析的工具，不但能处理大规模数据集，而且是一个可视化的网络探索平台，用于构建动态的、分层的数据图表 |
| 12 | CartoDB | CartoDB 是一个不可错过的网站，用 CartoDB 可以很轻易就把表格数据和地图关联起来，这方面 CartoDB 是最优秀的选择 |
| 13 | Weka | WeKa 作为一个公开的数据挖掘工作平台，集合了大量能承担数据挖掘任务的机器学习算法，包括对数据进行预处理、分类、回归、聚类、关联，以及在新的交互界面上进行可视化处理等 |
| 14 | NodeBox | NodeBox 是 OS X 上创建二维图形和可视化的应用程序，用户需要了解 Python 程序，NodeBox 与 Processing 类似，但没有 Processing 的互动功能 |
| 15 | Kartograph | Kartograph 不需要任何地图提供者，如 Google Maps，用来建立互动式地图，它由两个 libraries 组成，包括利用向量投影的 Python library 以及 post GIS，并将两者结合到 SVG 和 JavaScript library，再把这些 SVG 资料转变成互动性地图 |
| 16 | Modest Maps | Modest Maps 是一个很小的地图库，但在一些扩展库，如 Wax、Modest Maps 的配合下立刻会变成一个强大的地图工具 |
| 17 | Tangle | Tangle 是一个用来探索、播放和可以立即查看文档更新的交互工具 |
| 18 | Crossfilter | Crossfilter 既是图表，又是互动图形用户界面的小程序，当你调整一个图表中的输入范围时，其他关联图表的数据也会随之改变 |
| 19 | Raphael | Raphael 是创建图表和图形的 JavaScript 库，与其他库最大的不同是输出格式仅限于 SVG 和 VML |
| 20 | jsDraw2DX | jsDraw2DX 是一个标准的 JavaScript 库，用来创建任意类型的 SVG 交互式图形，可生成线、矩形、多边形、椭圆、弧线等图形 |

续表

| 序号 | 名称 | 介绍 |
| --- | --- | --- |
| 21 | Pizza Pie Charts | Pizza Pie Charts 是个响应式饼图图表，基于 Adobe Snap SVG 框架，通过 HTML 标记和 CSS 来替代 JavaScript 对象，更容易集成各种先进的技术 |
| 22 | Fusion Charts Suit XT | Fusion Charts Suit XT 是一款跨平台、跨浏览器的 JavaScript 图表组件，提供令人愉悦的 JavaScript 图表体验。它是最全面的图表解决方案，包含 90+ 图表类型和众多交互功能，包括 3D、各种仪表、工具提示、向下钻取、缩放和滚动等。它拥有完整的文档以及现成的演示，可以帮助用户快速创建图表。 |
| 23 | iCharts | iCharts 提供一个用于创建并呈现引人注目图表的托管解决方案。有许多不同种类的图表可供选择，每种都完全可定制，以适合网站的主题。iCharts 有交互元素，可以从 Google Doc、Excel 表单和其他来源中获取数据 |
| 24 | Modest Maps | Modest Maps 是一个轻量级、可扩展、可定制和免费的地图显示类库，这个类库帮助开发人员在自己的项目里与地图进行交互 |
| 25 | Raw | Raw 是非常流行的 D3.js 库开发，支持很多图表类型，如泡泡图、映射图、环图等。它可以使数据集选择、复制、粘贴、拖曳、删除于一体，并且允许定制示图和层次 |
| 26 | Springy | Springy 设计清凉并且简洁。它提供了一个抽象的图形处理和计算的布局，支持 Canvas、SVG、WebGL、HTML 元素 |
| 27 | Bonsai | Bonsai 使用 SVG 作为输出方式来生成图形和动画效果，拥有非常完整的图形处理 API，可以使用户更加方便地处理图形效果。它还支持渐变和过滤器（灰度、模糊、不透明度）等效果 |
| 28 | Cube | Cube 是一个开源的系统，用来可视化时间序列数据。它是基于 MongoDB、NodeJS 和 D3.js 开发的。用户可以使用它为内部仪表板构建实时可视化的仪表板指标 |
| 29 | Gantti | Gantti 是一个开源的 PHP 类，帮助用户即时生成 Gantti 图表。使用 Gantti 创建图表无须使用 JavaScript，是纯 HTML-CSS3 实现。图表的默认输出非常漂亮，且用户可以自定义样式进行输出（SASS 样式表） |
| 30 | Smoothie Charts | Smoothie Charts 是一个十分小的动态流数据图表库。通过推送一个 WebSocket 来显示实时数据流。Smoothie Charts 只支持 Chorme 和 Safari 浏览器，并且不支持刻印文字或饼图，但它很擅长显示流媒体数据 |

续表

| 序号 | 名称 | 介绍 |
|---|---|---|
| 31 | Flot | Flot 是一个优秀的线框图表库，支持所有支持 canvas 的浏览器（目前主流的浏览器如火狐、IE、Chrome 等都支持） |
| 32 | Tableau Public | Tableau Public 是一款桌面可视化工具，用户可以创建自己的数据可视化，并将交互性数据可视化结果发布到网页上 |
| 33 | Many Eyes | Many Eyes 是一个 Web 应用程序，用来创建、分享和讨论用户上传的图形数据 |
| 34 | Anychart | Anychart 是一个灵活的、基于 Flash/JavaScript（HTML5）的图表解决方案，跨浏览器、跨平台。除了图表功能外，它还有一款收费的交互式图表和仪表盘工具 |
| 35 | Dundas Chart | Dundas Chart 是处于行业领先地位的 NET 图表处理控件，于 2009 年被微软公司收购，微软公司将图表产品的一部分功能集成到 Visual Studio 中 |
| 36 | TimeFlow | TimeFlow Analytical Timeline 是一款时间线数据的视觉化工具，它提供四种不同的呈现方式：时间轴、日历、柱状图、表格等 |
| 37 | Protovis | Protovis 是一个可视化 JavaScript 图表生成工具 |
| 38 | Choosel | Choosel 是可扩展的模块化 Google 网络工具框架，可用来创建基于网络的，整合了数据工作台和信息图表的可视化平台 |
| 39 | Zoho Reports | Zoho Reports 支持丰富的功能，帮助不同的用户解决各种个性化需求，支持 SQL 查询、类似 Excel 表格界面等 |
| 40 | Quantum GIS（QDIS） | Quantum GIS（QDIS）是一个用户界面友好、开源代码的 GIS 客户端程序，支持数据的可视化、管理、编辑与分析和印刷地图的制作 |
| 41 | NodeXL | NodeXL 的主要功能是社交网络可视化 |
| 42 | OpenStreet Map | OpenStreetMap 是一个世界地图，可以由普通人构筑，并可依据开放协议自由使用 |
| 43 | OpenHeatMap | OpenHeatMap 简单易用，用户可以用它上传数据、创建地图、交流信息。它可以把数据（如 Google Spreadsheet 的表单）转化为交互式的地图应用，并在网上分享 |
| 44 | Circos | Circos 最初主要用于基因组序列相关数据的可视化，目前已应用于多个领域，例如，影视作品中的人物关系分析，物流公司的订单来源和流向分析等，大多数关系型数据都可以尝试用 Circos 来可视化 |

续表

| 序号 | 名称 | 介绍 |
|---|---|---|
| 45 | Impure | Impure 是一个可视化编程语言，旨在收集、处理可视化信息 |
| 46 | Polymaps | Polymaps 是一个基于矢量和 tile 创建的动态、交互式的动态地图 |
| 47 | Rickshaw | Rickshaw 是一个基于 D3.JS 来创建的交互式的时间序列图表库 |
| 48 | Sigma.js | Sigma.js 是一个开源的轻量级库，用来显示交互式的静态和动态图表 |
| 49 | Timeline | Timeline 即时间轴，用户通过这个工具可以一目了然地知道自己在何时做了什么 |
| 50 | BirdEye | BirdEye 是一个开源的 Adobe Flex 图表制作组件。用于创建多维数据分析可视化界面 |
| 51 | Arbor.Js | Arbor.Js 是一个利用 Web workers 和 jQuery 创建的数据图形可视化 JavaScript 框架。它为图形组织和屏幕刷新处理提供了一个高效、力导向的布局算法 |
| 52 | Highchart.js | Highchart.js 是单纯由 JavaScript 所写的图表样式库，提供简单的方法来增加互动性图表，用于表达网站或网站应用程序。目前它能支持折线图、样条函数图 |
| 53 | Paper.js | Paper.js 是一个开源向量图表叙述架构，能够在 HTML5 Canvas 中运行，对于初学者来说它是很容易学习的，但它也有很多专业功能可以提供给中级及高级使用者 |
| 54 | Visualize Free | Visualize Free 是一个托管工具，它允许用户使用公用数据，或上传自己的数据，来制作交互式图序，以展示数据 |
| 55 | GeoCommons | GeoCommons 可以使用户构建富交互可视化应用来解决问题，即使他们没有任何传统地图使用经验。你可以将实际社会化数据或者 GeoCommons 保存的超 5 万份开源数据在地图上可视化，创造带交互的可视化分析作品，并将作品嵌入网站、博客或分享到社交网络上 |

### 10.4.3 企业级数据可视化应用

据 IT168 的调查[32]，SAP、IBM 和 SAS 是用户使用数据可视化最多的三个品牌。40% 的用户认为 Tableau 是数据可视化领域的领导者。

我们来玩个几个看图说话的游戏[33]，看一看 Tableau 公司数据可视化的价值。

（1）打算将您的业务拓展到海外？

世界 GDP 和商业仪表板提供了世界 GDP、经商容易程度和国际贸易的概览（图 10.7）。通过研究这些因素以及企业业务的本质，可以更好地决定应在哪里拓展业务。

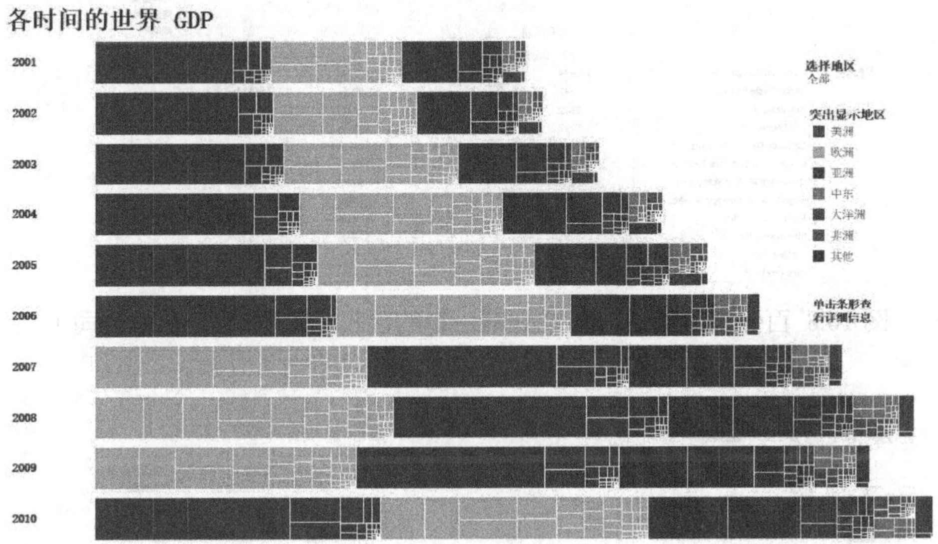


图 10.7 世界 GDP 和商业仪表板（来源：Tableau 公司）

（2）并非所有科技公司都能以火箭般的速度发展。

图 10.8 以百强上市科技公司成立的第一年为基准，显示了其营收变化情况。浏览这些数据可发现许多熟悉的公司。分析可以看到，在几年或更短时间内，各家公司（甚至是最成功的公司）都未能实现 5000 万美元的收入。

（3）如何有效跟踪盈利能力和运输这两大关键绩效指标？

盈利能力和客户服务是企业成功的两个最重要的方面。图 10.9 提供了两个仪表板——盈利能力和运输 KPI，通过它们可以有效跟踪盈利能力和运输关键绩效指标。

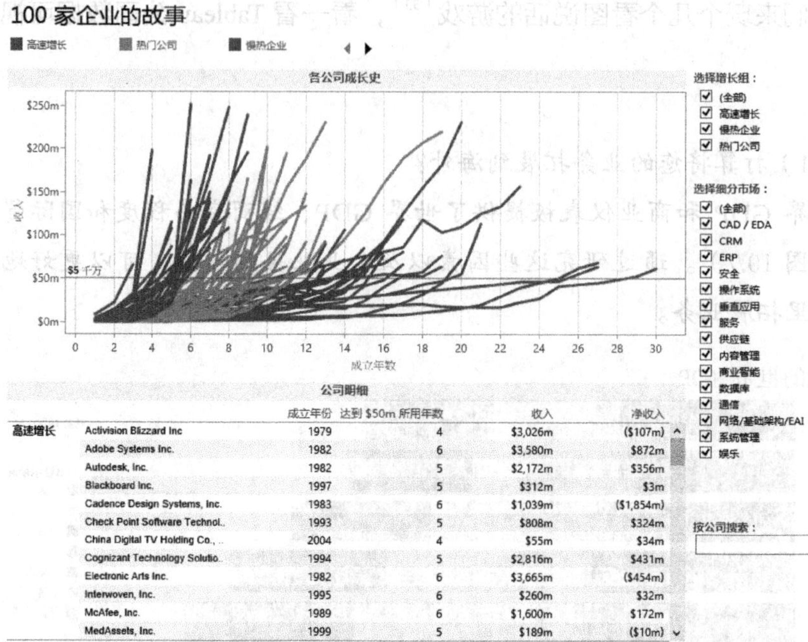


图 10.8 百强上市科技公司成立第一年的营收（来源：Tableau 公司）

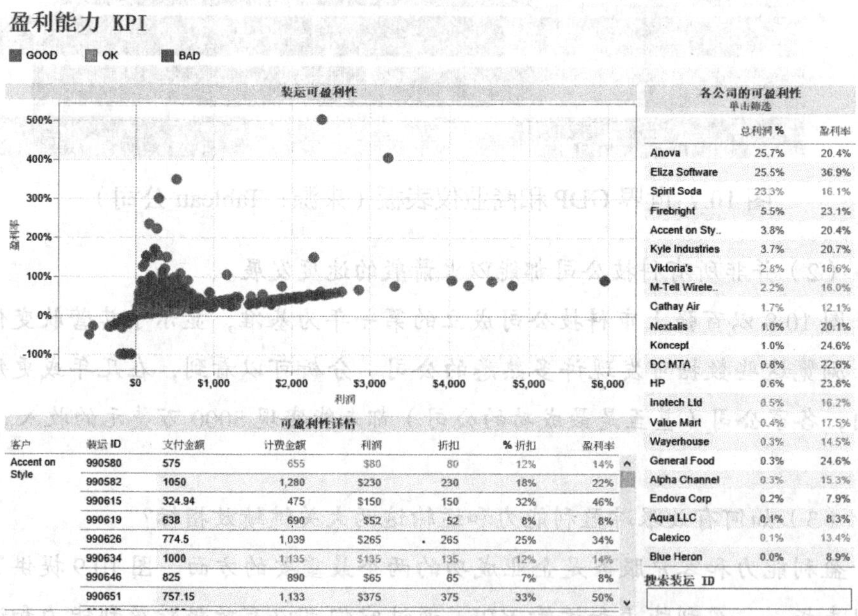


图 10.9 盈利能力和运输 KPI（来源：Tableau 公司）

（4）如何根据各种因素预测销售额？

使用销售额预测假设分析模型，可以根据计划业务增长和计划流失率的预计值预测销售额（图 10.10）。当预测因素［也就是本例中的业务增长（Business Growth）和流失率（Churn Rate）］变化时，即可获得更新的销售额预测。

2013年美国销售预测（包括小型企业）

计划业务增长：20%　　计划流失率：4.0%　　预测销售总额 $2.60M　　预测单位 39.6K

| | | | 1季 | | | 2季 | | | 3季 | | | 4季 | | |
|---|---|---|---|---|---|---|---|---|---|---|---|---|---|---|
| | | | 一月 | 二月 | 三月 | 四月 | 五月 | 六月 | 七月 | 八月 | 九月 | 十月 | 十一月 | 十二月 |
| 中部 | 消费者 | 销售 | $10.7K | $1.0K | $6.0K | $1.8K | $3.8K | $4.7K | $15.8K | $47.7K | $25.6K | $11.8K | $12.6K | $10.5K |
| | | 单位 | 207 | 46 | 162 | 35 | 111 | 253 | 267 | 620 | 529 | 302 | 173 | 240 |
| | 公司 | 销售 | $18.5K | $10.1K | $19.1K | $33.6K | $61.3K | $30.4K | $23.1K | $18.5K | $59.9K | $36.3K | $78.5K | $54.2K |
| | | 单位 | 296 | 150 | 311 | 299 | 546 | 344 | 423 | 502 | 759 | 647 | 634 | 551 |
| | 家庭办公 | 销售 | $23.2K | $19.8K | $22.2K | $4.6K | $19.5K | $3.6K | $7.1K | $28.8K | $24.6K | $53.4K | $49.4K | $20.9K |
| | | 单位 | 308 | 200 | 329 | 134 | 380 | 143 | 300 | 711 | 310 | 390 | 990 | 745 |
| 东部 | 消费者 | 销售 | $4.3K | $19.0K | $3.5K | $12.6K | $11.5K | $3.7K | $23.4K | $7.3K | $13.4K | $19.4K | $11.2K | $13.9K |
| | | 单位 | 33 | 164 | 42 | 114 | 165 | 152 | 370 | 106 | 293 | 454 | 183 | 109 |
| | 公司 | 销售 | $46.7K | $4.7K | $17.3K | $10.2K | $22.8K | $15.3K | $10.9K | $18.1K | $33.6K | $71.2K | $22.2K | $74.4K |
| | | 单位 | 290 | 178 | 195 | 202 | 297 | 280 | 186 | 348 | 801 | 637 | 585 | 729 |
| | 家庭办公 | 销售 | $10.0K | $4.7K | $7.7K | $8.6K | $12.1K | $31.6K | $22.0K | $11.6K | $19.7K | $8.5K | $13.3K | $2.4K |
| | | 单位 | 90 | 91 | 73 | 128 | 173 | 273 | 232 | 263 | 434 | 200 | 338 | 104 |
| 南部 | 消费者 | 销售 | $0.9K | $8.4K | $4.1K | $10.7K | $13.9K | $4.6K | $5.9K | $9.3K | $11.6K | $17.5K | $10.2K | $4.1K |
| | | 单位 | 50 | 121 | 70 | 90 | 100 | 138 | 148 | 218 | 186 | 134 | 247 | 82 |
| | 公司 | 销售 | $15.7K | $15.9K | $15.0K | $2.4K | $32.4K | $9.4K | $12.2K | $19.1K | $26.5K | $36.3K | $6.2K | $21.0K |
| | | 单位 | 215 | 220 | 116 | 83 | 295 | 127 | 281 | 413 | 393 | 493 | 365 | 181 |
| | 家庭办公 | 销售 | $10.1K | $1.8K | $6.8K | $5.3K | $8.1K | $11.1K | $7.8K | $6.0K | $11.0K | $21.8K | $25.1K | $22.6K |
| | | 单位 | 140 | 31 | 154 | 161 | 178 | 112 | 157 | 140 | 221 | 319 | 214 | 287 |
| 西部 | 消费者 | 销售 | $5.2K | $53.2K | $12.9K | $22.7K | $5.4K | $9.5K | $20.3K | $16.9K | $6.6K | $59.8K | $14.0K | $2.1K |
| | | 单位 | 88 | 226 | 176 | 274 | 143 | 183 | 288 | 309 | 215 | 531 | 460 | 72 |
| | 公司 | 销售 | $40.4K | $14.9K | $25.6K | $15.4K | $7.5K | $9.4K | $8.6K | $30.2K | $32.0K | $15.7K | $21.4K | $37.5K |
| | | 单位 | 289 | 215 | 249 | 206 | 156 | 142 | 147 | 528 | 429 | 210 | 595 | 554 |
| | 家庭办公 | 销售 | $10.5K | $2.0K | $3.6K | $9.5K | $16.9K | $19.6K | $10.3K | $11.9K | $3.7K | $10.3K | $33.6K | $9.7K |
| | | 单位 | 172 | 77 | 175 | 142 | 488 | 485 | 269 | 264 | 316 | 283 | 316 | 388 |

可视摘要

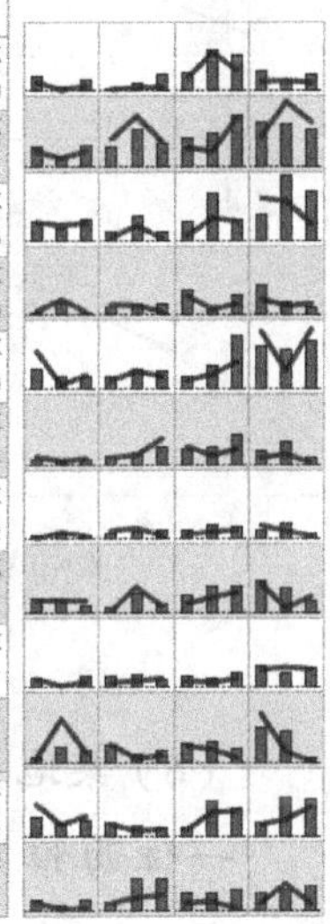

注：1. 通过选择增长变量和流失变量来建立销售额预测模型。
2. 此预测是基于20%的业务增长率和4.0%的客户流失率。

图 10.10 销售额预测（来源：Tableau 公司）

（5）哪些因素与总体满意度高评分有关？

调查满意度这张分析视图使用的调查包含 1~10 的评分，其中 10 分为最高（图 10.11）。这张视图显示的小型复式图将多个不同用户分段的总体满意度评分、机构专业知识评分和推荐可能性评分关联起来。每个圆表示根据行业、工作职能、性别和产品的组合定义的用户分段；大小是该分段中用户的数量。大多数情况下，很明显，用户使用产品的时间越长，评分就越高。但是正如图片注释所指出的，机构专业知识与满意度或推荐可能性几乎没有关联。

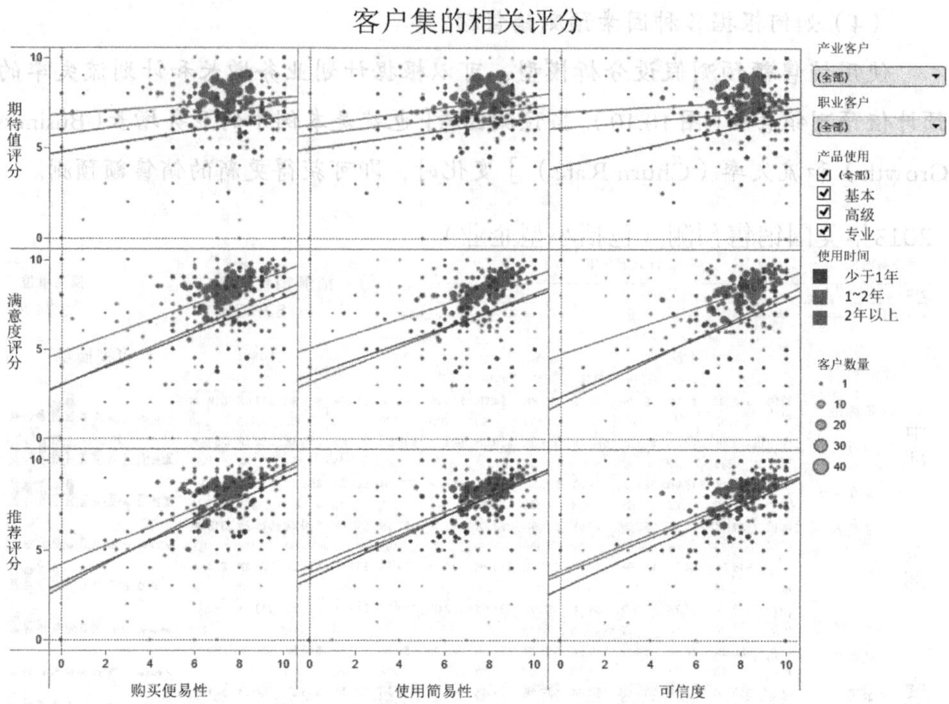


图 10.11 调查满意度（来源：Tableau 公司）

（6）某地房地产价格走势如何?

一位西雅图博客用户对当地房地产价格数据进行了可视化处理（图 10.12）。此仪表板包含截至 2009 年 4 月的数据，左侧显示当地各县房地产市场的规模，右侧显示总体供给和价格。在第二个仪表板上，可以查看有关房源、销售和历史库存趋势的信息。

（7）选一辆适合自己驾驶习惯的车。

2008 年，旧金山 1 加仑普通级汽油的成本在最低 1.75 美元（12 月 15 日）到最高 4.56 美元（6 月 23 日）之间波动。面对如此大幅度的价格波动，用户无法预算每天去公司上下班的燃油成本。当油价超过 4.50 美元 / 加仑时，高昂的油价使用户甚至连“预算”这样的字眼都不敢用。解决这个问题的办法是找一辆在行程和适合地形方面适合用户驾驶习惯的车。哪种车最适合每天走高速公路上下班？ 哪种车最适合在傍晚或周末在市区驾驶？ 哪种车既省油，又够动力爬上旧金山的那些小山？ 最重要的是，哪种车适合用户的自我

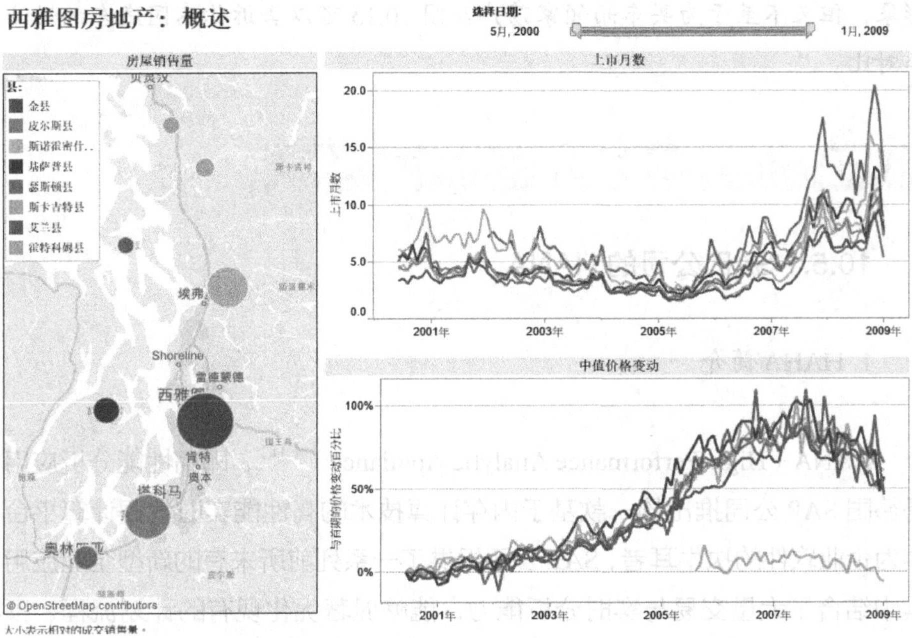


图 10.12　西雅图房地产价格数据（来源：Tableau 公司）

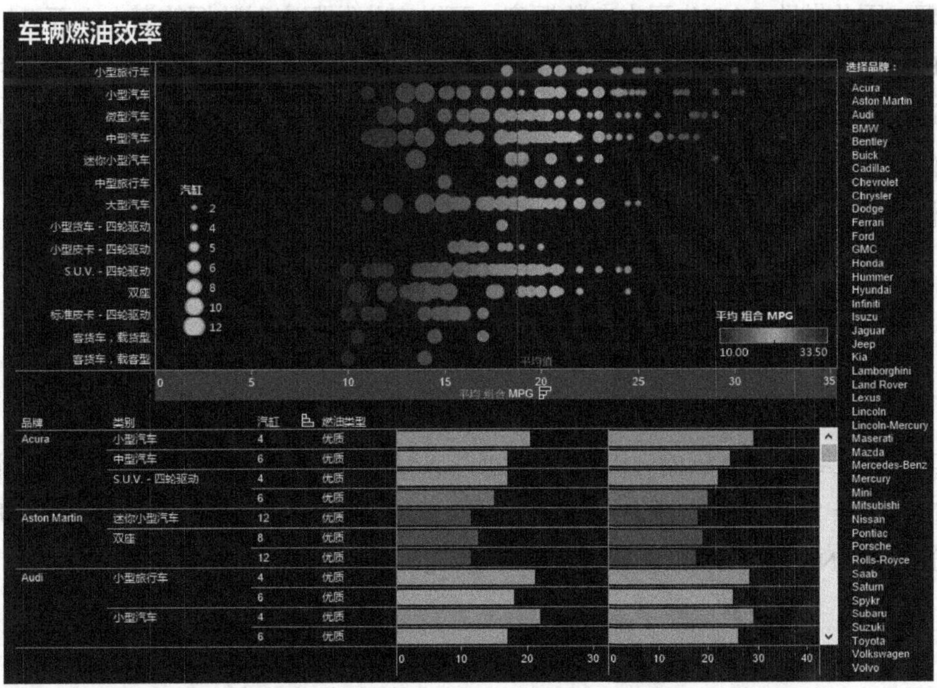


图 10.13　不同汽车的燃油效率（来源：Tableau 公司）

形象，但又不至于为买车而倾家荡产？图 10.13 可以告诉你不同汽车的燃油效率对比。

## 10.5 主流企业大数据处理平台介绍

### 10.5.1 SAP 公司的 HANA

1. HAHA 简介

HANA（High-Performance Analytic Appliance）[34]，即高性能分析应用，是德国 SAP 公司推出的一款基于内存计算技术的高性能实时数据计算平台。作为企业软件的执牛耳者，SAP 公司提供了一系列前所未有的新型企业应用，其中结合了大量交易与实时分析能力，能够显著优化现有的计划流程、预测流程、定价优化流程等数据密集型流程。比如，SAP 公司内存数据库采用了改进的数据压缩、多栏式数据存储和内存计算技术，支持新一代企业数据管理，因此借助 SAP 公司内存数据库，可以充分发挥实时数据的潜力。而 SAP HANA 作为一款灵活、多用途且与数据源无关的内存工具，整合了通过硬件进行优化的 SAP 软件组件，使得基于 SAP 内存工具的创新型业务分析功能可使企业获得洞察力。借助 SAP HANA，企业能够根据大量实时的详细信息分析业务运营状况。

2.HANA 架构与核心技术

图 10.14 比较直观地展示了 HANA 的软件架构。HANA 是一个平台，其最下层是 SAP ECC、BW 及其他非 SAP 数据源，通过 Data Services 和 Modeling Studio 把数据导入 HANA，通过 Replication Services 写到磁盘，再通过 HANA 计算引擎处理数据插入和查询等操作。

HAHA 提供了以下核心技术：

（1）为联机事务处理（OLTP）和联机分析处理（OLAP）构建单一环境：SAP HANA 平台既可以为 OLAP 应用提供列存储，实现读取优化性能；又能为 OLTP 应用（如 SAP® 360 客户解决方案）提供行存储，实现写入优化性能。

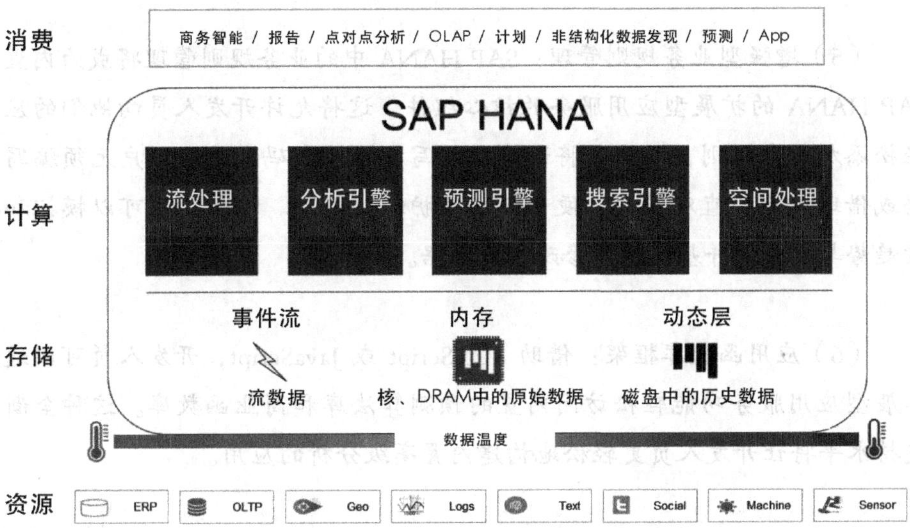


图 10.14　SAP HANA 分析平台[35]

（2）基于自然语言的文本分析：通过自然语言处理扩展高级文本搜索，企业可在 SAP HANA 中处理文本和社会情感数据，进而筛选文件，确定实体并用 31 种语言进行情感分析。

（3）为 SAP HANA 扩展预测性分析：SAP HANA 将继续扩展内置的预测性算法，支持企业通过聚类分析识别和保留盈利的客户，提高升级销售的机会并检测欺诈行为。SAP HANA SPS5 的全新预测性分析库功能将包括分类、聚类、异常检测和数据准备算法。此外，SAP HANA 还支持预测模型标记语言（PMML），可以实现预测模型的集成和共享。SAP HANA 内存数据库引擎中内置的预测功能，将支持开发人员、合作伙伴和客户在平台上继续开发功能强大和快速预测的应用。

（4）为 SAP HANA 扩展应用服务：SAP HANA 中全新的扩展型应用服务将提供本地应用服务器功能，帮助开发人员使用 HTML5、Javascript、

SQLScript、XML/A、JSON 和 ODATA 直接在 SAP HANA 平台上快速开发和部署 2 层和 2½ 层应用。此外，这些服务支持基于设备的应用或其他应用服务器的使用。

（5）增强型业务规则管理：SAP HANA 中的业务规则管理将成为内置于 SAP HANA 的扩展型应用服务的核心组件。这将允许开发人员向他们的应用轻松添加业务规则，而无须将这些规则写入软件代码。最终用户无须编写代码或借助简单的直观界面，便可轻松维护这些规则。该功能还可以模拟和探索趋势与模式，并基于操作修改物理数据。

（6）应用函数库框架：借助 SQLScript 或 JavaScript，开发人员可以通过扩展型应用服务功能轻松访问内置的预测算法库和商业函数库。这种全新的支持水平将让开发人员更轻松地构建内置高级分析的应用。

（7）实时流数据处理支持：借助 SAP® Sybase® Event Stream Processor（SAP Sybase ESP），企业将能够实时处理由机器、金融交易所和大型网站产生的高速流数据，进而识别影响业务的重大事件。企业能够将 SAP Sybase ESP 识别的事件直接、有效、高速地存储到 SAP HANA 中，实现存储和进一步分析。此外，SAP Sybase ESP 可以利用 SAP HANA 的实时分析功能，在 SAP HANA 中对深层次的多源数据评估复杂的决策。

（8）高性能批量加载：借助 SAP® Data Services 软件，企业可以将各种新数据源（包括 Hadoop）的数据批量加载到 SAP HANA 或 SAP Sybase IQ。

（9）通用建模环境：通过 SAP® Sybase® PowerDesigner 为跨数据存储提供通用建模环境，可以支持企业摆脱数据存储位置的限制，开发合理的信息视图。

（10）增强型数据归档用户界面：借助 SAP® Information Steward 软件，业务用户可以摆脱数据存储位置的限制，在整个企业范围内将元数据作为业务术语进行管理，监控数据质量记分卡并发现数据质量问题。

3. HANA 的功能

HANA 不是一个数据仓库，而是一个平台，用户可以在这个平台上构建数据仓库或集市、报表和仪表盘等。

HANA 能做的，首先是作为内存数据库，提供数据插入、修改和高效的查询功能。SAP HANA 提供多用途的内存应用设备，企业可以利用它及时掌握业务运营情况，从而对所有可用的数据进行分析，并对快速变化的业务环境做出迅速响应。

通过 SAP HANA，企业可以在业务运作期间基于海量实时详细信息分析业务运营情况，可以探索和分析来源于所有数据源的全部交易数据和分析数据。运营数据在产生时由内存获取，并通过灵活的视图迅速将分析信息呈现给用户。外部数据可轻松的被添加至分析模型，与整个企业的数据进行整合。企业可以近乎实时地将主要交易表同步到内存中，以便在分析或查找时能够轻松对这些表进行访问。一旦数据可通过内存访问，各个部门就可以从预订单据、销售线索、服务要求等大量列表中查找单个行项目，而不会对运营系统造成任何影响。这种高效的建模流程支持提供明细行项目的直接访问模型以及更为复杂的分析流程的分析模型。

SAP HANA 提供从概念到分析的高效工作流。该工作流涵盖整个流程，从识别相关运营数据（将原始数据转化为相关信息）开始，到在模型中生成按语义分组的信息，最后是发布完成的模型。SAP HANA 与传统分析模型的主要区别在于摒弃了任何物质化的东西，即所有模型都是完全虚拟的，均基于基本的具体运营数据计算结果。这样，模型就能够被方便地修改。

SAP HANA 可以访问任何数据。当企业需要非 SAP 应用程序中的运营数据，或想在现有分析模型的基础上进行扩展时，任何数据源均可作为 SAP

HANA 的数据基础。使用 SAP BusinessObjects 数据服务组件，可以将非 SAP 运营数据加载到 SAP HANA 内存中，这样，企业就可以通过极其精简的流程创建一个特定业务情景的完整视图。

SAP HANA 添加了易用的建模经验来进一步提高业务用户的自主性。视图遵循语义规则，将原始运营数据转化成可以理解的信息，据此，业务用户可以在基于 Web 的建模环境中自主地创建新分析模型。

SAP BusinessObjects 的商务智能分析工具可以直接使用 SAP HANA 内存数据，使业务用户能够全面利用其所有高性能应用程序的洞察和分析功能。如果用户希望使用 Excel 或其他工具和应用程序进行数据分析，可以通过 MDX、SQL 等标准接口连接到 SAP HANA。

此外，SAP HANA 为现有应用程序、运营系统或其他业务应用程序提供标准接口。这意味着 SAP HANA 不会因为连接到现有数据源而打乱现有系统架构，并可轻松利用现有 BI 客户端。作为一款完备的实时分析解决方案，SAP HANA 可以帮助企业尽快获得收益。

### 10.5.2 通用电气公司的 Predix

1. Predix 简介[36]

Predix 是通用电气软件（GE Software）公司推出的针对整个工业领域的基础性系统平台，它可以广泛地应用在工业制造、能源、医疗等各个领域。Predix 旨在令各种物联网端点具备智能化。在 Predix 中，无论是结构化的还是非结构化数据，都被收集到能被分析工具连接的云端存储池里。不过，数据仅仅存起来是没有意义的，必须被分析才能产生价值。为此，GE Software 公司的数据科学家们正在开发分析引擎，能够分析由数学模型产生的数据，这些模型将推动预见性维护流程，比如决定应替换哪些部件，以避免预测外的停机等。2014 年，通用电气公司表示将于 2015 年向用户和开发商开放

Predix 平台（图 10.15）。

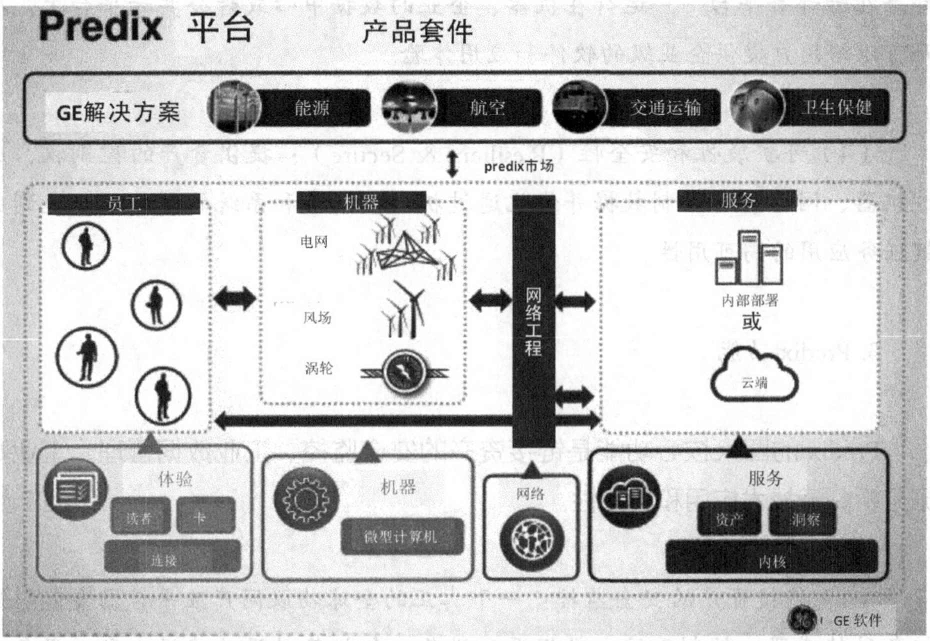


图 10.15 Predix 平台产品套件[37]

2. Predix 核心技术

Predix 核心技术有以下技术特点。

（1）以机器为中心（Machine-Centric）：Predix 可以很容易地将机器连接到工业互联网，将分析嵌入机器，让机器更智能和具有自我感知，并且能够在没有机械修改的情况下改进和升级机器软件。

（2）工业大数据（Industrial Big Data）：Predix 能够从大量机械数据中获取相应行为，实现从钢螺栓到智能工厂的资产管理，并在决策网络、分布式机器和数据上实时做出协调分析过程。

（3）现代的软件架构（Modern Architecture）：Predix 采用了现代的软件

架构，其大数据计算组成部分有Apache ™ Hadoop®， historians和graphX等，部署在云部署平台——运行在机器、企业的数据中心或者公共云平台上，从而可以给用户提供企业级的软件和应用体验。

（4）可扩展性和安全性（Resilient & Secure）：提供资产的控制权，通过机器、网络和云控制数据并优化通过机器、网络和系统的联系，以达到关键任务应用的高可用性。

3. Predix 功能

Predix的四大核心功能是链接资产的安全监控、工业数据管理、工业数据分析、云技术应用和移动性。

（1）连接资产的安全监控：一个真正的全球物联网产业平台需要能够连接各种传感器、控制系统、数据源和设备，包括基础设施建设、采矿设备、飞机发动机、医疗设备甚至政府系统。其中，有些是现代的，有些可能仍然需要进行数字化。Predix能够为大工业规模的应用提供安全的连接，可以与多台机器，不管是旧的还是新的，或来自不同供应商的，使用异构的数据和通信协议混合聚集的等都可以连接。

（2）工业数据管理：工业数据的规模、速度与多样性带来了很大的挑战。约80 %的分析项目通常涉及收集和准备数据。GE公司的工业数据的方法提供了快速访问所有类型的数据以及及时分析的能力，同时最小化存储和计算成本。从机器到工程再到企业，Predix都是符合成本效益的工业数据全生命周期管理优化方案。

（3）工业数据分析：没有分析的数据分文不值。从现有的数据分析组件和服务入手，企业可以获得一个良好的开端，并为其开发人员简化创建物联网应用的过程。Predix为开发者和数据科学家部署有效的分析提供服务。机器学习、启发式分析、物理建模和工程建模等预封装服务将推动更快、更准确的洞察力和远见。Predix 结合多年的洞察创建先进的机器，利用来自 GE 公司业务和合作伙伴的专业知识，帮助关键型物联网应用的实现。

（4）云技术应用移动性：Predix 集成了云和移动技术，使企业可以专注于创新。建立在 Predix 之上的应用程序可以几种不同的模式分发。平台支持构建响应式 Web 云应用，从智能手机平滑扩展到传统的应用程序，或者更现代的跨平台的浏览器应用程序。Predix 允许开发人员通过使用自动化和弹性的云计算简化应用的交付和使用，以更快地响应市场，提高敏捷性，并降低运营和资本支出。

Predix 的最终目标是创造一个“云操作系统”，使不同的公司能在上面控制数据的连接并托管第三方开发者的分析软件。Predix 将为开发者提供便利，开发者只需关注如何解决他们提出的目标，而无须关心如何获取以及连接数据。为了进一步推广 APM 方案，GE 公司还发布了 Predix 应用工厂（App Factory），用于快速开发建模、实现和部署工业互联网应用。为了帮助设备更好地运行，确保资产安全，目前 GE 公司每天监测和分析来自 1000 万个传感器的 5000 万项元数据，这些数据涉及的资产价值达万亿美元级。

GE 公司还宣布与软银公司、威瑞森公司和沃达丰公司建立新的联盟，以提供各种针对工业互联网解决方案而优化的无线连接方案。通过 AT&T 公司的全球网络和高度安全的云来连接设备和资产（如火车、轮船和飞机发动机等）。GE 公司与 AT&T 公司将继续推动创新，这些合作关系将使 GE 公司可以在任何地域为其工业客户提供先进的连接服务。

Predix 已经有了一些成功的应用。GE 公司为加拿大魁北克水电公司（Hydro Quebec）开发了一套基于 Predix 的分析系统。这套系统不仅从公司的电力网中收集数据，还从电力线附近的天气传感器，甚至树木生长趋势图等提取数据进行预测，因此它除了一般分析，还能预测如大风、树木倒下等意外事故。类似的分析系统还有收集铁道线和火车轨迹跟踪数据，以优化火车、地铁的维护时间，以避免发生出轨等意外。在这些案例中，许多设备并不总是在线，只有在特殊时刻才会连接到网络上。

E.ON 公司的 283 台风机通过配备 GE 公司的智能风驱软件（Wind PowerUp）增加了 4% 的输出电量。若考虑到环境和场地条件的影响，这一自定义软件平台可将风电场的输出电量增加 5%，这相当于每年增加 40kMW 的发电量，足以满足大约 4000 个美国家庭 1 年的用电。E.ON 公司北美董事长 Patrick Woodson 表示："E.ON 公司一直在创新，我们很高兴看到 GE 公司的 PowerUp 技术为我们部分已经最优的风力发电场打开了更大的发展空间。智能风驱解决方案代表了风电技术的进步，将使可再生能源在能源市场上更具竞争力。"

### 10.5.3 Pivotal

#### 1. Pivotal 简介

Pivotal 公司是由 GE 公司、EMC 公司和 VMware 公司三家虚拟化技术巨头联合设立的，专注于开源 PaaS 和大数据应用 Cloud Foundry、Greenplum 等业务的合资公司。Pivotal 公司开发大数据产品已经超过 25 年，客户遍及全球各行各业。现在，公司凭借在这一领域积累的丰富经验，进一步为客户提供开源产品选择，以加速其数据驱动型应用。

2015 年 2 月，Pivotal 公司宣布将其大数据套件的三个核心组件开源，即基于内存的分布式 NoSQL 数据库 GemFire、基于 Hadoop 架构的大规模并行 SQL 分析处理引擎 HAWQ、大规模并行处理分析数据库 Greenplum。同时，商业版本仍将继续提供更高级功能和商业支持服务。Pivotal 公司开源这三个核心组件最主要的原因是受其成功的 Cloud Foundry 开源案例所启发。Cloud Foundry 是 VMware 于 2011 年 4 月 12 日推出的业界第一个开源 PaaS 云平台，它支持多种框架、语言、运行时环境、云平台以及应用服务。同时，Pivotal 公司还宣布其将加入开放数据平台（Open Data Platform），这是一个目前已有 14 个公司组成的组织，包括 Hortonworks 公司、GE 公司、IBM 公司、威瑞森（Verizon）公司等，该组织主要提供 Hadoop 的企业版。

2. Pivotal 架构与核心技术

Pivotal 公司的大数据套件主要包括企业级 Hadoop 发行版 Pivotal HD、Greenplum、HAWQ、GemFire、开源分布式框架 Spring XD、K/V 数据库 Redis、消息队列 RabbitMQ、Cloud Foundry 上的大数据套件等。其中，Greenplum 和 GemFire 主要用来处理结构化数据，其他产品都用来处理非结构化数据。通过 HAWQ 能够将 Greenplum 与 Hadoop 分布式架构紧密地融合。整个套件将从大规模并行处理、内存计算以及 Hadoop 批处理三方面满足企业对大数据的需求（图 10.16）。

图 10.16 Pivotal 大数据套件架构[38]

Pivotal 公司贡献给业界的是一个开放的、全功能的内核，可以提供关键任务应用的伸缩性、先进的客户支持，针对要求苛刻的企业工作负载进行的性能优化，以及高级的运维工具。

目前，客户的关注点已经从存储数据转变为释放数据潜能，这就需要更加敏捷的数据使用方式。Pivotal 大数据套件也为客户提供了一种基于开源软件的、可以灵活地使用云技术来部署的敏捷的数据解决方案。

Pivotal BigData Suite 除了已提供的裸机、基于一体机以及虚拟化软件交付方式之外，现在还增加了对公有云、私有云及混合云的支持。此外，通过内置的 Pivotal CF 运行管理器，还可以将 Pivotal 大数据套件作为 PaaS 服务，将大数据的能力提供给基于 Pivotal Cloud Foundry 的应用。

企业管理联合公司（Enterprise Management Associates）研究总经理 John L Myers 表示："要成功实现物联网，就需要这类开放、敏捷、自适应型平台。Pivotal 能够整合开放系统、成熟技术和云交付方式，擅长用各种方法实现敏捷性，因此非常适合在不断变化的大数据及物联网领域创造价值。"

3. Pivotal 的功能

Pivotal 大数据套件是业界首套基于开源内核的企业级大数据产品。这个灵活的套件同时面向应用开发人员和数据分析师，将消除与大数据部署有关的各种障碍。企业现在可以灵活地部署数据湖，可以有强大的高级分析及数据科学工具，还可以有一套基本构件，支持在混合云环境中定制以数据为中心、横向扩展的应用。

Pivotal 大数据套件中包括以下几种最新的数据服务功能。

（1）Pivotal CF 上的 Pivotal 大数据套件（Pivotal Big Data Suite on Pivotal Cloud Foundry）：利用以领先的"开放云平台即服务"模式运行的应用，提供先进的数据服务功能。

（2）Spring XD：高可扩展性的开源分布式框架，面向数据获取、批处理以及数据分析流水线管理。

（3）Redis：领先的、可扩展的开源键值存储及数据结构服务器。

（4）RabbitMQ：领先的可扩展、开源、可靠、面向应用的消息队列。

（5）统一、开放的大数据使用方式。

值得一提的是，Pivotal 公司在中国有一个非常重要的客户——12306 铁路客票系统。12306 通过 Pivotal 公司的内存计算产品 GemFire 解决了高峰时期订票和余票查询的瓶颈，2015 年的春运期间创造了尖峰日页面访问量 297 亿、日售票量 564 万张的新纪录。

### 10.5.4 Splunk enterprise

1. Splunk Enterprise 简介[39]

Splunk Enterprise 是行业领先的运维智能平台。它的宣传口号是“既见森林，又见树木”（See the Forest and the Trees），这正反映了其可实时收集几乎所有来源或位置的任意机器生成的数据的特征。

IT 系统和技术基础设施，如网站、应用程序、服务器、网络、传感器、移动设备等，可生成大量机器数据。Splunk Enterprise 通过监测和分析客户点击流、交易、网络活动和呼叫记录等所有内容（图 10.17），将机器数据转化为有价值的见解。Splunk Enterprise 监测端到端基础设施，以避免服务水平下降或服务中断，它可以在几分钟内排除问题，调查安全事件，而不是数小时或几天，从而获得实时的客户体验、交易和行为可见性。

2. Splunk Enterprise 核心技术

（1）为任意数据建立索引：无论机器数据的格式如何、位于何处、包括

图 10.17 Splunk 从源头广泛收集机器数据[40]

各种日志、点击流数据、配置、传感器数据、网络上的线上数据、陷阱和告警、更改事件、诊断命令的输出、API 数据和消息队列，甚至自定义应用程序的多行日志，不需要预定义方案，几乎可对任何来源、格式或位置的数据建立索引。将 Splunk Enterprise 应用于数据中，通过直观的界面引导用户完成预览、载入和准备数据搜索与分析，随后即可用于问题排除、安全事件调查、网络监测、合规报告、业务分析或其他有价值的用途。

（2）搜索和调查：使用同一界面搜索实时和历史数据。使用熟悉的搜索命令来定义、限制或扩大搜索范围，并跨越多种数据源进行关联以揭示新的见解。不止如此，使用统计报表命令、更新交易次数、计算指标，可以在一个滚动时间窗内查找特定条件，并自动检测大量数据集的模式。搜索帮助还可以提供输入提示建议和上下文帮助，方便用户使用搜索处理语言（SPLTM）的所有优势。

（3）实时使用搜索结果：放大和缩小结果的时间区间，以快速揭示趋势、高峰和异常情况。只需点击即可立即获取搜索结果，轻松实现“大海捞针”。无论用户是排除工单故障问题、调查安全告警或仅是在查看数据，都可以在几分钟内得到答案。

（4）使数据更具意义：Splunk Enterprise 可自动从机器数据中提取知识。可通过标识、命名和标记字段和数据点添加更多知识和含义。甚至可以从外部资产管理数据库、配置管理系统和用户目录添加信息。轻松定义、描述底层机器数据关系以增强数据透视表界面功能的数据模型，用户无须掌握搜索语言即可构建有力的报表。

（5）关联复杂事件：Splunk Enterprise 搜索可轻松建立或查找看似无关事件或活动间的关系，可根据时间、外部数据、位置、子搜索或连接将机器数据关联，将相关事件确定为交易或会话，在报告和仪表板中可视化趋势和特征。

借助 Splunk Enterprise，用户可以跨多个不同数据源关联整个环境中的复杂事件，它所支持的关联类型包括以下几种。

①基于时间的关联，根据时间、接近度或距离确定关系。

②基于交易的关联：将一系列相关事件作为单个交易进行跟踪，以评测持续时间、状态或进行其他分析。

③子搜索：将一次搜索结果用于另一搜索中。

④查找：可将 Splunk Enterprise 以外的外部数据源的机器数据关联起来。

⑤连接：支持类似 SQL 的内容和外部连接。

将事件关联起来有助于从机器数据中获得更全面的分析和见解。

3. Splunk Enterprise 功能

（1）企业级可用性和扩展性：Splunk Enterprise 每天可收集数百 TB 数据并建立索引。由于源自数据的见解是任务关键型信息，Splunk Enterprise 群集和多站点群集技术可提供连续的可用性。无论停机的是一台服务器还是一个站点，用户都可以获得自己依赖的源自机器数据的关键见解。

自动负载均衡可优化工作负载和响应时间，并提供内置故障转移支持；开箱即用的报告和分析功能可快速提供数据见解。

（2）真正的数据平台：无论用户的数据位于传统数据库、数据仓库还是 Hadoop 中，Splunk Enterprise 都可以连接到用户的所有数据存储，让用户能够将机器数据与组织中的其他数据相连接，从而提供更强有力的见解。

Splunk DB Connect 可提供 Splunk 和传统关系数据库之间的集成，该集成可靠、可扩展且具有实时性。

Splunk Hadoop Connect 可提供双向集成，便于在 Splunk Enterprise 和 Hadoop 之间轻松、安全地移动数据。

ODBC 驱动程序能在 Splunk Enterprise 和诸如 Microsoft Excel 或 Tableau Desktop 等第三方可视化工具之间提供行业标准连接。

（3）实现从数据中心到云的可见性：Splunk Enterprise 分布式架构能让用户的搜索和报表跨越多个 Splunk Enterprise 部署，无论是在单个或多个站点的内部还是在云中。使用基于角色的访问权限，用户可以控制给定用户的搜索可跨越的范围，而与数据所在位置无关，可以从同一位置获取所需的数据可见性和智能。安全连接 Splunk Enterprise 安装仅需几分钟，这将允许用户设计出可管理的企业数据结构。

（4）提供基于角色的细化安全：Splunk Enterprise 采用稳健可靠的底层安全模型，提供安全数据处理、基于角色的访问控制、可审计性并确保数据完整性。每个 Splunk Enterprise 交易都需要验证，包括通过 Web 用户界面和命令行界面进行的用户活动以及通过 Splunk Enterprise API 进行的系统活动。可轻松定义按用户类型确定的用户角色和功能，并可轻松与符合 LDAP 的目录（如 Microsoft（r） Active Directory）集成，以遵守企业范围的安全策略并支持单点登录。基于角色的细化访问控制可保护对敏感机器数据的访问。

（5）监控和告警：将搜索转化为实时告警，通过电子邮件或 RSS 自动触发通知，执行修复操作，向系统管理控制台发送 SNMP 陷阱或在服务台生成工单。告警可基于各种阈值、趋势的条件和其他复杂搜索而触发。在出现告警时获得其他信息，协助用户更快进行根本原因分析并找到问题的解决方案。

（6）报告和分析：允许组织中的所有用户快速分析数据，构建报表、高级图形和图表了解重要趋势，创建高级可视化，汇总最大值和查看条件频率；通过新的预测性可视化预测高低值计划系统资源并预计工作负荷；数据透视表界面允许用户对机器数据进行操作并与之交互，以从头创建功能强大、信息丰富的报表，而无须学习搜索语言；保存报表并将其集成到仪表板中，且（或者）通过 PDF 与管理人员或其他同事共享报表。将用户的重要图表和报表嵌入其他第三方业务应用程序中，无论在何处需要，都能从用户的数据中获得见解。仅需选中复选框，内置性能技术即可以惊人的速度迅速提供任务关键见解。

（7）自定义仪表板和视图：只需在仪表板编辑器内轻点几下鼠标，即可创建自定义仪表板；仪表板集成了实时数据的多个图表和视图，无论用户是否具有技术背景均可满足不同的需求；使用图表叠加、平移和缩放控制深入分析用户的数据；可在任意设备上为每个人对仪表板进行个性化设置。

# 第 11 章　大数据重构企业智慧

企业通过部署感知器件、RFID、传感网等感知系统，并将触角伸向企业外部和互联网，能够及时地采集和收集大量有价值的数据，这实际上建立起了一个信息神经系统，但企业更需要有一个智慧的“大脑”系统，来统筹管理和运用好收集到的信息。我们称这个“大脑”系统的智能水平为企业的“智慧”。在大规模数据收集基础上，进行快速分析和智能决策已经成为实现智慧企业的关键。使用现代人工智能的方法，如数据挖掘、统计推理、演绎推理、机器学习、深度学习、知识表现、语义分析等，对企业业务环节产生的数据进行交互分析，非常可能产生新的商业价值和新的管理和决策建议。

在维克托·迈尔-舍恩伯格眼中，大数据有三个区别于小数据的特质：大量、混乱、相关性。

- 大量——更多数据带来的是对用户更精准的需求把握。
- 混乱——用较少的成本、资金即可获得大量的、混乱的数据，即便因数据的不准确可能得出不正确的分析结果，但这最终导致了大数据的第三个特质。
- 相关性——数据之间或者两个事物之间必然存在相关性，这种相关性告诉我们事物正在发生变化，而并非导出发生变化的原因。

作为数据研究的前瞻性学者，维克托的独特之处恰在于此——将着眼点投放于数据之间的“关联关系”而非“因果关系”，认为大数据的核心就是预测。

大数据令企业更加智慧，源于对各种数据背后各种关系的深入理解。而这些需要大数据挖掘技术，通过对企业知识和行业规律的深度学习，借助计算机强大的运算能力，将隐藏在大量数据之中的稀疏价值挖掘出来，其难度不亚于沙里淘金，但正因为这是竞争对手可能尚不了解的知识，在企业运营中就极具价值。

## 11.1 数据背后的因果关系

企业在生产过程中非常关心经济现象中的因果关系，并以此得出经营决策的努力方向。比如，银行关注企业贷款违约的因果关系，研发与广告支出与企业价值变动之间的因果关系，空调销量与天气变化之间的因果关系，设备故障背后的因果关系等。

例如，我们可以利用大数据技术对机器数据进行存储、处理、加工和分析，并使用科学算法，对电气设备发生的故障模式进行分析，以达到有效监控；我们还可以对设备的关键零配件使用寿命进行预测，利用大数据分析，根据设备使用过程中的工程数据、环境数据、实验数据等多种数据源的众多参数了解其对关键零部件寿命的影响，提高关键零部件的使用率，降低运维成本，同时保证生产质量。

但是，企业更关心的是，产生故障的机理或者造成故障的主要原因是什么等这样一些隐藏在数据背后的关系。

那么，如何分析数据背后的因果关系呢？

经济学家开拓了一种可以用来分析变量之间的因果的办法，即格兰杰因果关系检验。该检验方法由 2003 年诺贝尔经济学奖得主克莱夫·格兰杰（Clive W. J. Granger）开创，用于分析经济变量之间的因果关系。他给因果关系的定义为：依赖于使用过去某些时点上所有信息的最佳最小二乘预测的方差。

在时间序列情形下，两个经济变量 $X$、$Y$ 之间的格兰杰因果关系定义为：若在包含了变量 $X$、$Y$ 的过去信息的条件下，对变量 $Y$ 的预测效果要优于只单独由 $Y$ 的过去信息对 $Y$ 进行的预测效果，即变量 $X$ 有助于解释变量 $Y$ 的将来变化，则认为变量 $X$ 是引致变量 $Y$ 的格兰杰原因。

进行格兰杰因果关系检验的一个前提条件是时间序列必须具有平稳性，否则可能会出现虚假回归问题。因此在进行格兰杰因果关系检验之前，首先应对各指标时间序列的平稳性进行单位根检验（Unit Root Test）。常用增广的迪基 - 富勒检验（ADF 检验）来分别对各指标序列的平稳性进行单位根检验。

但格兰杰因果关系检验的结论也只是统计意义上的因果性，而不一定是真正的因果关系，况且格兰杰因果关系检验对数据的要求较高（多期时序数据）。

传统的理论有时可能不太见效，比如股票市场的预测问题，一直吸引着学术界和商业界极大的兴趣。但金融市场是否真的可以预测？传统的金融学是建立在随机行走和有效市场假说的基础之上的，而根据有效市场假说理论，股票价格的变动取决于新出现的信息（新闻），而非取决于过去或未来的股价，而市场上新信息的出现是不可预测的，所以股票价格是不可预测的。

从本质上分析，股价是股票供求关系的反映，由投资者的交易行为所决定，因此投资者的心理预期才是股价反映的直接原因。由单纯的基于股价的历史价格，基本上是不能预测其未来走势的，但如果能够获得投资者大众的投资倾向，就可以判断股价的未来走势。比如，我们确实无法预料市场中新信息的出现，但却可以从社交网络媒体（Twitter、Facebook、其他的博客等）抓取出一些征兆，利用这些征兆，可以在一定程度上预测经济和社会中未来情绪和信息的变化。

所以，在大数据时代，探究问题的因果或者本源就有了新的手段，不是依赖模型，而是通过大量的数据。实际上，这样的工作已在经济和社会中发挥作用，比如利用在线网络聊天数据预测图书销售，利用 PLSA 模型从博客中抓取情绪化信息来预测电影票房，利用 Google 的搜索查询来预测流感的早期传播和传播速率等。

人脑之所以具有智能、智慧，就在于它能够对周遭的数据信息进行全面收集、逻辑判断和归纳总结，获得有关事物或现象的认识与见解。同样，在大数据时代，随着物联网、云计算、社会计算、可视技术等的突破性发展，大数据系统也能够自动地搜索所有相关的数据信息，并进而类似人脑一样主动、立体、逻辑地分析数据、做出判断、提供洞见。

舍恩伯格在《大数据时代：生活、工作与思维的大变革》中也提出："在大多数情况下，一旦我们完成了对大数据的相关性分析，而又不再仅仅满足于'是什么'时，我们就会继续向更深层次研究因果关系，找出背后的为什么。"

事实上，大数据已经成为解释科学规律、开展科学研究的一种新手段，被称为科学发现的第四范式。

2007 年 1 月 28 日，图领奖得主、关系数据库的鼻祖，同时也是户外运动爱好者的 Jim Gray 独自驾船在海上失踪。一生充满传奇的 Jim Gray 最后给人类留下了一份遗产——*The Fourth Paradigm: Data-Intensive Scientific Discovery*（《第四范式：数据密集型科学发现》）。

该书是基于 Jim Gray 生前最后一次演讲稿整理而成的。在这次演讲中，Jim Gray 将人类科学的发展定义为四个"范式"，并描绘了自己关于第四范式的愿景：随着数据量的高速增长，计算机将不仅仅能做模拟仿真，还能进行分析总结，得到理论。也就是说，过去由牛顿、爱因斯坦等科学家从事的工作，未来可以由计算机来做。Jim Gray 将这种科学研究的方式称为第四范式，即数据密集型科学。

大数据技术的重大意义就在于它使科学从过去的假设驱动型转化为数据驱动型。传统科研方法大都采用假设和验证的方法来分析问题产生的原因，进而寻求解决途径。应用大数据技术，人们开展科学研究不再是从提出自己的假设出发，而是先进行数据分析，然后再提出科学假设，由数据驱动和引导我们发现现象背后的规律和真理。

## 11.2 关联比因果更有价值

因果关系揭示了导致事件发生的背后原因，而相关关系更加侧重于两者同时发生的概率。

中国的学生经常被老师教导的一句话是："知其然，更知其所以然。"然而，维克托·尔耶－舍恩伯格在《大数据时代：生活、工作与思维的大变革》一书中最具洞见一句话是："大数据时代最大的转变就是，放弃对因果关系的渴求，而取而代之关注相关关系。"也就是说，只要知道"是什么"，而不需要知道"为什么"，只需要知其"然"，而不需要知其"所以然"。这颠覆了千百年来人类的思维惯例，对人类的认知和与世界交流的方式提出了全新的挑战。大数据关注"是什么"，而不是"为什么"。

经常网购的人会更容易体会。很多电商网站的推荐引擎具备这种能力，它能够在用户买书的时候，推荐他刚好喜欢的其他书籍，用户可能不知道"为什么"，其实网站也不在乎"为什么"。但是网站根据成千上万甚至上亿人的统计学分析，就可以发现"关联物"，或者说大数据更擅长通过统计分析人们所不能感知的关联，并建议人采取行动。

大数据时代，知识技术创新模式正在从这种求因果向重相关发生转变，各领域的科研人员可以充分利用大数据快速挖掘事物间的相关性，预测事物发展的方向和趋势，从而实现知识技术创新。

### 11.2.1 为什么关联关系比因果关系更重要

不妨回顾一下著名的"啤酒与尿布"案例。超市中，人们发现了一个特别有趣的现象：尿布与啤酒这两种风马牛不相及的商品居然摆在一起。但这一奇怪的举措居然使尿布和啤酒的销量大幅增加。这可不是一个笑话，而是一直被商家所津津乐道的发生在美国沃尔玛连锁超市的真实案例。*DSS News* 2002 年第 23 期还专门讨论过这个问题[41]。

"啤酒与尿布"案例正式刊登在 1998 年的《哈佛商业评论》上面，这应该算是目前发现的最权威的相关报道。"啤酒与尿布"的故事产生于 20 世纪 90 年代，沃尔玛超市的管理人员分析销售数据时发现了一个令人难以理解的现象：在某些特定的情况下，"啤酒"与"尿布"两件看上去毫无关系的商品会经常出现在同一个购物篮中，这种独特的销售现象引起了管理人员的注意，经过后续调查发现，这种现象出现在年轻的父亲身上。在美国有婴儿的家庭中，一般是母亲在家中照看婴儿，年轻的父亲前去超市购买尿布。父亲在购买尿布的同时，往往会顺便为自己购买啤酒，这样就会出现啤酒与尿布这两件看上去不相干的商品经常会出现在同一个购物篮中的现象。沃尔玛超市发现了这一独特的现象，开始尝试在卖场将啤酒与尿布摆放在相同的区域，让年轻的父亲可以同时找到这两件商品，并很快地完成购物；而沃尔玛超市也可以让这些用户一次购买两件商品，而不是一件，从而获得了很好的商品销售收入，这就是"啤酒与尿布"故事的由来。

不过德国人似乎也有自己的故事。不少德国超市发现这样的现象，啤酒和尿布的销售都增加了很多。后来经营者发现，大部分男人都要在看球赛的时候喝几瓶啤酒，所以去超市的频率很高，在他们去超市的时候，妻子就把买尿布的工作交给了丈夫，男人不像女人那么节约，每次的购买量明显比女人要多。另一些即便只是去买尿布的男人也会捎带上啤酒，因为很多德国人觉得买尿布是件很没面子的事情，所以去买尿布的时候总要捎带上一箱啤酒，让人以为他是买啤酒的时候顺便买尿布。

各种各样的解释都能自圆其说，人们似乎也不太追究真正的那个“因“在哪儿，因为人们已经得到了”果“。大数据时代下，由于数据的采集即是过去收集到的与之相关的所有数据，因此我们借助工具的分析能够较为便捷地获取关于事物的相关关系，但是对于因果关系的分析还需要更多的工具来加以挖掘。而数据挖掘应用在商业中时，挖掘相关关系后再去寻找因果关系显得有些多余，因为商业是追求利益最大化的，而相关关系已经足以让我们了解到用户的消费行为，至于其背后的原因并不是我们主要考虑的方面，而且对于因果关系的挖掘会增加相关成本，对因果的过分关注也有可能会导致错失商业机会。

不过有一点确实可以肯定，“啤酒与尿布”的故事必须具有技术方面的支持。1993年，美国学者艾格拉沃提出通过分析购物篮中的商品集合，从而找出商品之间的关联算法，并根据商品之间的关系找出用户的购买行为。艾格拉沃从数学及计算机算法角度提出了商品关联关系的计算方法——Aprior算法。沃尔玛公司从20世纪90年代尝试将Aprior算法引入POS机数据分析中，并获得了成功，于是产生了“啤酒与尿布”的故事。

另一个案例似乎能告诉我们找到“因“有多么难！

2008年，中国乳品行业发生了一场众所周知的行业地震，这个事件被披露之后引发了乳品行业的全行业危机，并直接导致行业知名企业三鹿集团公司的破产，其所带来的行业危机甚至到现在还没有完全消除，当然也让大众知道了一个原本陌生的化学名词——三聚氰胺。

事件起因是很多食用三鹿集团公司奶粉的婴儿被发现患有肾结石，随后在其奶粉中被发现化工原料三聚氰胺。而它的发现有其偶然也有其必然。

首先，事后所谓“三鹿内部邮件”显示：“2008年3月以来，三鹿集团公司先后接到消费者反映：婴幼儿食用三鹿婴幼儿奶粉后，出现尿液变色或尿液中有颗粒现象”。后在法院审理案件的过程中，三鹿公司的管理人员证实公司最早接到投诉是在 2007 年底。

2008 年 6 月中旬后，公司又陆续接到婴幼儿产生肾结石等病状去医院治疗的信息。《南方日报》收到网民反映，有人在国家质量监督检验检疫总局食品生产监管司的留言系统中反映三鹿奶粉导致多名婴儿患肾结石，但事后该报道被屏蔽，只有要求网民提供详情的留言回复尚在。7 月，徐州儿童医院小儿泌尿外科医生冯东川在国家质检总局食品生产监管司的留言系统中反映当年婴儿双肾结石导致肾衰的病例出奇地增多，且大多饮用三鹿奶粉，并表示希望政府部门能组织流行病学专家协助查明原因，不过还是没有得到明确答复。

同年 8 月 1 日下午 6 时，三鹿公司取得检测结果：送检的 16 个婴幼儿奶粉样品中，有 15 个检出了三聚氰胺的成分。8 月 2 日下午，三鹿公司分别将有关情况报告给其注册所在地石家庄市政府和新华区政府，并开始回收市场上的三鹿婴幼儿奶粉。8 月 4 日至 9 日，三鹿公司对送达的原料乳 200 份样品进行了检测，确认“人为向原料乳中掺入三聚氰胺是引入到婴幼儿奶粉中的最主要途径”。但这个真正的因果关系却被人为地掩盖了。

直到 9 月 8 日，甘肃岷县 14 名婴儿同时出现肾结石病症，引起外界关注。截至 9 月 11 日甘肃全省共发现 59 例肾结石患儿，部分患儿已发展为肾功能不全，同时已死亡 1 人，这些婴儿均食用了三鹿公司 18 元左右价位的奶粉。而且人们发现，两个月来，中国多省已相继发生类似事件。国家卫生部开始高度怀疑三鹿婴幼儿配方奶粉受到三聚氰胺污染。到此时，人们终于将毒奶粉与三聚氰胺的因果关系关联起来。

可以说，发现牛奶中掺杂三聚氰胺，正是由于分布在全国各地大量的、稀疏的婴儿罹患肾结石的案例，与他们都食用三鹿奶粉的关联关系，将怀疑的目标指向了真相。尽管彼时大数据的概念尚未进入公众的视野，全国公众持续的共同关注却真正挖掘出了有价值的线索，而那个真正的（三鹿奶粉的质检报告已经揭示的）“因“，却被人为地掩盖了。

并不是说因果关系并不重要，而是探究因果关系的时间成本可能过大，在瞬息万变的商场中，企业更多追求的是快速的关联关系的发现。在对学科性质的研究当中，大数据分析结果能够为研究提供一个大致的方向，然后再结合其他学科的知识对这一方面进行深入地挖掘，可以较为便捷地找到事物背后的原因。

### 11.2.2 怎样求得关联关系

有许多算法可以用于求解关联关系。其中一个就叫作购物篮分析（Market Basket Analysis）。

购物篮分析最主要的目的在于找出什么样的东西应该放在一起。其在商业上的应用就是由用户的购买行为来了解是什么样的用户在购买，以及这些用户为什么购买这些产品，并找出相关的关联（Association）规则，企业通过这些规则的挖掘获得利益与建立竞争优势。举例来说，零售店可根据这一分析来改变购物架上的商品排列或是设计吸引用户的商业套餐等。

大数据时代，购物篮的范围可以超越一家店铺，而把很多零散的信息关联起来。比如，一个用户曾经在电商网站上购买过口罩，说明他的呼吸系统可能是比较敏感的。如果他在社交网络上签到来了北京，而北京的天气预报又显示有持续性的雾霾天气，那么当他在电商网站上开始购买跑步鞋的时候，商家就可以合理预想到他可能需要空气净化器和跑步机，从而实现启发需求、精确营销，这就可以理解为一个基于数据洞察的应用。

购物篮分析的基本运作过程包含下列三点。

（1）选择正确的项目：这里所指的正确是针对具体企业而言的，必须要在数以百计、千计的项目中选择出真正有用的项目出来。

（2）通过对共同发生矩阵（Co-occurrence Matrix）的分析挖掘出关联规则。

（3）克服实际上的限制：所选择的项目越多，计算所耗费的资源与时间就会越长（呈现指数递增），这时就必须运用一些技术以降低资源与时间的损耗。

购物篮分析技术可以应用在下列问题上。

（1）针对信用卡购物的数据，能够预测未来用户可能购买什么。

（2）对于电信与金融服务业而言，通过购物篮分析能够设计不同的服务组合以扩大利润。

（3）保险业能通过购物篮分析侦测出可能不寻常的投保组合并做出预防。

（4）对病人而言，在疗程的组合上，购物篮分析能作为这些疗程组合是否会导致并发症的判断依据。

第二个方法是群集侦测（Cluster Detection）。这项技术的覆盖范围相当广泛，基因算法、类神经网络、统计学中的群集分析都有这个功能。它的目标是找出数据中以前未知的相似群体。在许许多多的分析中，刚开始都运用到群集侦测技术，作为研究的开端。

还有一个是连接分析（Link Analysis），它是以数学中的图理论（Graph Theory）为基础，通过记录之间的关系发展出的一个模式。它以关系为主体，由人与人、物与物或是人与物的关系发展出相当多的应用。例如，电信服务业可以借助连接分析收集到顾客使用电话的时间与频率，进而推断顾客的使用偏好，提出有利于公司的方案。除了电信业之外，越来越多的行业也开始利用连接分析做有利于企业的研究。

通过运用这些数据挖掘工具，我们可以发现许多商品之间的关联关系（关联规则），但是并不是所有的关联都是有价值的，应对其进行区分对待。通常，可以将挖掘出来的关联关系分为三种不同的类型。

（1）可以采纳的关联：例如，在沃尔玛超市里，购买了芭比娃娃的用户有 60% 的可能性在三种不同品牌的糖果中选购其中一种。这样的关联对企业来说具有明显的商业价值，应该被重视并予以采纳，从而制定相应的营销策略。

（2）可被忽略的关联：例如，购买大宗电器的客户，一般会倾向于购买年限较长的售后维修服务。这种关联通常如同鸡肋——食之无味，弃之可惜。其关联通常较为显而易见，商业价值比较低，是可被忽略的。

（3）无法解释的关联：例如，当一个新的五金店开业，其最畅销的商品是马桶清洗剂。这样的关联通常无法找到合理的解释。在这个例子中，并非是五金店的新开张促进了马桶清洗剂的销售，而是整个地区的马桶清洗剂销量都很好。如果仅仅单纯从挖掘出来的关联表面进行解释（开一个五金店将促进马桶清洗剂的销售），将会误导公司决策层，从而导致商业计划的失败。

因此，对通过数据挖掘发现的关联关系，需要做进一步分析，选取有价值的关联关系作为决策支持，从而制定出合理的、有竞争性的商业策略。

### 11.2.3 关联分析算法的基本原理 [42]

1. 穷举法

可以采用穷举法对每条关联关系进行判断，然后选取支持度（Support）、可信度（Confidence）和提升度（Lift）都高的关联关系作为最后得到的“黄金准则”。该穷举法又称为 Brute-force 方法，具体的算法如下：

（1）列出所有可能的关联关系。

（2）计算每个关联关系的支持度和可信度。

（3）删除那些比最低支持度和可信度还要低的关联关系。

（4）检查那些剩下的关联关系的提升度。

虽然穷举法在逻辑思维上比较简单，但是算法的时间复杂度确实非常高，使其难以在实际应用中被采纳。如果商品的交易次数为 $N$，每次交易的商品数为 $M_i$，则时间复杂度约为 $O$（$NM_i$），其中 $M_i=2^w$。可以知道，这是一个成指数增长的复杂度，随着每次交易商品数的增加，穷举法的计算量将大幅增加。

2. Apriori 方法

美国学者 Agrawal 提出的 Apriori 方法可以克服穷举法的局限性。这里仅介绍该方法的核心思想，以便读者更好地了解关联关系分析。该算法的核心思想就是利用"容不得害群之马"（当一个规则中的子集的评价值低于事先设定的阈值时，该规则就被抛弃不予考虑）准则挑选候选规则。

Apriori 方法中，首先寻找最大项目集（频繁项集），其基本思想是：算法需要对数据集进行多步处理。第一步，简单统计所有含一个元素项目集出现的频数，并找出那些不低于最小支持度的项目集，即一维最大项目集。从第二步开始循环处理直到再没有最大项目集生成。循环过程是：第 $k$ 步中，根据第 $k-1$ 步生成的 $k-1$ 维最大项目集产生 $k$ 维候选项目集，然后对数据库进行搜索，得到候选项目集的项集支持度，与最低支持度进行比较，从而找到 $k$ 维最大项目集。

从方法的运行过程可以看出该方法的优点：简单、易理解、数据要求低。

下面举一个简单的例子来了解如何利用 Apriori 方法快速得到有价值的关联规则。

表 11.1 显示了某商场的数据库中有 5 条交易数据涉及 7 种不同商品（尿布、啤酒、巧克力、牛奶、洗发水、香皂和伏特加）的销售。

表 11.1 商品销售记录（一）

| 交易编号 | 购买的商品 | | | |
|---|---|---|---|---|
| 100 | 尿布 | 啤酒 | 巧克力 | |
| 101 | 牛奶 | 巧克力 | 洗发水 | |
| 102 | 啤酒 | 香皂 | 伏特加 | |
| 103 | 啤酒 | 奶酪 | 红酒 | |
| 104 | 牛奶 | 尿布 | 啤酒 | 巧克力 |

进一步分析可以得到每种商品出现的频数，及两两组合、三三组合出现的频数（表 11.2）。

表 11.2 商品销售记录（二）

| 商品 | 频数 | 支持度 |
|---|---|---|
| 啤酒 | 4 | 80% |
| 尿布 | 2 | 40% |
| 巧克力 | 3 | 60% |
| 牛奶 | 2 | 40% |
| 洗发水 | 1 | 20% |
| 香皂 | 1 | 20% |
| 伏加特 | 1 | 20% |
| 奶酪 | 1 | 20% |
| 红酒 | 1 | 20% |
| 啤酒，尿布 | 2 | 40% |
| 啤酒，巧克力 | 2 | 40% |

续表

| 商品 | 频数 | 支持度 |
|---|---|---|
| 啤酒，牛奶 | 1 | 20% |
| 尿布，巧克力 | 2 | 40% |
| 尿布，牛奶 | 1 | 20% |
| 牛奶，巧克力 | 2 | 40% |
| 啤酒，尿布，巧克力 | 2 | 40% |
| 啤酒，尿布，牛奶 | 1 | 20% |
| 牛奶，尿布，巧克力 | 1 | 20% |

上述销售商品记录需要解决以下几个问题：

（1）找到所有支持度大于 40% 的商品。

（2）找到所有可信度大于 70% 的关联规则。

（3）针对上述关联规则计算各个规则的提升度。

步骤如下：

（1）计算所有商品组合的支持度。

表 11.3 列出了所有支持度大于等于 40% 的商品组合。

表 11.3　支持度大于等于 40% 的商品组合

| 商品 | 频数 | 支持度 |
|---|---|---|
| 啤酒 | 4 | 80% |
| 尿布 | 2 | 40% |
| 巧克力 | 3 | 60% |
| 牛奶 | 2 | 40% |

续表

| 商品 | 频数 | 支持度 |
|---|---|---|
| 啤酒，尿布 | 2 | 40% |
| 啤酒，巧克力 | 2 | 40% |
| 尿布，巧克力 | 2 | 40% |
| 牛奶，巧克力 | 2 | 40% |
| 啤酒，尿布，巧克力 | 2 | 40% |

（2）计算可信度，结果见表 11.4。

表 11.4 关联规则可信度

| 关联规则 | 可信度 | 关联规则 | 可信度 |
|---|---|---|---|
| 啤酒→尿布 | 50% | 牛奶→巧克力 | 100% |
| 啤酒→巧克力 | 50% | 牛奶→啤酒，尿布 | 50% |
| 啤酒→牛奶 | 0% | 牛奶→啤酒，巧克力 | 50% |
| 啤酒→尿布，巧克力 | 50% | 牛奶→尿布，巧克力 | 50% |
| 啤酒→牛奶，巧克力 | 25% | 牛奶→啤酒，尿布，巧克力 | 50% |
| 尿布→啤酒 | 100% | 啤酒，尿布→巧克力 | 100% |
| 尿布→巧克力 | 50% | 啤酒，尿布→牛奶 | 50% |
| 尿布→牛奶 | 50% | 啤酒，尿布→牛奶，巧克力 | 50% |
| 尿布→啤酒，巧克力 | 100% | 啤酒，巧克力→尿布 | 50% |
| 尿布→牛奶，巧克力 | 100% | 啤酒，巧克力→牛奶 | 50% |
| 巧克力→啤酒 | 67% | 尿布，巧克力→啤酒 | 100% |
| 巧克力→尿布 | 67% | 尿布，巧克力→牛奶 | 50% |
| 巧克力→牛奶 | 67% | 巧克力，牛奶→尿布 | 50% |
| 巧克力→啤酒，尿布 | 67% | 巧克力，牛奶→啤酒 | 50% |
| 牛奶→啤酒 | 50% | 牛奶，巧克力→啤酒，尿布 | 50% |
| 牛奶→尿布 | 50% | | |

表 11.5 列出了所有可信度大于等于 70% 的关联规则。

表 11.5 可信度大于等于 70% 的关联规则

| 关联规则 | 可信度 |
| --- | --- |
| 尿布→啤酒 | 100% |
| 尿布→啤酒，巧克力 | 100% |
| 尿布→巧克力 | 100% |
| 牛奶→巧克力 | 100% |
| 啤酒，尿布→巧克力 | 100% |
| 尿布，巧克力→啤酒 | 100% |
| 啤酒，巧克力→尿布 | 100% |

（3）针对上述关联规则计算各个规则的提升度（表 11.5）。

表 11.5 关联规则的提升度

| 关联规则 | 可信度 | 提升度 |
| --- | --- | --- |
| 尿布→啤酒 | 100% | 1.25 |
| 牛奶→巧克力 | 100% | 1.67 |
| 尿布→啤酒，巧克力 | 100% | 2.5 |
| 尿布→巧克力 | 100% | 1.67 |
| 啤酒，尿布→巧克力 | 100% | 1.67 |
| 啤酒，巧克力→尿布 | 100% | 2.5 |
| 尿布，巧克力→啤酒 | 100% | 1.25 |

总结：提升度高于 1，意味着当顾客购买了尿布，他们有较高的可能性去购买啤酒；提升度小于 1，意味着啤酒本身就是一个畅销产品，并不是因为尿布的销售而促进了其销售。因此，上述关联规则都是有价值的。

## 11.3 发现企业知识

企业知识资源是指企业拥有的、可以反复利用的、建立在知识和信息技术基础上的、能给企业带来财富增长的一类资源。企业的知识资源具有以下几个特点。

（1）企业知识资源是赋予并表现企业个性的资源：不同的企业拥有不同的知识资源，不同企业的知识资源形成各自独有的文化氛围，表现出不同的企业个性和特征。

（2）知识资源是市场交换性较低的资源：因为知识资源经常是某个企业所独有的，是企业的个性，所以知识资源以整体形式进入市场进行交换的可能性比较小。知识资源包括存在于企业内部的显性知识、隐性知识以及企业的信誉、经营方式和习惯、员工的素质等。

（3）知识资源可以在企业成长的同时不断地再生产出来，并与原有的知识资源重新组合，增值出新的成长能力的资源。

企业知识资源按其内容来划分，可以分为信誉资源（包括商标、公司品牌和企业形象等无形资产）、技术资源（包括产品的研制、工艺、专利等）、信息资源、客户资源（关系资源）、人力资源（企业的人力资源指的是企业中所有体现在员工身上的才能，包括专业技能、创造力、解决问题的能力、管理者的管理能力。

企业知识的发现包括显性知识发现，即识别储存在数据库中有效的、新颖的、具有潜在价值和最终可理解的模式的过程，而数据挖掘则是指从数据库的大量数据中揭示出隐含的、先前未知的并有潜在价值的信息的过程。知识发现系统基于用户知识发现任务驱动，依赖领域内的背景知识，尽可能自动地、智能地、有效地挖掘数据内部未知的、潜在的模式以及趋势等，使人与计算机达到理想结合。

知识资源的发现是利用知识发现引擎，依托知识库，选用高效的算法，对数据进行挖掘、选择，已有许多较为成熟的算法，如分类、聚簇、关联规则、偏差检查等。知识一旦被挖掘出来，就要对其进行评价，筛选出有意义的知识。

企业知识资源的发现是一个动态过程，企业在经营过程中不断地在创造新知识、接受新知识。在企业中，知识源于讨论，并通过员工的独立思考、收集相关信息、分析和对现实中的实践和方案的综合得到补充。知识会不断自我孵化和增长。企业知识资源是一个活的体系，需要不断地发现新产生的知识。

数据驱动的知识发现早已有之，商务智能的关键就是从许多来自不同的企业运作系统的数据中提取出有用的数据并进行清理，以保证数据的正确性，然后经过抽取（Extraction）、转换（Transformation）和装载（Load），即 ETL 过程，合并到一个企业级的数据仓库里，从而得到企业数据的一个全局视图，在此基础上利用合适的查询和分析工具、数据挖掘工具、OLAP 工具等对其进行分析和处理（这时信息变为辅助决策的知识），最后将知识呈现给管理者，为管理者的决策过程提供数据支持。

大数据环境下，企业处理信息资源的难度加大，面临着诸多新问题，如数据量庞大、质量难以控制、技术要求更高、信息安全风险增大等。然而，利用大数据分析和展示能力，企业可以连接不同的业务系统和数据库，将庞大复杂的数据进行层层分析，能够获得更多、更有价值的信息，可以从不同角度清晰地以展示数据背后的奥秘，挖掘和筛选出有价值的企业知识。同时，企业也需要信息服务产品向资源集成、资源整合、知识服务、情报服务发展，希望资源提供商提供专业化、个性化的行业信息服务产品，以满足企业多样化的信息需求，这实际上是数据服务领域的新兴业务机会。

## 11.4 成就更佳的商务智能

商务智能的概念最早是在 1996 年提出的。当时将商务智能定义为一类由数据仓库（或数据集市）、查询报表、数据分析、数据挖掘、数据备份和恢复等部分组成的、以帮助企业决策为目的技术及其应用。而这些数据主要来自企业的 CRM、SCM、ERP 等业务系统。

商务智能能够辅助的业务经营决策，既可以是操作层的，也可以是战术层和战略层的决策。为了将数据转化为知识，需要利用数据仓库、联机分析处理（OLAP）工具和数据挖掘等技术。因此，从技术层面上讲，商务智能不是什么新技术，它只是数据仓库、OLAP 和数据挖掘等技术的综合运用。

长期以来，商业智能的应用一直局限于结构化数据，其核心组件数据仓库最为擅长的也是结构化数据的存储与管理。互联设备、互联网服务、社交媒体、照相机、传感器和用户在全球各地产生的内容正呈爆炸式的增长态势，使原始数据量亦呈指数级增加。此外，多至 90% 的企业数据（包括文档、网页和电子邮件）都是非结构化数据。数量庞大和复杂的数据使传统的数据库软件难以应对，并急需一种新的方法来处理。

### 11.4.1 大数据支持的商务智能软件

在大数据时代，一批新的数据挖掘技术正在涌现，正在改变分析处理海量数据的方式，使得企业能够更快、更经济地获得所需的结果。大数据技术不但能处理结构化数据，而且能分析和处理各种半结构化和非结构化数据，甚至在某种程度上，更擅长处理非结构化数据。而企业商务智能分析中需要更多集成的就是这样的数据，如社交媒体中的各种交互活动、购物网站用户点击行为、图片、电子邮件等。

传统商业智能限于技术瓶颈，在很大程度上是对抽样数据进行分析，而大数据技术的引入使得商业智能可以基于全量数据，这样让结果更加准确可信。可以说，商务智能对企业外部数据集成的需求和大数据相关技术的快速成熟发展，促进了商务智能向数据挖掘的纵深发展。大数据技术的引入打破了传统商业智能领域的局限，它在处理数据量上有了质的提高。这里有两个问题需要解决。

（1）**大数据库：包含结构化数据。此类数据对于传统关系型数据库管理**

系统（RDBMS）而言过于庞大，无法处理。

（2）深度分析：用于搜索复杂、开放式问题的答案。通常，此类答案无法直接在源数据中编写。大数据可视化和分析工具能够帮助连续调优和抽象，从而获得宝贵的洞察信息。

大数据时代的来临，对于商务智能软件厂商也是一个挑战。大数据的快速分析能力将成为此类软件的标准配置。商务智能软件商需要结合大数据分析技术，在分析能力和分析类型上对传统的系统进行扩展。一方面通过引入开源的大数据处理技术和平台，如 Hadoop、Hortonwork，增强商务智能系统的分布式数据并行处理能力，为传统的数据挖掘分析带来新鲜血液；另一方面则是连接更多的数据类型，包括将以往无法分析的非结构化数据或半结构化数据分析整合进商务智能系统，增强分析数据的广度和范围。日立公司旗下的 Pentaho 公司作为一家开源的商务智能软件提供商，就在自己的商务智能软件中融合了大数据架构，将各种互联网数据、机器感知数据等导入，与传统的 ERP 等业务数据实时集成与混合，然后再进行分析。该架构的处理核心是 Hadoop 集群（图 11.1）。

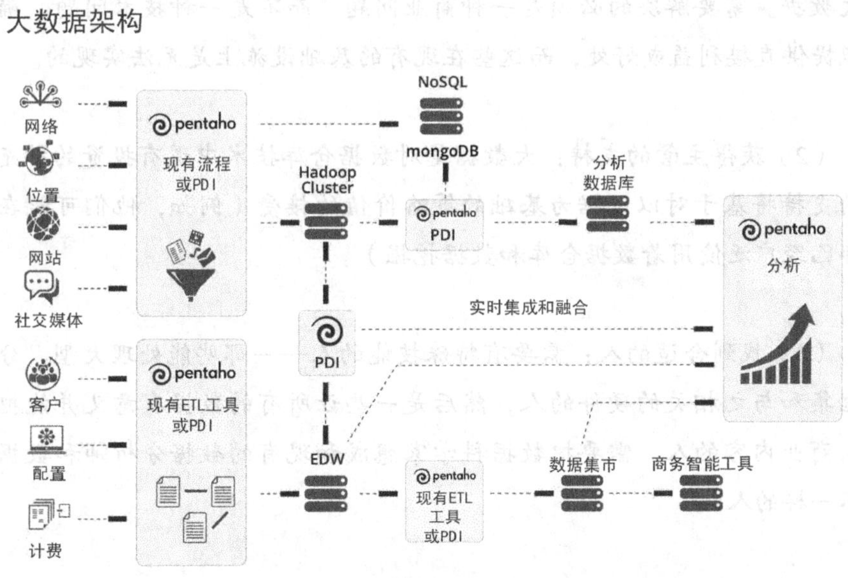


图 11.1 Pentaho 商务智能软件的大数据集成架构

大数据支持的商务智能将为企业决策提供更好的支持。通过挖掘和分析大数据，企业将能够更深入、更广泛地洞察业务模式和发展趋势，帮助企业在制造、安全、营销和 IT 领域提高运营效率和竞争优势。

当前，一些领先的企业已开始实施大数据分析能力，并取得了显著的成果。据 Gartner 调查，这些公司正采用大数据所带来的新工具和技能，快速改进商务智能、数据挖掘和业务分析等实践。麻省理工学院数字商业研究中心总监 Eric Brynjolfsson 教授通过对 179 家大型上市公司所做的调研发现，使用“数据驱动型决策模式”的公司的生产力和盈利能力比竞争对手高出约 5%。他总结道：“对于能够充分利用大数据的公司，将可以更容易实现目标。”[43]

大数据将改变商务智能的布局，并为企业提供一种有价值的数据源。首席信息官（CIO）应遵行以下步骤才能成功地将大数据融合在公司的商务智能应用中[44]。

（1）找到合适的项目：可以说，最重要的一步是确定在合适的项目上测试大数据。需要解决的必须是一种商业问题，而不是一种技术问题。确保项目能提供直接利益或好处，而这些在现有的基础设施上是无法实现的。

（2）获得主管的支持：大数据是对数据仓库技术中现有投资的补充。主管的支持将基于对以证据为基础的策略价值的接受（例如，他们可能在企业内部已经广泛使用着数据仓库和数据挖掘）。

（3）找到合适的人：需要有特殊技能的人——那些能处理大型、分布式数据集和与之相关的硬件的人，然后是一些让所有的数据有意义并能把它们放入商业内容的人。需要把数据科学家想成和现有的数据分析师和数据挖掘师不一样的人。

（4）接受开源：大数据意味着对工具集不一样的思考，并很快能适应开源。传统的供应商不一定能解决这方面的问题，大多数大数据工具都是开源的。这个市场上的创新团体是由来自谷歌、雅虎、苹果和 Facebook 这样的公司中最聪明的人组成。

（5）不要从零开始：最广为接受的大数据工具是 Hadoop，它是一种可以从 Cloudera 或 EMC 获得的开源技术。Hadoop 旨在缓解在数据上执行规模化批处理的复杂性，并在 Apache 的项目框架内进行管理，它能提供需要的基本工具。主要的商业智能（BI）供应商都宣布了对大数据技术的支持，或在解决方案中使用大数据技术。

（6）对架构和硬件的改变做好准备：大数据要做的事不仅有大规模的信息运行分析，而且也成为数据仓库的一种来源。你会更少需要对少数大型机器的依赖，而更多依靠大量的通用硬件和云资源。

（7）购买设备从少量标准部件开始：设施即服务（IaaS）供应商和云资源为所需的企业提供大量最新的、及时的基础设施。对安全的忧虑往往是个阻力，但是可以克服的。

（8）找到一种未使用的数据源：比如，看一看从你公司网站上收集的数据。它可以给你提供网页的受欢迎程度、一天中对网站访问的集中时间和用户使用的是哪一个网络服务提供商（ISP）这样一些信息。挖掘用于市场和销售的这些信息的潜能。

（9）考虑可视化：想一想呈现数据的新方式。由于数据容量的原因，表格或图形的展现方式对一些大数据分析已经不再适用。

（10）管理期望值：大数据有益于公司确定长期的战略方向，而并非像以往那样仅仅依靠结构化数据之上的月度管理报表或即时查询来执行决策。

### 11.4.2 商务智能，模型是关键

大数据分析模型的设计需要结合企业的经营和决策需求，并以大数据处理技术为支撑，从企业实际业务中的应用入手，以用户分析为龙头，从兴趣谱图、行为趋势分析等视角设计主题，逐步下推到产品创新、企业风险分析主题层面以及工艺优化、供应链协同、个性化服务等应用层面（图 11.2）。

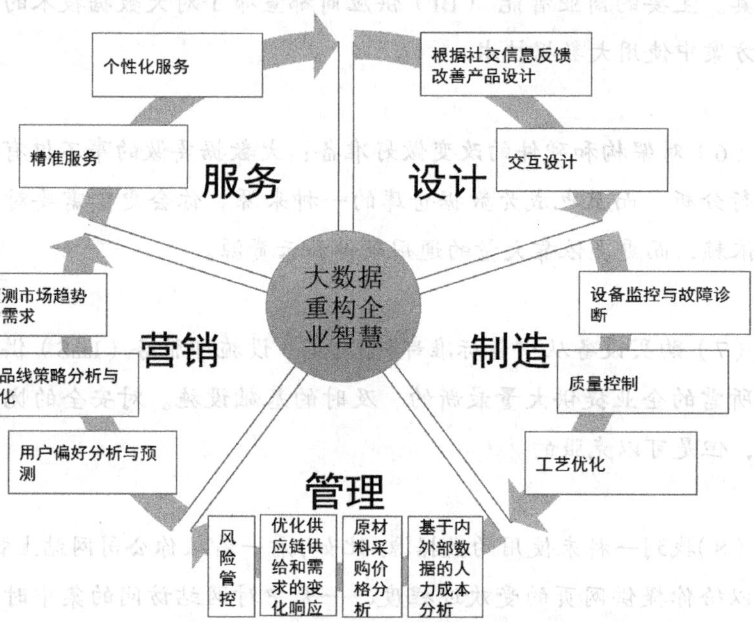


图 11.2 针对智能制造的大数据业务分析模型与方法示意图

下面归纳出了一组适用于智能制造的大数据分析模型。

（1）融合内外部数据的制造企业用户偏好动态演进分析：针对制造企业对终端用户需求把控能力弱的现状，基于电子商务平台、社交网站以及 CRM 系统数据等，分析用户群体的自组织分类方法、用户群体特征属性表达方法；采用有效结合时间衰减机制和消费热点时序变化规律的用户偏好时间演进分析方法，建立用户需求动态分析方法、产品偏好分析模型、用户兴趣与话题谱图等，实现对用户消费行为和趋势的有效分析，辅助企业对未来的市场策

略和产品创新做出有效的反应和调整。

（2）多变市场环境下的企业产品线优化决策分析：如何根据日趋多变的用户需求、市场竞争环境以及产品财务特性等及时调整产品线，是企业面临的一个决策难题。从广泛关联的大数据集中能够找到充分反映市场竞争环境、产品创新趋势以及企业产品线特征的分析方法，建立产品市场需求状态模型、产品离散选择模型和需求趋势的估算方法；结合数据可视化技术，提供富有洞察力的图形信息，辅助企业把握产品线的综合实力和短板，发现市场潜力，合理调整产品组合和布局。

（3）基于产品多环节多参数数据的产品优化设计分析：产品数据散布在设计、生产、市场、使用等诸多业务环节，难以有效关联应用。可以构建以“产品”或“品牌”为主线的产品数据关系网络架构，建立融合多环节数据的产品性能参数优化分析方法，获得影响产品性能、功能、品质等因素的关键性能参数指标；采用多参数、多约束、多目标条件下的产品优化设计方法，辅助研发人员进行产品精确设计和优化设计，提高产品设计质量和产品创新能力。

（4）集团企业的实时化、广域范围的全程品质控制和预警模型：针对大型企业集团广域范围多点异地加工模式下的产品质量管控问题，基于感知网络、快速检测技术等手段，获取各环节原材料和产品质量的全息表达关键指标数据，建立动态联动的产品质量预测模型、产品质量风险评价模型；分析影响产品品质的关键环节、主要物料以及重要因素和参数，建立品质协同分析与问题发现方法，实现统一、高效、协同的全产业链质量控制体系和品质预警，帮助制造企业有效感知风险，及时发现缺陷环节，快速解决质量问题。

（5）基于传感网络、用户评价数据的制造工艺过程优化分析：工业互联网、制造物联采集的全方位参数以及大量的产品用户评价数据等，为企业全面认知制造工艺缺陷提供了重要前提。基于生产数采数据、产品使用参数、检验检测等数据，可以找到制造工艺参数优化方法、提出工序能力与工艺质量评价模型；分析和挖掘用户评价维度、用户使用维度、品质维度与制造工艺参数维度的内在关联关系和影响规律，建立基于“用户评价和价值驱动”的产品制造工艺参数动态优化模型，探索最佳生产工艺指标和最佳制造工艺路线，形成制造—使用—工艺优化的闭环动态高效反馈，协助企业更加理性、客观地优化工艺参数、工艺路线，提升制造工艺过程管控能力。

（6）用户价值驱动的产品个性化精准服务与营销预测模型：无法准确把控最终用户是制造企业在目前大营销模式下的通病。在互联网、移动互联网环境下，针对制造企业直面用户所遇到的个性化有效服务问题，综合用户使用习惯、产品应用环境、产品当前性能状态、三包理赔、用户未来诉求等多维度因素，建立产品采用寿命预测评价模型、产品维修维保预测模型、产品结构性缺陷分析模型，构建形成产品主动服务需求分析方法体系；基于“用户价值”驱动的市场需求趋势动态预测模型，建立个性化、实时化的服务推荐与营销推荐方法；实现以用户使用价值为核心的主动服务、互动营销模式，推动传统“定时服务”向“主动服务”模式转型，推动“代理营销”向“精准营销”模式转型。

（7）多环节多目标的制造企业供应链协同实时优化分析：用户、供应商、制造商、销售商、服务商等合作伙伴之间的信息反馈效率低、集成协同度不高，严重制约着整个供应链能力与效益。可以基于多环节的大数据环境，找到多阶段多目标的供应链优化方法、网络化库存协同优化布局模型、用户需求波动与供应链联动影响分析方法、大规模定制模式下的响应式供应链能力实时分析方法；提高制造企业在网络化生态环境下的供应链透明化运作能力、实时化优化分析能力，支撑企业由大规模制造向大规模定制模式的转变。

（8）网络化生态环境下的产业风险把控与企业预警分析决策：制造企业风险与产业风险因素复杂多变，来自经营风险、商誉风险、公关风险、财务风险、信用风险等多层面、多维度，是困扰企业决策层的敏感问题。立足大数据时代思维，综合企业网络化生态环境下的产业发展趋势分析方法、竞争者战略能力分析方法、企业 KPI 体系重构分析方法等，建立起网络舆情风险分析实时预测模型、供应商信用风险评价模型、企业与目标竞争者财务风险联动预测模型等，实时把控产业发展动态、产业带布局走势以及关联企业与竞争企业的风险控制能力，为决策层制定和及时调整企业战略提供支撑技术。

（9）基于电商交易等价格数据的原料采购分析与优化：针对制造企业主要原材料价格波动对产品成本影响巨大的现状，基于电子商务平台、专业大宗物资交易平台及内部 ERP 系统历史采购数据等，有效结合政策环境、行业周期特征的生产物料价格预测方法，建立原材料的分区域价格动态监测模型、关键原材料价格变动趋势预测模型、原材料价格变动对产品成本影响测算模型等，通过对主要原材料的价格监测和趋势预测，实现企业对产品成本的控制以及产品市场定价的及时调整，从而优化供应商的选择和原料采购节奏的把握。

（10）智能状态监测及数据分析，开创资产消缺维保的新模式：充分考虑物联网新技术，支持 OPC 协议，全面实现与 MES、DCS 集成，实现企业内部业务与底层数据采集一体化管理，打造智能制造时代下的智能设备管理，助力企业实现智能资产管理。支持资产运行状态自动监测及数据分析，通过状态数据采集，并根据监测技术标准，自动分析确定资产需要进行保养、维修还是润滑等维保措施，开创以消缺管理为源头的智能驱动维修、保养、润滑管理的新模式。

### 11.4.3 大数据商务智能分析的行业应用

1. 机械制造行业

机械制造行业为整个国民经济提供技术装备，是国家重要的支柱产业。制造业的竞争越来越激烈，许多企业面临供过于求和利润空间受挤压的状况。结合工程设备领域面临激烈的成本压力、高端设计人才匮乏和口碑营销的现状，可通过大数据全面优化供应链、人力、营销和定价等业务环节，提高工程设备企业的在行业中的竞争力和经验效益。

（1）基于购、产、销过程中多维数据的供应链优化：在供应链领域，通过大数据分析了解零配件的市场行情，分析供应商的供货能力和销售商的销售能力，动态优化产能和分销配送，提高供应链的协同能力，降低流通环节的成本和采购环节的成本。将供应链的全流程数据，结合用户、供应商、制造商、销售商、服务商等合作伙伴之间的信息反馈数据和竞争对手数据，建立一套分析预测模型，通过大数据的使用对供应链进行实时的掌控，更清晰地把握库存量、订单完成率、物料及产品配送情况，通过预先进行数据分析来调节供求，利用新的策略来优化销售渠道战略，完善供应链战略及竞争优先权等，提高制造企业在网络化生态环境下的供应链可视化运作能力、实时化优化分析能力。

（2）风险管控和预测：企业内外环境的不确定性、生产经营活动的复杂性和企业能力的有限性导致企业达不到预期收益。大数据使制造企业能够以一种新的、具有风险意识的方式来监测和管理企业绩效，并使决策流程得以改善。针对风险因素和业务部门之间的人员、流程、数据和技术整合，应用网络舆情风险分析实时预测、供应商信用风险评价、企业与目标竞争者财务风险联动等技术模型，从业务和运营视角提升企业风险监测和应对外部冲击的能力。

（3）基于社交网络和招聘网络数据的精准招聘和人力成本控制：针对装备制造行业高端设计人才匮乏的现状，通过社交网络数据分析，通过人才技能关键词搜索定位企业需求的关键人才，并通过目标人才在网络上发布的信息确认其技能水平和特长领域；然后利用爬取招聘网络的数据，通过技能水平、地域、学历、期望薪水、历史薪水等因素分析目标人才薪水期望和非物质层面的需求，从而制定针对性的招聘引进策略和条件，提高人才招聘的效率，控制招聘的成本。

（4）基于实时市场行情的采购和销售定价：针对装备制造行业总体利润率不高、原材料成本敏感的特性，通过大数据分析应用，分析原材料的中长期走势，积极采取预防性的原材料采购策略，从而降低总体采购成本，提高企业的利润率。在销售环节，通过分析动态市场需求趋势和其他品牌的销售策略和销量等信息，及时调整价格策略，降低销售成本，提高企业的营销能力和同行业竞争力。

2. 轮胎制造行业

针对轮胎制造行业在生产工艺优化、生产品质管控、基于产品真实使用状态的精准售后服务的需求，可通过大数据分析应用，将企业在轮胎工艺方面的经验和从大数据分析总结出来的工艺指标与轮胎质量的关系结合，形成更加丰富和完善的轮胎质量、工艺指标和使用环境的大数据知识体系，通过该体系进一步提高产品质量和企业竞争力。同时，考虑利用这些知识库为其他轮胎企业提供数据，实现制造服务转型，并提高中国轮胎制造行业整体水平。在精准售后服务环节，通过轮胎中埋植的传感器，收集轮胎使用状态和使用环境数据，结合知识库分析轮胎的维保时间，并向车主提供轮胎安全预警信息。基于轮胎真实使用状态的维保周期能够减少车主不必要的维保支出，降低我国轮胎行业的资源和能源消耗，同时为车主提供预警能够减少因为轮胎故障导致的安全事故。轮胎企业通过为车主提供定制的预警信息，开辟了基于知识的新的商机。

（1）质量控制和工艺过程优化：整合 PLM、ERP、MES、SCM、传感网络等应用系统数据，分析用户评价维度（产品特性价比、质量需求、安全需求、使用环境、使用习惯等）、产品品质维度（安全性、舒适性、节能性、使用寿命、成本等）和制造工艺参数维度（物料配比、产品结构、工艺参数等）内在关联关系，基于多维质量特征分析和挖掘技术、在线质量控制与管理等技术，借助“用户需求驱动”的面向产品品质全生命周期的质量集成和优化模型，挖掘和分析质量多指标过程能力关系和规律，应用到产品品质和工艺过程优化过程中，建立以“用户为中心”的研发、生产和品质管控模式和体系，探索最佳生产工艺指标和最佳制造工艺路线，形成制造—使用—工艺优化的闭环动态高效反馈，协助企业更加理性、客观地优化工艺参数、工艺路线，提升制造工艺过程管控能力。

（2）用户满意度驱动的产品售后精准服务和预测：通过采集技术获取互联网、短信、微信、微博、论坛等多渠道与产品售后服务相关的用户使用感受，结合产品销售信息、分销商信息、用户和理赔信息，采用智能挖掘和统计分析处理技术进行预测、分析，将预测分析结果应用于企业的售后服务环节，制定个性化的售后理赔政策，给用户提供针对性的理赔方案，提高用户满意度。应用大规模质量事件预警模型，挖掘和分析理赔数据，对比同批次产品理赔数据变化，及时预警批量产品质量事故，使企业能够以用户为中心建立对应的研发、售后理赔管理体系，为用户提供最佳的售后服务体验。

（3）基于产品使用过程的多维度传感数据的个性化精准服务：轮胎产品使用周期相对较长，采用各类传感器可以收集到各种运行参数、状态参数、环境参数等数据，将相关数据进行归结、关联、分类，构建基于产品使用过程各项参数的时间预测模型，改变传统的产品维修保养模式，以"主动服务推送"方式实现按需维修保养；将产品使用过程数据分析结果反馈到产品生产环节，指导产品质量工艺改进，形成生产、使用闭环反馈。

3. 快速消费品行业

在中国，快速消费品行业是市场化程度最高的一个行业，用户分布广、购买频率高、购买持续时间长，购买产品多是生活必需品。以某花生油生产企业为例，针对花生油生产过程中品质控制、产品线优化和媒体热点触发的消费倾向分析的需求，通过制造业大数据分析应用可以提升产品质量，优化产品结构，提高了产品及时响应用户需求的能力。利用关联规则和分类聚类技术，发现产品品质与原材料的类别、产地、年份和压榨工艺之间的关系，通过大数据提升工艺和原材料的准确度，从而提高产品的竞争力。在文本分析技术基础上，通过媒体热点识别和基于关联规则的消费者行为预测技术，快速了解在当前阶段用户的产品消费倾向，在营销上采取相应的产品布局和营销措施，提高企业对于用户动态变化的需求响应能力，提高营销的效率和市场穿透力。

（1）广域范围的全程品质控制和预警：依托质量检测技术、网络技术，建立网络化的产品质量采集和检测体系，对原料采购、原料初加工、产品研发、多点加工制造、市场销售等环节的质量信息快速采集。利用大数据技术实时归集各环节、各检测点的数据，基于预测建模技术和集成学习策略建立复杂环境下的高维数据、噪声不敏感质量预测模型，实现质量信息的实时预测和获取。结合统计分析技术和风险预警理论，建立多目标、层次化的预警分析体系，实时捕获质量风险，为制造企业实现安全、统一、高效、协同的全程质量控制和质量保障提供决策支持。

（2）产品线优化决策：通过全面整合行业、企业内部的生产经营、产品研发和市场营销数据，利用统计分析、关联规则、分类与聚类和综合评价等方法进行大规模数据挖掘，量化市场竞争环境，清晰描述产品线谱系关系，指数化企业成长特征。借助数据可视化技术，从市场、企业、品牌、区域等不同维度展现企业产品线竞争力以及企业特征，辅助企业的品牌战略和产品体系更具特色、更具针对性，保障企业竞争实力。

（3）消费偏好动态演进分析：借助社交网络挖掘技术等，通过对用户的商品评论、兴趣爱好、社交圈和个人特征的分析挖掘，提取用户的品牌偏好、市场细分、新型产品需求等消费倾向信息。利用时间序列分析技术从长期和短期两个层面进行数据处理，解析出用户的总体长期消费偏好的时序变化规律，以及细分人群的短期内消费偏好演变规律。帮助企业把握成熟市场和细分市场的消费偏好变化规律，及时调整市场策略和研发方向，不断推出匹配市场需求的产品。

4. 航空航天制造行业

航空航天是一个高度知识密集型的行业。我国航天系统某单位在火箭制造环节对于产品设计相关知识管理和搜索有着明确的需求，在设计过程中有对基于发射数据的产品优化设计需求。他们通过大数据技术实现了基于数据关系网络的 360° 产品设计环节具体的研究对象相关的知识网络搜索和呈现，通过可视化的呈现帮助设计人员更好的发现和利用相关的知识。在产品设计中，设计人员针对某个主题，能够利用基于数据关系网络的搜索技术，快速检索到主题相关的全部知识文档和设计文档，按照分层次的关系网络展现技术，可帮助设计人员快速定位可能的改进点和参考资料，从而提高产品设计和工艺改进的工作效率，缩短型号的研制时间。火箭发射后，通过各种测控设备和传感器收集到海量的火箭运行数据，利用关联规则分析火箭发射和产品参数之间的关联关系，结合专家的已有知识，可指导产品优化设计，提高产品的性能和发射的成功率。

（1）利用大数据统一搜索提升产品设备设计过程中的精确设计能力：产品设计包含了计算、设计、仿真、工艺、加工、试验、维护数据、产品结构、配置关系、变更记录等环节，具有数据量大、数据类型复杂多样及关联性强的特点，如何能把这些数据集中存储、统一管理起来，如何在这些数据之间建立连接，是制造企业应用大数据平台的最基本诉求。而设计环节关注的是如何提高设计质量与规范，加快型号研制进度。采用大数据智能分析与决策系统，利用统一搜索功能能够追溯查询设备研制过程中的全数据，以型号、专业、设计环节、单机等作为元数据进行关联展现，同型号设备自初样起各单件数据、不同型号不同阶段间所有数据内容均可纵横对比，并可以实现为设计人员推送每个设计环节的标准流程、设计工具、规章制度、标准规划，研制经验、设计模板、制造流程数据和材料工艺数据等。设计师在设计阶段可以获得试验数据的结果，选用最优合格供方的组件，推演自己的设计结果，提高设计质量。

（2）基于设计、制造过程、试验数据的工艺优化：生产制造环节重点关注的是如何彻底贯彻设计意图、优化产品工艺，关注产品使用情况、提高产品质量。以前，产品生产工艺单一，数据来源主要依赖设计图纸，更新不及时，后续的试验数据等也无法反馈到生产线中，造成生产制造反应慢，延长了产品的研制周期。现在，生产线上采用的是数字机床，每个单机都由多个组件组成，有着几十个质量控制点，每个控制点都会产生和回传该控制点的组件参数，这些参数可以形成质量检测的标本及依据。产品在出厂后会被应用到多种产品中，产品试验后也会传回大量试验数据，包含速度、温度、湿度、压力、电压等各类数值。利用大数据智能分析与决策系统，将设计数据、生产线数据、试验数据进行分析处理，进行工艺优化，从而实现严格控制工艺纪律、提高产品生产速度的目的。

## 11.5 量化，精准

传统的企业管理流程是：出现问题—逻辑分析—找出因果关系—提出解决方案，使问题企业成为优秀企业，这是逆向思维模式。这种“谋划”、“凭感觉”式的企业管理就是要管理者根据他们的主观视角和经验来看待信息。而现在，更多的决策将基于大数据分析而不是个人直觉。大数据竞争战略咨询流程是：收集数据—量化分析—找出相互关系—提出优化方案，使企业从优秀到卓越，是正向思维模式。随着信息越来越多，如果能合理地利用数据，企业决策将更好、更客观。

### 11.5.1 量化出精准

量化管理（Quantitative Management），又称管理的数量统计法，是指以数字为基础，用数学方法来考察和研究事物的运动状态和性能、关键的决策点及操作流程，以求对事物存在和发展的规模、程度等做出精确的数字描述和科学控制，实行标准化操作的管理模式。

量化管理产生于 19 世纪末 20 世纪初，其创始人是美国著名的工程师和科学管理家费雷德里克・泰勒（F.Taylor，1856—1915）。当时，美国资本主义经济发展较快，企业规模迅速扩大，但是由于管理落后，生产操作方法混乱，资源、人、财、物配置低效，工人的劳动所得不与其劳动强度挂钩且工资很低，劳资关系紧张，工人“磨洋工”、消极怠工的现象大量存在，企业的效率低下。在哈佛大学就读的泰勒因病辍学后，先后在工厂当过学徒和工段长，并最终被提升为公司管理人员。在他与从事生产的工人的长期接触中，对低效率和有组织的怠工问题感受深切，对劳资双方矛盾的不断激化深感忧虑。他认为企业效率低下的原因在于管理部门缺乏合理的工作定额，工人缺乏科学指导，必须用科学知识来代替个人的见解或经验认识。而今，量化管理几乎成了科学管理的代名词，凡管理不量化就不科学。

宝洁公司保持着全球产品上市成功率 85% 的骄人业绩，其第九任董事长兼首席执行官约翰·白波先生在总结宝洁公司百年长青的原因时说道："宝洁公司到现在已成功守业 160 年，许多人认为我们是一家神秘的公司，而现在我想告诉大家的是，它的神秘就是拥有一套客观科学的量化管理系统。宝洁公司 160 多年来的成功正是源自于这套不断完善的量化管理系统。"

现在，通过大数据和高级分析，制造商的财务状况能够和每日生产活动直接联系起来。通过对每台生产设备进行追踪，管理者能够了解工厂的运转效率，生产规划负责人和高级管理人员能够更好地调整生产规模。

《直觉和大数据（Gut & Gigabytes）2014 年普华永道全球数据分析调查》[45]是普华永道公司赞助执行的经济学人智库报告，该报告对全球 1135 位高管进行了调查，具体了解了他们在 2014—2015 年期间要制定什么重大决策，如何制定决策以及在决策制定过程如何利用大数据和分析的影响。全球调查样本中，29% 来自欧洲，35% 来自北美，24% 来自亚太，其余 12% 来自拉美、中东和非洲。72% 的受访企业在超过一个地区以上经营。受访人员中，54% 是 C 层高管或董事会成员（指 CEO、CFO 等）。结果显示，43% 的高管承认，由数据驱动的企业在过去两年中的决策制定上获得了很大的提升，"高度数据驱动型企业比一般企业在制定重大决策时效率可显著提高 3 倍"。

有了大数据，管理者可以将一切量化，从而对公司业务尽在掌握，进而提升决策质量和业绩表现。企业管理者对大数据量化分析，要从思维模式转变开始。

首先，要养成思维习惯，每当遇到重大决策的时候，问一句："数据怎么说？"然后，紧跟这个问题进一步问："根据这些数据能得出什么分析结果？”企业管理层的思维变化会提高企业员工对大数据管理的执行力。

其次，企业管理者要允许数据做主。如果企业员工用来自一线的大数据分析结果推翻了资深高管的直觉判断，这将是改变企业决策文化的最大力量。基于规模庞大的数据量做出合理的决策，中间需要很长的分析过程。

对于传统企业而言，运用大数据获得竞争优势的潜力可能更大。企业可以做精准的量化和管理，做更可靠的预测和更明智的决策，可以在行动时更有目标、更有效率。这些都可以在一直以来由直觉而不是数据和理性主宰的领域实现。虽然感性的直觉和理性的数据有时是矛盾的，但是基于理性数据的感性判断是可行的，特别是在企业的运营层面。

IBM 公司与美国孟非斯警察局合作进行的一个项目“利用历史数据减少犯罪”，就是一个很好的例子。该项目分析发现，强奸案和户外付费电话之间存在关联。因此，警方决定将付费电话转移至室内，这使得强奸案的发案率降低了 30%。

当然，基于大数据战略的管理也有很多挑战。需要调整领导力、人才、技术、决策、文化才能应对大数据战略转型。领导层利用数据设计清晰的目标，可以准确地知道自己定义的成功究竟是什么。有目标也要有执行，随着数据越来越廉价，实现大数据应用的统计学、视觉化、系统化人才变得越来越昂贵。优秀的人才要能够处理海量、高速率、多样化的大数据。大数据驱动的公司要问自己的第一个问题，不是“我们怎么想”而应该是“我们知道什么”，这要求企业不能再跟着感觉走。企业只有找到将数据科学与传统技能完美结合的方式，才能打败对手。不是所有的赢家都会将大数据用于其决策制定，但数据告诉我们，这样确实胜算最大。

### 11.5.2 中国企业正越来越多地在制定决策时使用大数据

中国的企业家正在从粗放管理走向精细化运营。根据 2014 年普华永道《直觉和大数据 2014 年普华永道全球数据分析调查——中国透视》针对中国大陆和香港地区的调查，可以看到一些有价值的数据。数字技术的繁荣加速了数据的创建及获取，使得中国企业有机会来快速提升数据分析能力，着眼未来的数据需求而不仅仅局限于过去。

本调查中，84% 的中国香港和中国大陆受访者在组织层次制定决策时选择“高度基于数据”（39%）或“一定程度上基于数据”（45%）。意外的是，亚太地区（这两组数据分别为 36% 和 50%）、美国（23% 和 60%）和全球（32% 和 51%）的受访者的调查结果一致显示在“高度基于数据”的选择上并非如此乐观（图 11.3）。

本调查结果显示，在中国驱动重大决策的因素包括风险和监管的变更（41%）、加速城镇化（30%）和资源短缺（30%）（图 11.4），而在美国，运营成本为主要因素。普华永道公司的自身经验显示企业期望使用数据来提升客户服务、改进产品设计和创新以及更有效地在中国三、四线及更小城市进行业务扩张。由于市场份额和用户忠诚度的竞争日趋激烈，大数据还被用于帮助企业通过数字媒体更好地结合用户需求。许多中国企业仍在整合和完善数据以支持将来的数据分析能力。

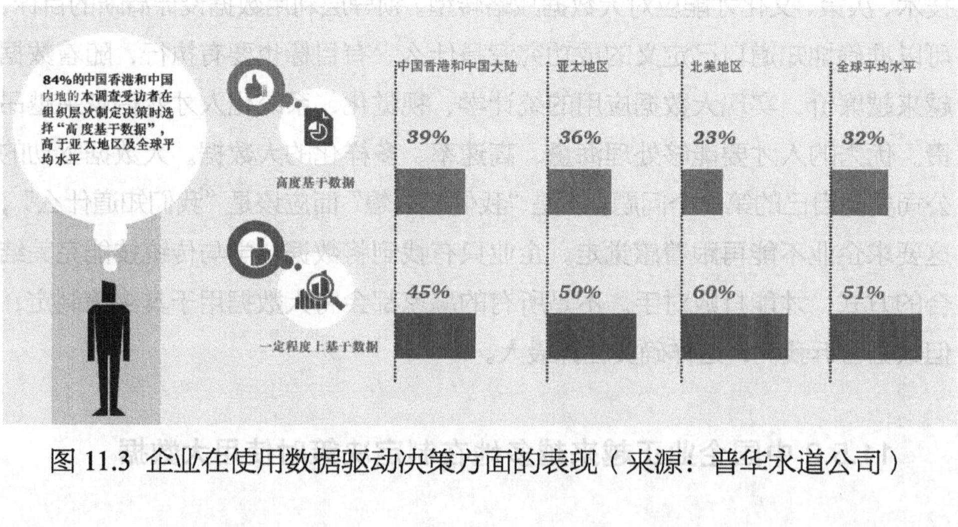


图 11.3 企业在使用数据驱动决策方面的表现（来源：普华永道公司）

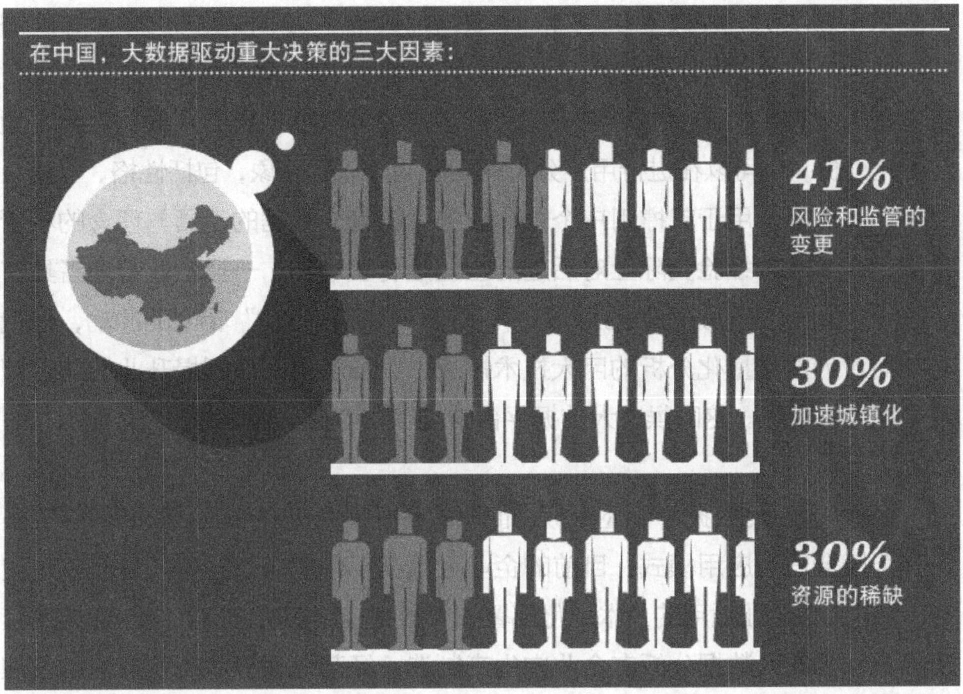


图 11.4 中国企业大数据驱动重大决策的三大因素（来源：普华永道公司）

然而，由于需要更复杂的数据，企业在做出决策时更多地使用先进分析会面临更多挑战。比如，为提高复杂数据的分析能力，西方成熟市场的企业采取的最重要的措施是为提升此能力持续投入超过 10 年。

但在中国，很多企业还未解决公司内外部数据不一致甚至相互矛盾的挑战。在中国这样一个如此大的国家中收集、整理和清理数据是很困难的，企业可能还没有坚实的数据基础来建立先进的分析。不过，一些能接触海量用户行为数据并以从该数据中获益作为核心业务的网络巨头已经开始受益了，他们采用数据分析战略所取得的成效已经成为很好的样板。

### 11.5.3 依靠大数据平台应对精准分析的技术挑战

大数据的量化分析与传统的数据分析有相同之处，大数据也力图从数据中收集智慧，并将其转化为企业的优势；不同之处在于大数据的数据量巨大，产生数据速度快、种类多样。当一个数据源具备这三个性质的时候，它就需要形成一个平台。那些天生带有数字基因的企业，如谷歌公司和亚马逊公司，已然是大数据平台。而基于电信、银行这些经年数据积累的大数据平台，通过量化分析，也可以在进行用户分析时勾画出个人的形象，包括性格、气质、身高、体重等，用于支撑用户个性化业务。随着大数据的工具与理念的不断传播，许多成功经验实际上对后起的企业是有触动的。一旦企业管理者具有了放手“让大数据说话”的意识，有了向“大数据驱动”转型的冲动，他就必须面对大数据量化分析的巨大技术挑战，以及利用大数据提升业绩的管理能力的迫切需求。这时候，大数据平台就能够助企业一臂之力。

企业应用大数据平台应因人而异，应根据企业的实际需求和自身条件，选择合适的应用模式。目前的企业大数据平台应用主要有四种模式（图 11.5）：大型企业适用的、本地化部署的大数据应用解决方案，与企业应用紧密结合，方便大数据分析在企业内生产制造、经营管理等业务环节精益管理数据链中的应用；支持云计算部署的以龙头企业为核心的上下游产业链协作的数据开放平台，推动大数据分析在供应链、市场营销、售后服务等业务环节协同数据链中的应用；基于互联网大数据的开放平台，基于采集到的互联网数据向制造企业提供数据订阅服务，以及互联网数据与企业经营管理数据相融合的大数据分析服务；面向专业分析服务的大数据分析平台方案，以分析服务的形式提供专业的大数据分析服务。

阿里妈妈[46]是阿里巴巴旗下的一个全新的互联网广告交易平台，主要针对网站广告的发布和购买平台。为了更好地促进数据流通，以技术和数据驱动实效，阿里妈妈公司搭建了一个大数据管理平台 DMP，让更多商家可以更加有效地使用数据。一种开玩笑的说法是，DMP 就等于 DM（Data Market）加上 P（People）。事实上，这并不完全是个玩笑，因为这一说法抓住了现实中数据应用的核心，用户（P）的识别和管理是打通整个营销体系的核心。2014 年，阿里妈妈把 DMP 作为一个独立的战略，并将最新上线的 2.0 版更名为“达摩盘”。

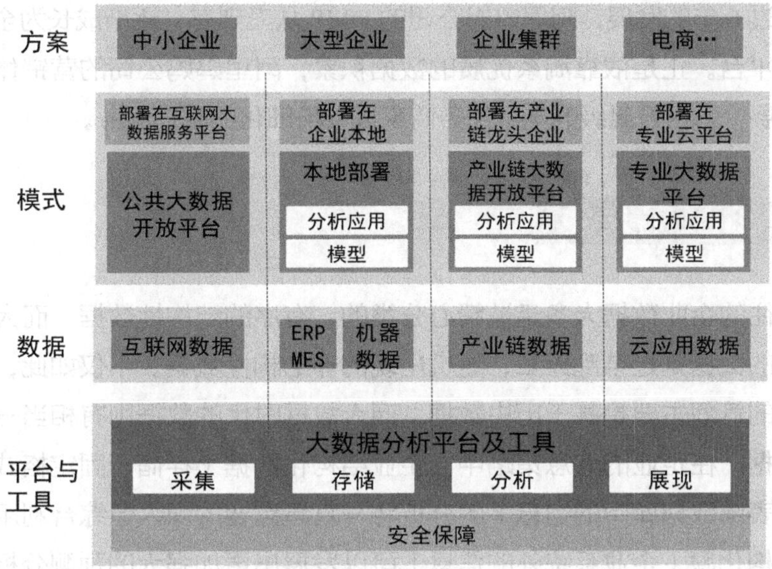


图 11.5　企业大数据平台应用的四种模式

DMP 补上了数据交易所最后也是最重要的一块砖，让以用户为核心的营销闭环成为可能：一是使可执行的 C2B 成为可能；二是具有最好的构建全域全网营销的能力；三是通过数据流通构建了一个以 DMP 为核心的数据生态圈（图 11.6）。

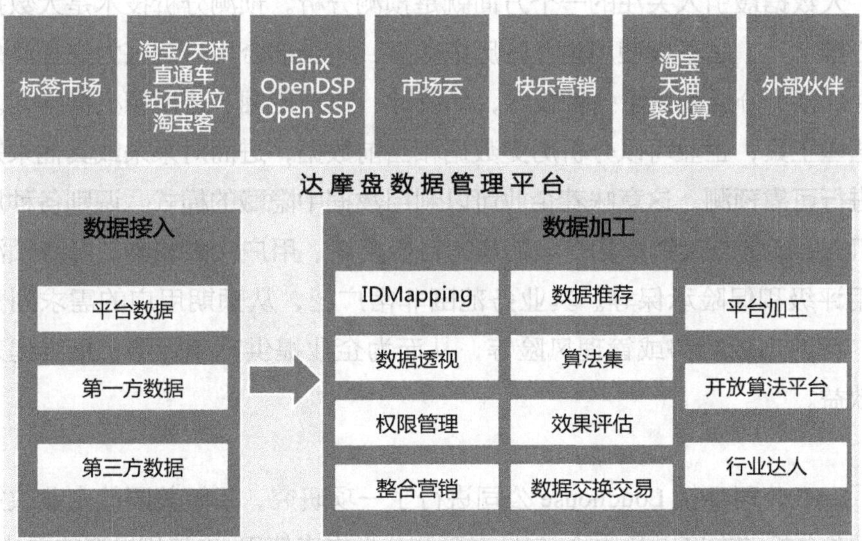


图 11.6　以 DMP 为核心的数据生态圈 [47]

经过 6 年的发展，阿里妈妈公司的 DMP 从无到有，逐渐成长为全国最大的营销平台。正是依靠淘系优质的数据积累，阿里妈妈公司的营销体系得以快速发展，为百万量级的电子商务商家提供精细化的营销服务。

## 11.6 预见未来

以往的企业数据大多是被精心分类的、有序的结构性数据，而大数据时代产生的数据则是杂乱无章、随机出现的非结构性数据。不仅如此，以往对于数据的管理主要是基于历史数据，而大数据时代的数据则有相当一部分是实时数据。在企业的信息策略中，企业结构化数据（存储于固定格式，如电子数据表或数据库中的信息）的分析将一直是重要的源。但综合利用结构化和非结构化源（企业系统外的信息）可以发展出更加强大的预测分析能力。SAP 公司曾经有个非常形象的比喻：对历史数据的分析就好比汽车里的后视镜，没有后视镜的话，开车会没有安全感，因为你不知道后面发生了什么事情，但更重要的是车的前挡风玻璃——你要知道将要发生什么！这就是对实时数据的分析和预测。

大数据最引人关注的一个方面就是预测分析。预测分析技术是大数据的核心推动者，它不仅使用企业的历史数据，还会结合用户洞察力来预测未来事件。预测分析涵盖了各种技术，如统计、数据挖掘、建模和机器学习。借助这些工具，企业可以分析历史数据和当前数据，进而对未来或其他未知事件进行可靠预测。这意味着企业可以利用数据中隐藏的模式，识别各种风险和机遇，比如交叉销售和升级销售的目标用户、用户流失倾向、经济预测、信用评级和保险承保等。其业务范围非常广泛，从预期用户的需求到预测更广泛的市场趋势或管理风险等，从而为企业提供竞争优势，最终提升企业效益。

SAP 公司委托 Loudhouse 公司进行了一项研究，了解美国的企业决策者对预测分析的态度以及体验，包括对预测分析未来使用、价值和投资的看法[48]。从中可以看到，绝大多数使用预测分析的组织（94％）确认预测分析已经对他们的业务产生了积极的影响，主要体现在业务增长上。对于美国企业，大部分数据驱动的成功要归功于外向部门的增长推动：销售（Sales，52％）和市场（Marketing，48％）的职能被认为从预测分析中受益最多（图 11.7）。使用正确的数据工具，企业能够很好地推动其业务增长；多至接近三分之二（64％）的受访者相信未来好的经营业绩是预测分析战略的一个关键优势；最大化利用现有的数据（47％）和对业务动态的更深入的洞察（46％）也是预测分析战略的价值所在。从根本上说，企业在业务中使用预测分析能够将洞察转化为商业上的成功——88％利用预测分析报告的企业已经获得了竞争优势的回报。

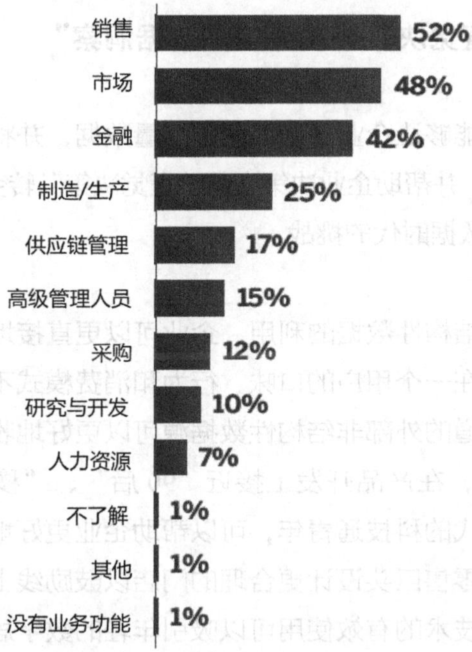


图 11.7　预测分析对各种企业业务的积极影响

（来源：Loudhouse 公司，2013）

互联网和社交媒体的使用也在中国催生了数量可观的外部数据，其中 90% 是近两年产生的。现在依赖回顾性分析的公司可以使用预测性分析做出准确的推测，并基于此做出商业决策（图 11.8）。

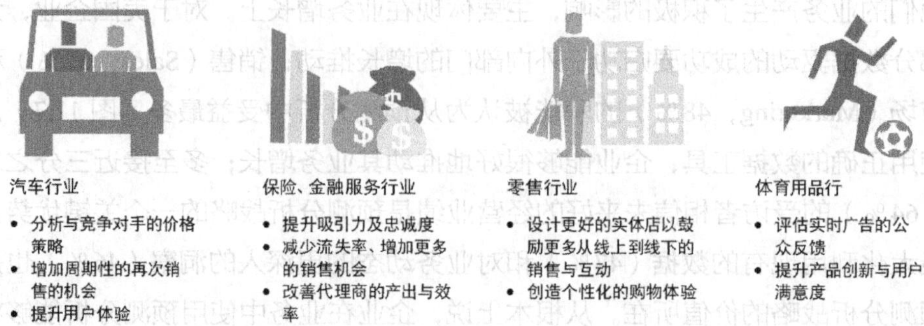


图 11.8 企业在使用数据驱动决策方面的表现（来源：普华永道公司，2014）

### 11.6.1 从“直觉决策”转变为“数据洞察”

利用预测分析能够让企业更好地利用海量数据，并将其转化为可行的洞察力，使企业受益，并帮助企业决策者从“直觉决策”转变为“数据洞察”，让企业真正适应大数据时代的挑战。

通过对外部非结构性数据的利用，企业可以更直接地洞察其产品和服务在市场中的地位。在一个用户的口味、行为和消费模式不断变化的时代，通过监测来自数字渠道的外部非结构性数据源可以更好地收集并理解最相关和最新的数据。例如，在产品开发上接近“90 后”、“移动一代”，即那些在成长在互联网时代的科技通青年，可以帮助企业更好地了解用户需求。传感器数据可以帮助零售巨头设计更合理的门店以鼓励线上到线下的销售和管理。对“游戏化”技术的有效使用可以吸引年轻的数字居民对原本只有年龄偏大的用户才会关注的保险或金融服务产品。社交聆听和投入（监测在线博客、论坛、博客、网站、评论和社交网络）可以让企业充分利用其目标客户所创造的数据而获益，这只需要在技术层面进行很少的甚至是零投入。基于这些数据源，可以提供一系列行业内的应用程序，在不改变核心系统的前提下使用公开的数据获得即时效益。例如，服装品牌可以通过用户统计资料知晓产品的地位，而电能企业可以监控电力输送障碍的早期迹象，汽车制造商可以分析比较竞争对手的价格策略，运动服饰品牌企业可以评估广告对民意的作用。

在工业 4.0 时代，生产企业不再需要购买硬件设备，而是以租用的方式，设备厂商提供硬件，并负责运转、运行、维护等。但如果设备厂商不在现场怎么办？如果有远程的事先预测，通过设备中的传感器把数据及时传到设备厂商的总部，总部就可以预测这个机器两个月后可能会发生什么事情。这将极大地节约企业运行成本，带动制造业的转型升级。

据了解，一家生产飞机零部件的公司在使用 SAP 公司的分析系统后，库存方面节省了 200 万美元，生产流程方面节约了 25% 的时间，降低了 30% 的组装库存水平，减少了 40% 的加班费。

对航空服务业来说，时间的精准就是优质的服务，尤其是航班抵达时间的精准。美国一家航空公司委托第三方调研公司 Passur 进行调研发现大约 10% 的航班的实际到达时间与预计到达时间相差 10 分钟以上，30% 的航班相差 5 分钟以上。为了提高服务质量，Passur 公司通过搜集天气、航班日程表等公开数据，结合自己独立收集的其他影响航班因素的非公开数据，综合预测航班到港时间。至今，Passur 公司已经拥有超过 155 处无源雷达接收站，每 4.6 秒就收集一次探测到的每架飞机的一系列信息，这会持续地带来海量数据。使用 Passur 公司的服务后，这家航空公司大大缩短了飞机预测到达时间和实际抵达之间的时间差。Passur 公司为航空公司依据它们提供的航班到达时间做计划，已经为每个机场每年节省了数百万美元。

大数据带来更准的预测，更准的预测带来更佳的决策和管理，零售业也有这样的案例。美国零售业巨头西尔斯公司收集其专售的三个品牌的用户、产品以及销售数据，从这些海量信息中挖掘价值。大数据潜在价值巨大，挖掘的困难也巨大：这些数据需要超大规模分析，且分散在不同品牌的数据库与数据仓库中，不仅数量庞大而且支离破碎。过去，西尔斯公司需要 8 周时间才能制定出个性化的销售方案，但往往做出来的时候，它已不再是最佳方案了。而现在，西尔斯公司开始使用群集收集来自不同品牌的数据，并在群集上直接分析数据，而不是像以前那样先存入数据仓库。为了避免浪费时间，西尔斯公司先把来自各处的数据分析之后再合并，这种调整让公司的推销方案更快、更精准。

Passur 公司和西尔斯公司的例子展示了大数据的威力——它带来更准确的预测、更高明的决策、更恰当的操作。当大数据应用于供应链管理时，可以让我们了解为什么一家汽车制造商的产品故障率突然飙升；可以持续详细调查和处理几百万人的医保状况；还可以基于产品特性的数据集，为在线销售做出更好的预测和规划。大数据在其他行业的应用也同样成效显著，无论金融、旅游、博彩还是机械维修行业，在市场推广、人力资源管理方面也都有极大的功用。

### 11.6.2 发现“未知的未知”

“未知的未知（Unknown Unknown）”是前美国前国防部长拉姆斯菲尔德在回答记者提问时的名言。2002 年，美国以伊拉克政府拥有大规模伤力武器并支持恐怖分子为由打算与其开战。同年 2 月 12 日，时任国防部部长拉姆斯菲尔德被问及有关的证据时[49]，他解释道：

“据我们所知，有‘已知的已知’，有些事，我们知道我们知道。我们也知道，有‘已知的未知’，也就是说，有些事，我们现在知道我们不知道。但是，同样存在‘未知的未知’——有些事，我们不知道我们不知道。”

如果能够预知某些问题或者故障，制造商就可以使用传感器捕获制造过程中关键步骤的数据，可以用于检测发生的问题。然而，一些微妙的问题，即所谓的“未知的未知”问题，有些故障我们不知道自己不知道，所以也就无从检测了。但这些问题可能会导致产品使用中较高的故障率。从认知规律上来看，未知的“未知”的范围远大于已知的“已知”和已知的“未知”。明白了这一点，我们才能在客观世界面前保持敬畏，才能不断地创新和探索。

比如，当有问题的产品返厂时，制造商可以对这些产品做鉴定，并结合鉴定数据和来自该产品生产时的原始传感器数据综合考虑，这就增加了对问题产生根源的可见性，有助于制造商提高工艺和产品的水平。显然，如果缺乏大数据的支持，发现“未知的未知”是做不到的。而一旦当企业拥有了大量的、多方面、多维度的数据，就可以利用数据呈现手段，将一些未知的现象呈现，就更容易从中发现关联，找到问题的蛛丝马迹。

通用电气公司计划未来三年在“工业互联网”项目上投入 15 亿美元，其中一部分预算将用于支持在加州圣拉蒙市新成立的软件研发中心的研究项目。该研发中心的机器学习专家 Anil Varma 正在试验如何筛选通用电气公司生产的 2 万台喷气式发动机中那些不易察觉的警报信号，以此来预测哪些设备需要进行维护。对于某些型号的发动机，Varma 的算法能够提前一个月预测其维护需求，预测准确率达到 70%，这可以极大减少由于临时故障导致的飞行延误。

## 11.7 引导创新

大数据不仅意味着海量、多样、迅捷的数据处理，更是一种颠覆的思维方式、一项智能的基础设施、一场创新的技术变革。

国际经合组织 2013 年发布的《探索数据驱动创新作为一种新的增长源泉》[50]报告中指出：“社会和经济活动的不断网络化，数据收集、传输、存储和分析成本的下降，共同导致了一个有助于培育新的产业、工业和产品的大数据时代的出现。”报告提出，由数据驱动的社会经济模式开始显现，数据已成为创造竞争优势和驱动创新、可持续发展的核心资产。大数据给企业带来的真正机遇是把许多信息碎片拼接起来，为企业的决策服务。

### 1. 业务模式创新

阿里集团公司坐拥数家交易平台，如支付宝、淘宝、天猫、阿里金融等，其积累数据达 14 年之久，利用这些大数据，阿里金融基于海量的用户信用数据和行为数据，建立了网络数据模型和一套信用体系。基于这套信用体系，微贷企业可以获得从 500~1000000 元不等的信用贷款。阿里金融打破了传统的金融模式，使贷款不再需要抵押品和担保，而仅依赖于数据，使企业能够迅速获得所需要的资金。阿里金融的大数据应用和业务创新，改变了游戏规则，对传统银行业带来了挑战。近几年网络借贷公司的兴起，正是基于类似的商业模式创新，发展非常迅猛。

湖北一家服装加工企业原来主要给各类品牌服装做代工，和其他服装加工企业一样，处于价值链的低端，产品附加值低、利润薄。因为它常常与全球一流的服装品牌进行版型合作，于是萌发了进入服装设计版型优化环节的想法。事实上，很多人都不知道，版型优化是服装制造的关键环节，也是薄弱环节，服装设计概念从出现到规模制造之前，需要进行版型设计转换、放码，离不开布料冗余度测试等环节。从一流国际品牌到众多前店后厂的小服装加工作坊都需要版型设计优化，有巨大的市场需求空间，但版型设计又是一项多品种、小批量的工作，成本很高、耗时很长，要想在其中赚钱，其实并不容易。一般企业做一个版型优化需要一周，而这家企业只需要几小时就可以实现。这家企业之所以能够快速为其他企业提供版型优化，是因为 20 多年来积累了大量的实物版型库。现在，该企业正在打造亚洲最大的女装版型数据库，通过实物版型数字化转换建立版型数据库，就能够快速进行版型设计转换、放码、布料冗余度测试等。事实上，它已从一家传统的服装加工企业，变成了服装加工的数据服务提供商，变成了版型服务供应商。

### 2. 产品研发创新

用户与工业企业之间的交互和交易行为将产生大量数据，挖掘和分析这些用户动态数据，能够帮助用户参与到产品的需求分析和产品设计等创新活动中，为产品创新做出贡献。内部数据可用来指导创新，比如呼叫中心可以说是洞察用户的基础设施，是个重要的大数据资源。许多公司在呼叫中心经常记录下所有的用户对话。处于领先的公司把这些对话自动转录下来，搜寻可能表明需要推出新产品或改进旧产品的常见词，从而满足未得到满足的用户需求。外部数据更是一个值得挖掘的宝藏，例如，一家公司利用用户情绪分析工具查看自己的 Twitter 消息和 Facebook 页面，发现用户特别提到一款新的竞争产品已添加了功能，于是这家公司分析了 CRM 记录，结果发现同一个问题（缺少功能）是退货的主要原因。公司马上给自己的产品添加了相应功能，销量也随之回升。

福特公司是这方面的表率，它将大数据技术应用到了福特福克斯电动车的产品创新和优化中，这款车成为一款名副其实的“大数据电动车”。第一代福特福克斯电动车在驾驶和停车时产生大量数据，在行驶中，驾驶员持续地更新车辆的加速度、刹车、电池充电和位置信息，这对于驾驶员很有用，数据也传回福特公司工程师那里，以了解用户的驾驶习惯，包括如何、何时以及何处充电。即使车辆处于静止状态，它也会持续将车辆胎压和电池系统的数据传送给最近的智能电话。这种以用户为中心的大数据应用场景具有多方面的好处，因为大数据实现了宝贵的新型产品创新和协作方式。驾驶员获得有用的最新信息，而位于美国底特律的工程师汇总关于驾驶行为的信息，以了解用户，制定产品改进计划，并实施新产品创新。而且，电力公司和其他第三方供应商也可以分析数百万英里的驾驶数据，以决定在何处建立新的充电站，以及如何防止脆弱的电网超负荷运转。

# 第 12 章　企业大数据应用案例

一些领先的企业已将大数据应用到日常工作的一些领域，能够大大提高工作效率，降低工作成本。例如，把大数据应用到企业决策中，实现及时风险预警；把大数据应用到人力资源管理部门的招聘工作中，实现精准招聘；把大数据应用到营销过程中，实现精准营销；把大数据应用到原料采购中，实现精确采购。

## 12.1 精细管控：大数据实现事前算赢

上海建工集团公司是上海市国资委下属的工程建筑单位，是老牌的国有企业。2013 年，公司产值超过 1200 亿元，是中国工程建筑领域的佼佼者，位居全球工程建筑前 50 强。

在工程建筑领域，上海建工集团公司创造了一系列辉煌：成功建设了世界跨度最大的钢拱桥——卢浦大桥、世界第一条高速磁悬浮列车商业营运线，建造了 420.5 米的金茂大厦、468 米的上海东方明珠广播电视塔、492 米的环球金融大厦、610 米的广州新电视塔，以及正在建设 632 米的上海中心大厦。

就是这样一个“水泥得不能再水泥、传统得不能再传统”的企业，充分应用大数据，在信息化领域续写着令人惊叹的传奇：通过收集在互联网和企业自身信息系统中的大数据，实现了比较精确的建筑工程目标成本预测、竞争对手投标价格预测。如果没有大数据的技术和产品应用，在建筑工程领域要实现上述两项任务几乎是不可能的。事实上，公司利用大数据方案，实现了四大类的数据服务，即主数据管理、企业定额、价格行情和市场商情。这些大数据一部分来源于企业外部的行业数据和省市数据，另外一部分来源于企业内部，通过互联网将大数据整合后为整个集团公司提供数据服务。

其中令人称奇的是，一直困扰工程建筑企业的定额问题的解决。由于工程建筑领域的企业定额是分专业、分地区、分版本的动态定额，定额数据的来源也非常复杂，一般来源于各省市的定额站和企业内部定额。在没有大数据之前，要收集各地的定额和企业内部的定额非常困难，几乎没有快速而有效的方法保正定额的实时性和准确性。现在，上海建工集团公司通过大数据技术，将分布在互联网上的各类定额数据进行提取、导入、数据识别和匹配、数据归类和整合，最终形成企业定额库。与此同时，公司内部建立了一套定额库的运维机制，由此保证企业定额库的动态更新（图 12.1）。

大数据技术为企业定额的解决带来全新的体验，这种实时、体现当前工艺配比的定额为工程对外报价和目标成本编制做了有力支撑。

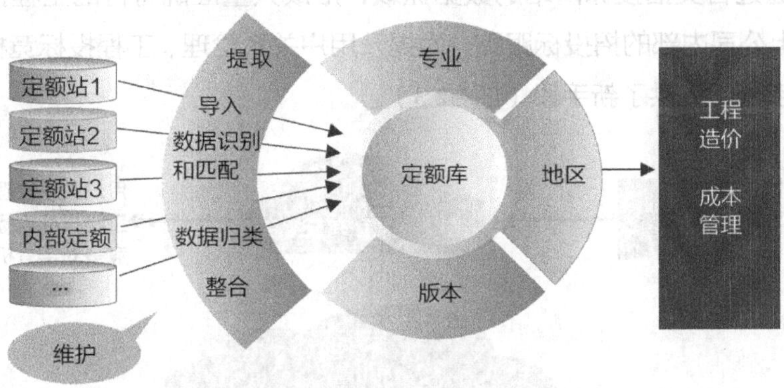


图 12.1　上海建工集团公司企业定额收集框架
（资料来源：上海建工集团公司，2014）

价格和招标监测是公司利用大数据技术创造全新价值的另一个体现。公司利用“垂直搜索、分布存储、碎片整合、语义分析”等大数据处理技术，从互联网相关价格网站爬取价格数据，结合企业内部的交易价格形成市场价、定额价、计划价、内部成交价、政府指导价等（图 12.2）。

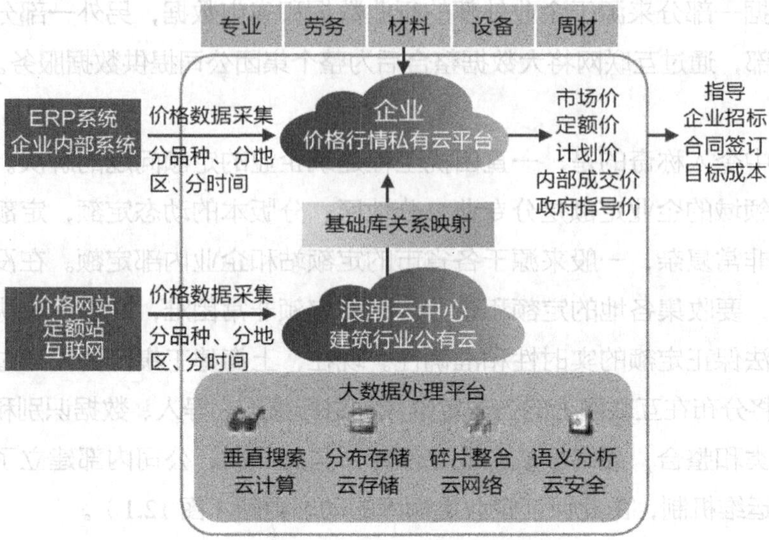


图 12.2 价格和招标监测

与此同时，公司依托大数据技术构建了建工招标、中标市场商情和情报平台，通过各类招投标网站的数据抓取，形成大量准确可行的工程招投标线索，加上公司内部的招投标跟踪，为提升用户关系管理、工程投标竞标实力、竞争对手分析提供了新手段（图 12.3）。

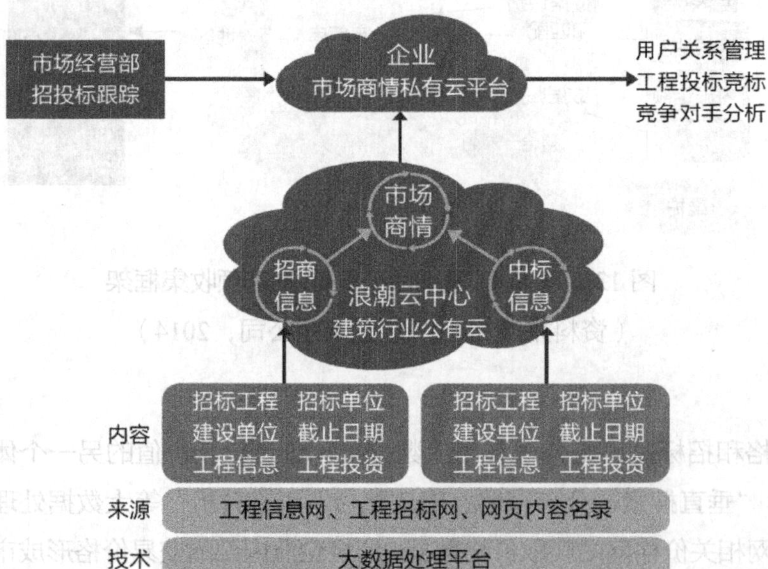


图 12.3 依托大数据技术构建的建工招标、中标市场商情和情报平台

像上海建工集团公司这样的千亿级企业，如果项目成本降低一个百分点就会有十几亿的毛利增长，因此，做好项目目标成本管理是信息化的头等大事，大数据的技术和方案则给它们带来了发展的新机遇。

## 12.2 人才管理：大数据助力才尽其用

大家是否还记得葛优在电影中的那句话："21 世纪最重要的是什么？人才！"这句戏言在高速发展的今天早已成为现实。甚至有人说，企业竞争的核心就是人才竞争，可见人力资源被放置在何种战略地位。

人力资源大数据将使人力资源总监和经理更好地洞察公司业务。知人善用是人力资源部门经常面临的挑战。现在，运用恰当的技术和正确的数据，人力资源经理可以大胆地向业务带头人提出自己的见解，并且清楚地证明投资的回报。人力资源数据现在也可以加入信息大联盟，促进真正的业务创新。越来越多的公司利用它们的人才优势在市场上出类拔萃，所向披靡。

### 12.2.1 大数据重构人力资源管理

与数据打交道，对数据有一个明确的分类是必要的。首先需要梳理人力资源生命周期中的人力资源数据，普华永道公司给出了一张人力资源数据全景图（图 12.4），每位员工的数据大体可以分为三大类别。

（1）最内层：人员数据。这是有关个人资料的数据，如姓名、地址、与公司的关系（如员工、退休员工、应急工人等）。这些数据主要由个人保管，通过员工自助服务定期维护。获得正确的数据可以帮助公司资源共享，使得人力资源部门获得个人数据的"黄金资源"。

（2）中间层：结构化数据。这是有关公司层面的数据，包括公司如何定位员工以及分配关键业务信息，这些要素的大部分包含了工作以及岗位数据。这是一组非常重要的数据，应确保有一致的全球规则和定义，无论是在人力

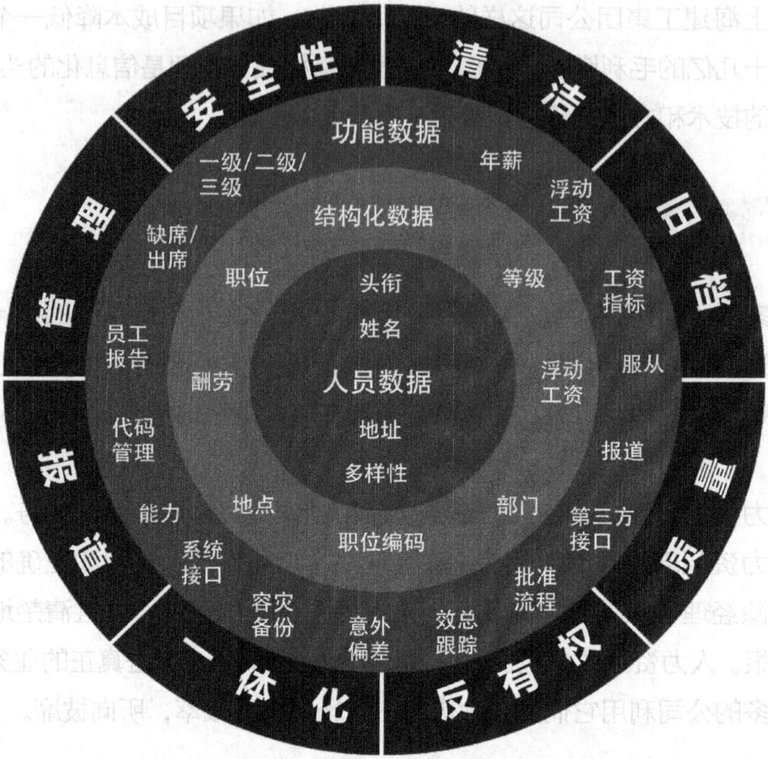


图 12.4 人力资源数据全景图（来源：普华永道公司）

资源部门或是业务流程中均提供了基础的识别和个人报告数据。

（3）外层：功能数据。这是有关人力资源功能过程的数据。这些数据建立在可靠的人员和结构基础上，并对员工的活动开展提供丰富的信息。该项功能数据涵盖了工资信息、福利信息、人才信息等。随着公司使用人力资源数据的逐渐成熟，人们期望将它作为一个差异化竞争管理人才的关键。

这三个层次把人力资源静态、动态信息与企业的业务关联起来。这些数据分类适用于任何标准数据处理的数据类型，人力资源数据都包括在这些标准过程中。重点是外层，如果缺乏好的数据管控，将无法获得良好的数据质量。而没有持续适当的数据所有权也就无法保证数据质量。

人力资源部门如何通过大数据指导决策？事实上，深挖数据可以显示出最令人惊讶的结果，而且可能提供相反的见解。企业所需要的正是那些可以提供见解的更开放的数据。不过，人力资源管理团队要想有效地管理，就需要采取以下步骤进行处理。

（1）确保人力资源战略完全符合商业策略。

（2）看数据：看现在收集的可以提供见解、支持业务战略的数据。

（3）识别数据差距：如果不可用，就停止收集数据，去收集能够帮助企业解决当前和未来业务挑战的数据。

（4）整合企业的孤立信息，让数据为企业提供更大的洞察力和价值。

当前很多企业，很可能只是在收集员工数据，但这些数据不一定是今天业务的关键点，这需要人力资源团队对过去的数据说不。找到真正能够影响业务的数据，才可以帮助企业找到紧迫业务的答案，助力企业业务发展。

数据提供了一个机会，从最初做起，在单个项目上建立大数据意识，这种意识将使企业建立掌控数据的能力。

## 12.2.2 大数据推动高效的人才测评[51]

随着人力资源管理日益成为企业生存关键，人才测评作为人力资源管理的一项专门技术也越来越受到人们的重视。

通过对目前国内外人才测评状况的了解得知，现在企业的人才测评大多处在单一的专家评估上，明显带有强烈的主观性。为此，需要利用大数据技术对人才测评中的一些问题，如人才绩效考核、人才选拔以及分类进行研究，改进以前算法中的一些不成熟的地方。

大数据技术能从一些大型的人力资源数据库中找到隐藏在其中的信息，帮助决策人员找到数据间潜在的联系，从而有效地进行人才测评。

北森公司是国内最早开展并且专注于做测评的公司。云计算平台和大数据技术的服务使得公司的测评工作更加高效准确。北森公司利用行业专家经验，积累了 200 万条测试者的数据，构建模型进行测评。国际上的 Hay Group 公司在测评方面更是资深行家，其核心产品海氏系统法从实质上讲就是一种测评方法。这种方法是国际上使用最广泛的岗位评估方法。据统计，世界 500 强企业中有 1/3 以上的企业岗位测评时都采用了该公司的海氏三要素测评法。

### 12.2.3 大数据支持精准的在线招聘

针对企业人力成本上升及部分区域出现用工荒的现状，基于互联网招聘网站数据、社交网站数据、晒工资等热点应用以及企业 HR 系统内部数据等，可以开发出基于大数据的精准招聘系统。但在海量无用信息的干扰下，在线招聘网站如果不能对求职者的求职意愿、职业能力与岗位需求进行精准匹配，只是简单地将大量符合搜索关键字的职位展示给求职者，求职者很容易错过最适合自己的职位。在这个越来越追求高效的社会，不能为用户带来良好求职体验的传统在线招聘网站终将被更加精准的新秀所取代。

精准招聘系统会研究求职群体的自组织分类方法、求职群体特征属性表达方法，研究求职群体选择就业企业的关键考量因素评价方法，研究求职群体数量与建厂选址的评测方法，从而帮助企业建立分区域、分工种、分等级用工价格参照模型、雇主偏好分析模型、建厂选址评测模型等，实现对行为的有效分析，为人员引进合理定价，辅助企业有效地进行人力资源管理。

从根本上说，现有的在线招聘网站不管是传统的，还是在线猎头，抑或是垂直行业，都还是广告模式的招聘，即网站提供职位信息和简历，求职者和企业自己去选择，只是在不断地优化模式，减少挑选基数，是量变，不是质变。真正能帮助用户的不是能给他多少职位信息和简历或安排多少次面试，而是精准匹配，需要通过创新的算法进行大数据分析，对求职者专业技能、工作经历、性格、年龄、求职意向等综合情况和企业文化、福利待遇、岗位要求等进行匹配，排除大量无效信息的干扰，将最合适的信息推荐给用户，以达到提高招聘效率的目的。

搜前途[52]公司独创了大数据 SPIDER 算法。这一算法对线上千万量级真实但杂乱的职位数据进行规范化分析，形成了 80 万个不重复、规范化、可识别的职位样本；然后找到相似职位的显性和隐性基因，通过 SPIDER 算法进行解码分类，将这 80 万个真实职位样本信息进行基因重组，形成 2 万余个职位基因库；并研究出一套有效机制，实现基因库间的关系传播。从而通过计算机实现了任何岗位间能力匹配度的量化分析运算，并且大大降低其运算复杂度，使精准匹配可以真正落地。

## 12.3 精准营销：大数据重构企业营销

无法准确把控最终用户是企业目前大营销模式下的通病。在互联网、移动互联网环境下，针对企业直面用户所遇到的个性化有效服务问题，可以制定新型的精准营销系统。精准营销系统可以研究用户使用习惯、产品应用环境、产品当前性能状态、三包理赔、用户未来诉求等多维度因素，建立产品采用寿命预测评价模型、产品维修维保预测模型、产品结构性缺陷分析模型，构建形成产品主动服务需求分析方法体系；能研究基于“用户价值”驱动的市场需求趋势动态预测模型，建立个性化、实时化的服务推荐与营销推荐方法。有精准营销系统，就能实现以用户使用价值为核心的主动服务、互动营销模式，推动传统“定时服务”向“主动服务”模式转型，推动“代理营销”向“精准营销”模式转型。

快消品企业大数据应用，可以将企业内部 ERP 数据、外部电商数据、互联网数据进行充分整合，并借助互联网技术，打通企业内部与外部资源，为公司内部管理及战略决策提供可靠的信息支撑，实现产、供、销、人、才、物内外信息一体化集成，并通过对经销商管理、订单中心、渠道库存、市场费用创新数据应用，实现企业精准营销（图 12.5）。

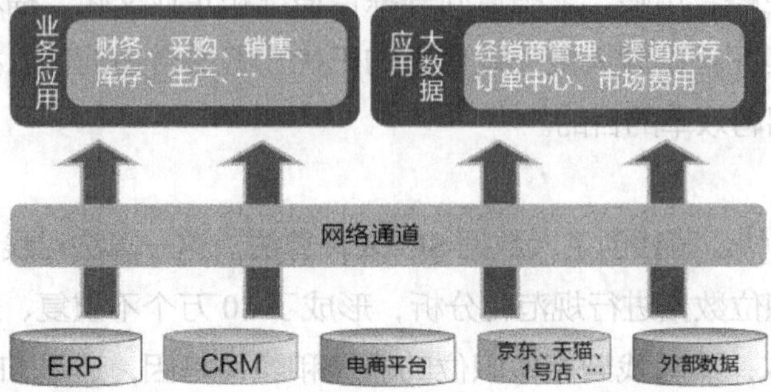


图 12.5 快销品行业大数据应用框架（来源：浪潮公司，2014）

（1）经销商信息库：快消品企业的经销商众多，形式多样、变化快，在企业管理中面临众多问题。在当前信息时代，如果不能及时对经销商进行有效管理与服务，将影响企业市场开拓。借助互联网技术建立企业与经销商业务对接平台，建立公司经销商档案库，实现对经销商信息发布、往来对账、服务管理，形成完整经销商管理信息库，以实现对经销商贡献度、市场占有率、经销商分布等信息进行及时、准确分析。

（2）订单统一管理：随着互联网的发展，人们的消费习惯已经发生改变，已经实现了从原来传统渠道购买到网上购买的转变，企业的大部分销售将由原来的内部订单转为网上订单，如何对企业大量订单进行及时处理是企业当前面临的重要问题。借助企业大数据平台，整合企业外部订单（电商平台、第三方平台），通过与第三方平台接口，实现多头订单统一管理与处理，打通与 ERP 系统信息通道，实现订单及时配送，对订单后续业务处理进行准确跟踪分析，提高物流配送效率。

（3）精准渠道库存：对快消品企业而言，掌控渠道才能掌控市场，要及时、准确、快速掌握渠道库存分布、二三级库存流向情况，对企业而言及是重点又是难点。通过信息手段，借助云计算平台，以互联网为通道，依靠移动收集、自动数据抓取等技术，实现对渠道库存及时收集，并建立库存匹配及校验机制，为公司提供精确的数据，为高层决策及渠道服务提供有效的支撑。

### 12.3.1 雀巢公司的需求预测

雀巢公司为市场提供多达 10 000 种产品，每天的产品生产线都有将近 10 亿种产品，这个数字显示了这个世界上最大食品公司的销售规模，当然，也隐含了其庞大的营销数据规模。为了确保正确数量的产品能够到达货架和顾客手中，雀巢公司需要依赖预测。毕竟，当顾客去货架寻找他们喜爱的食品时，如果货架是空的，那么再好的营销推广手段也没有作用，还会适得其反。

准确的预测可以优化用户服务，最大限度地降低库存是雀巢公司高效营销活动的基础。因此，公司对于以下两方面的改进非常感兴趣：更加严格地管理供应链和限制库存水平。在雀巢公司，供应链管理是一个固定的、公认的流程，有两个重要的指标：用户服务水平和库存水平。显然，企业可以通过单纯扩大库存来提高用户服务水平——满足按时完成交货的百分比，但是这就意味着更多成本的占用，况且库存空间也不是无限的。

在食品和饮料行业中，为了保持低单价、确保质量和利用原料的可用性，产品一般采用大批量处理的方式，这种存货式的产品策略和其他如汽车行业的订货生产策略是刚好相反的。把正确的货物在正确的时间送到正确的地点，想要做到这一点，必须尽可能精确地预测到用户可能要下的订单。其他业务指标，如预算和销售目标，也是非常重要的影响因素。全局目标就是能够主动采取预测措施代替简单的等待采购回应。为了完成这个目标，雀巢公司专注于强大的数据预测校准过程、更强的与用户交互的能力以及应用合适的预测技术。

但是，产品分类、销售区域、大量的参与部门结合在一起，形成了一个错综复杂的网络。季节变化的影响、依赖于天气的大丰收、需求的周期性波动、其他的零售趋势以及许多产品的易腐性都导致了制定产品计划和组织物流的困难。

实现预测主要的方式就是依靠规划者已有经验的评估和评价。如果有足够的历史数据可用，统计预测会更加趋向于可靠。但是，不管模型多么强大，如果仅仅只看到过去，是不可能用统计学方法预测未来的。所以困扰雀巢公司的并不是统计方法的选择问题，而是在这个复杂的环境中，如何可靠地进行预测。对一个物品的需求预测能力很大程度上依赖于这个物品的需求波动性，尤其是对于那些在需求方面具有大的波动的物品来说，方法的选择与合并显得更加重要。

雀巢公司采用大数据处理工具在极大程度上简化了这项任务，选择合适的分析工具则自动化程度很高，同时可深入挖掘用户层级，将促销影响和特价优惠整合到统计模型中。可靠的预测方法为波动性强的商品留出了规划需求的时间，当用户有需求时，更成功的生产决策又保证了产品的供货安全性。

### 12.3.2 淘宝达摩盘圈定精准营销人群[53]

淘宝网店 JUMBOUGG 的产品线以冬季雪地靴为主，定位为中高端，有较鲜明的用户特征和季节性，老用户的回头转化率高，但当前老用户积累尚不足，而新用户引入成本又较高，搜索流量较去年同期下降 1/2，日常流量无法满足店铺发展的需要。于是网店使用淘宝的大数据平台——达摩盘，来圈定精准营销人群，激活老用户，降低引入新用户的成本，弥补了自然流量下降的缺口，促进店铺爆款的形成和全店动销。整个优化过程有条不紊，步步为营。

1. 研究目标人群

（1）消费者画像：通过全景洞察，对近 6 个月内购买过 JUMBOUGG 产品的用户进行分析，剖析目标用户，得到用户画像：25~39 岁消费层级偏高的女性，主要分布在华东、东北、华北、西南地区的一、二线城市（图 12.6）。

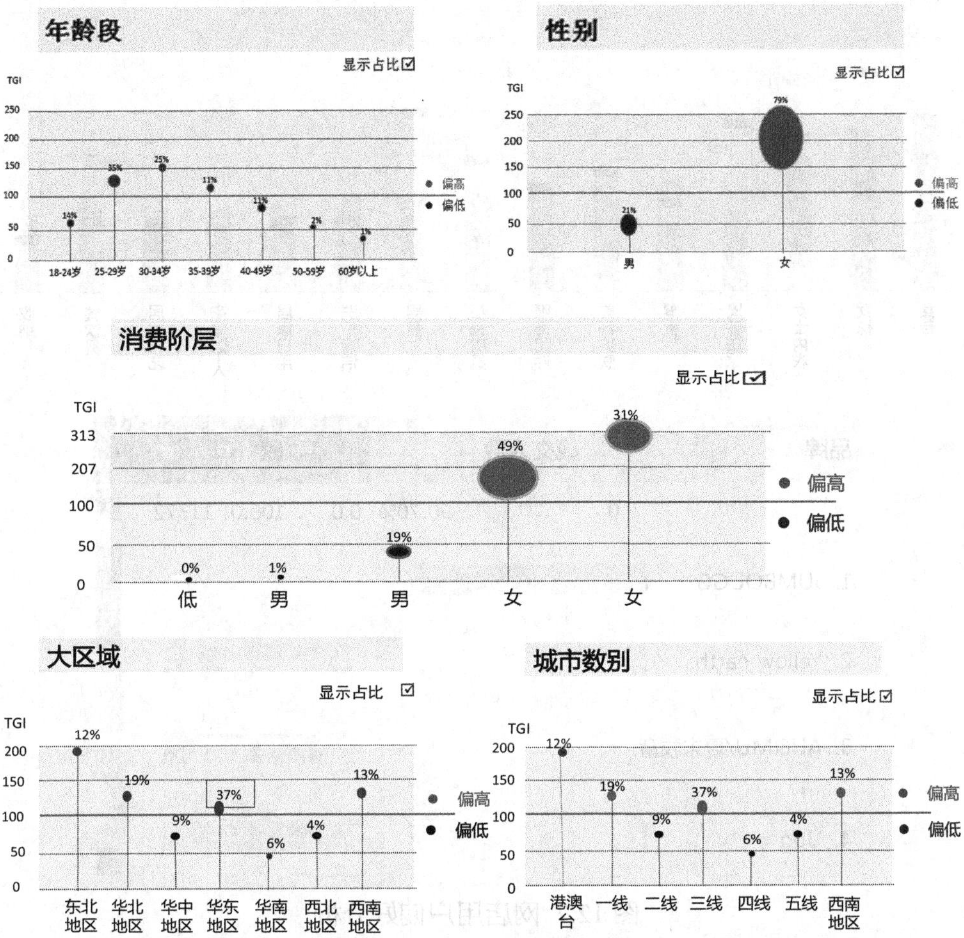


图 12.6　网店用户属性分析

（2）消费者偏好：通过全景洞察偏好分析，JUMBOUGG 网店发现，女鞋类目与女包、女装的相关度不高。因此，网店拓展新用户和关联的店铺主要放在女鞋店铺。通过品牌偏好的排序，选择了 Yellowearth、AUMU、UGG 等品牌（图 12.7）。

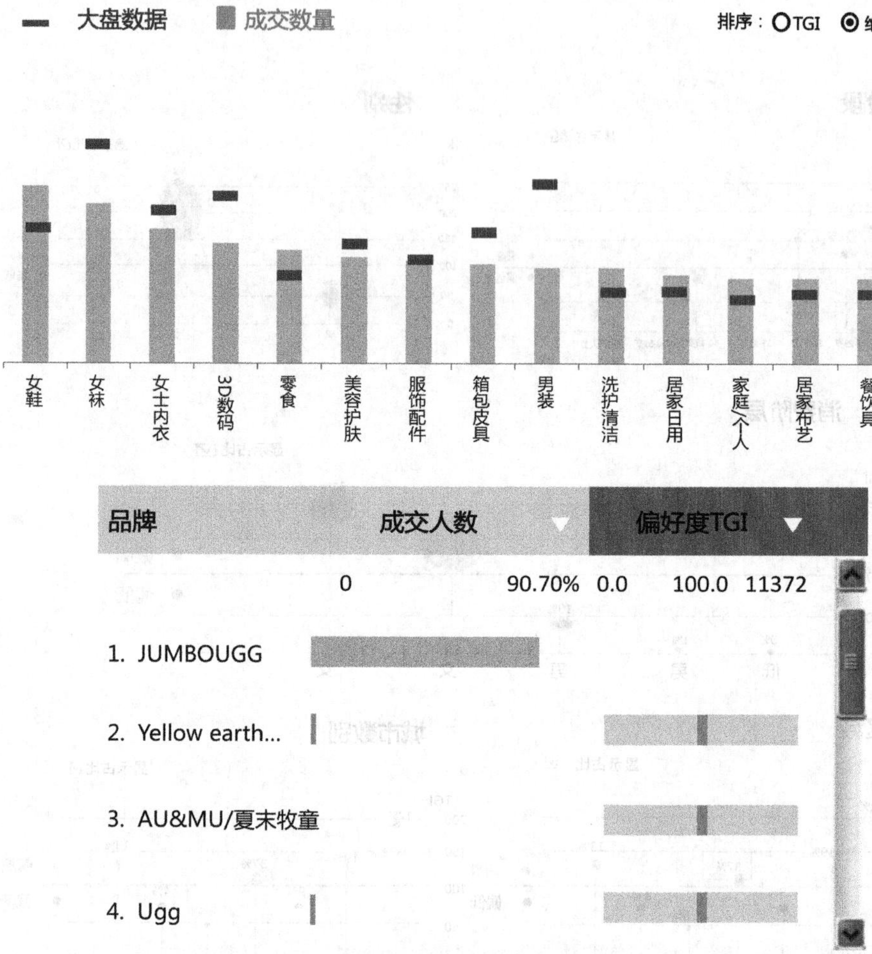


图 12.7 网店用户偏好分析

2. 时间、地域设置

对半年内购买过产品的用户进行剖析，找出用户习惯的购买时间和高偏好地域，进行重点投放（图 12.8）。

3. 人群圈定

对推广目标进行拆分，针对老用户和新用户进行不同的人群圈定。

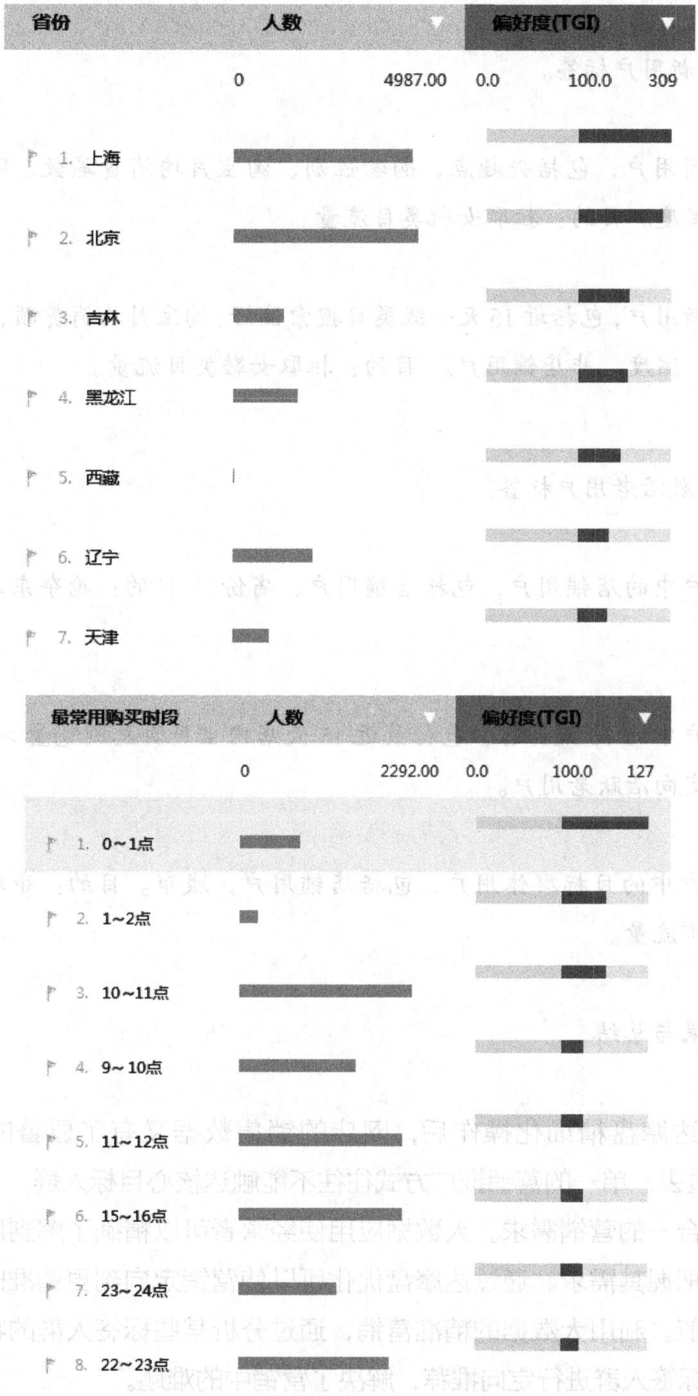


图 12.8 用户习惯时间和高偏好地域分析

（1）新用户标签。

- 女靴新用户，包括兴趣点、购物性别、淘宝月均消费笔数、购物年龄、兴趣点、温度。目的：拉取女靴类目流量。

- 女鞋新用户，包括近 15 天一级类目搜索偏好、淘宝月均消费额、购物性别、购物年龄、温度、非店铺用户。目的：拉取女鞋类目流量。

（2）激活老用户标签。

- 老用户中的店铺用户，包括店铺用户、省份。目的：抢夺东北、华北地域流量。

- 老用户中的 15 天访客，包括最近 15 天店内宝贝页总浏览量 >2 的用户。目的：重定向活跃老用户。

- 老用户中的目标群体用户，包括店铺用户，城市。目的：夺取一、二线高转化城市流量。

4. 效果与总结

经过达摩盘精细化操作后，网店的销售数据又有了显著的提升（图 12.9）。过去，单一的营销推广方式往往不能触达核心目标人群，无法满足广告主品效合一的营销需求。大数据应用使经营者可以精确了解到用户的特征和偏好，把握其需求。通过达摩盘优化可以使营销定向到更精准的人群，流量更有价值。利用大数据的精准营销，通过分析某些标签人群的特征和适合商品，对标签人群进行定向推荐，解决了营销中的难题。

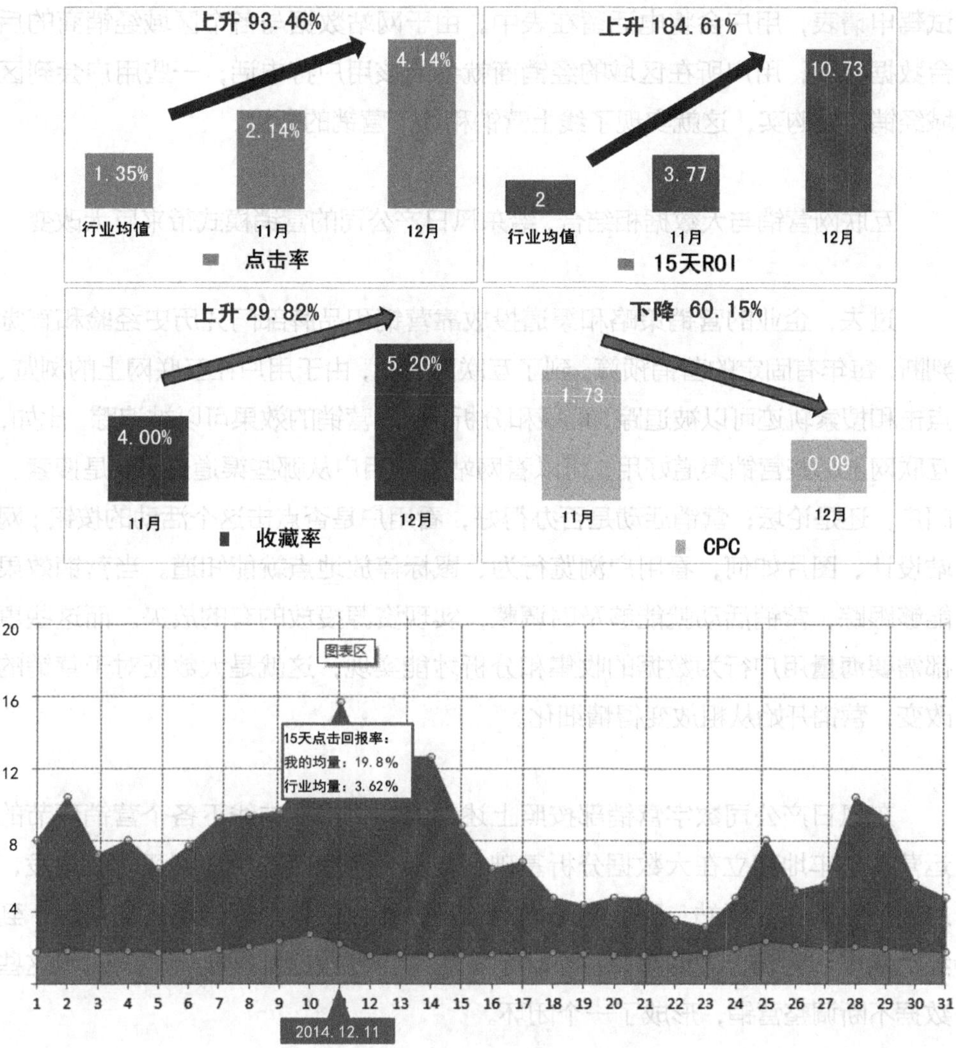


图 12.9　网店显著的营销效果

## 12.3.3 东风日产公司搭建大数据驱动的营销漏斗[54]

2012 年初，东风日产公司成立了与市场部平行的数字营销部，专注于互联网营销。为了避免过多冲击原有的渠道，新部门没有采用电商方式，而是采用了线上追踪用户线索、线下成交的方式，也就是将线上的用户导到线下。当用户进入东风日产公司官网，对产品感兴趣时，网站会要求用户填写一个试驾申请表，用户会将电话留在表中。由于网站数据与各个区域经销商的后台数据打通，用户所在区域的经销商就会给该用户打电话，一些用户会到区域经销商处购买，这就实现了线上营销和线下营销的衔接。

互联网营销与大数据相结合，给东风日产公司的营销模式带来巨大改变。

过去，企业的营销策略和渠道投放靠营销和品牌部门凭历史经验和直觉判断，每年有固定的营销预算。到了互联网时代，由于用户在互联网上的浏览、点击和搜索轨迹可以被追踪、记录和分析，所以营销的效果可以被追踪。比如，互联网上哪些营销渠道好用，可以看网站上的用户从哪些渠道过来，是搜索、门户，还是论坛；营销活动是否办得好，看用户是否点击这个活动的按钮；网站设计、图片如何，看用户浏览行为、鼠标停放地点就能知道。当营销效果能够跟踪，营销活动就能够及时调整，实现资源投放的有的放矢。而这些事都需要海量用户行为数据的收集和分析才能实现，这就是大数据对于营销的改变，营销开始从粗放变得精细化。

东风日产公司数字营销部按照上述趋势，将线上与线下各个营销环节的运营都牢牢地建立在大数据分析基础上。从一个完整的用户购买轨迹出发，从用户进入企业网站，到在网站内浏览点击相应的信息，到填写注册表，到经销商电话回访，到购车，每个环节的用户行为数据都被收集，同时用这些数据不断调整营销，形成了一个闭环。

比如，哪个渠道的引入流量最多，就重点在哪个渠道投放广告和做营销活动；如果网上提供的用户线索很多，但成交的很少，很可能是来自于经销商的服务与推荐不足，数字营销部会建议改进；如果网站上某个促销图片或者网页的点击率很低，说明该 图片或网页设计可能不妥，数字营销部会尝试调整。

数字营销部发现，很多用户在通过百度搜索“东风日产”关键词后，会到论坛看一下，为此，在 2013 年，投入更多精力参与品牌的论坛活动，以引导用户。

事实上，在这种大数据营销模式下，海量的互联网用户经过各个营销环节的层层过滤，最终到线下成交，仿佛通过了一个不断优化的漏斗，这就是大数据驱动下的营销漏斗。

新模式推行以来，东风日产公司搭建了一条贯穿整个用户生命周期的“高速公路”，数字营销部取得的成效明显，2012 年为线下带来了 8.8 万条已成交订单线索，占了整个公司汽车销量的 12%。

## 12.4 协同采购：大数据驱动智能采购

在供应链的各个环节，客户数据、企业内部数据、供应商数据被汇总到供应链体系中，通过供应链上的大数据采集和分析，企业能够持续进行供应链改进和优化，保证对客户的敏捷响应（图 12.10）。

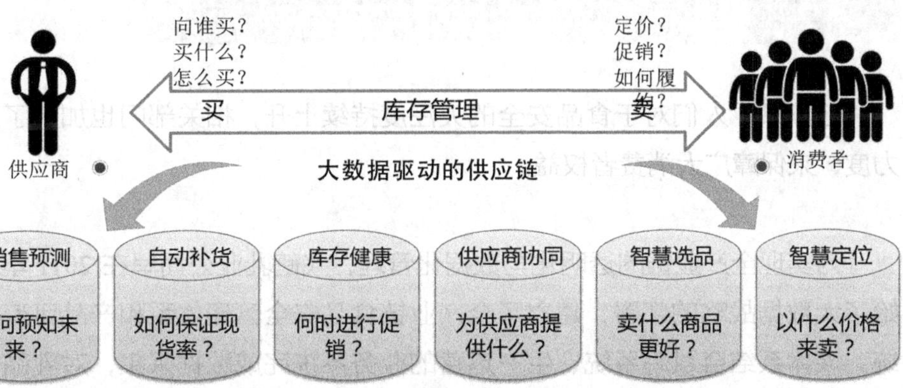


图 12.10 大数据驱动的供应链（来源：e-works 公司）

2002 年，联合利华公司在上海成立了全球采购中心，从中国向全球出口原料及成品。这里生产的牙膏最远销售到智利，中国的供应商总数规模在 1500 家左右。利用大数据与业务分析，一些能够同时提高合作方效率的合作会在这里开展：一些在内部被评定为 A 级的供应商被视作战略合作伙伴，它们会为生产提供定制化的材料，而自己的设计与研发人员也会对供应商的设备、流程等十分熟悉，双方会针对一款新产品在很早期就开始合作，联合利华公司会从技术方面对供应商提供指导。

联合利华公司利用大数据对供应商进行管理，有一套全球共同执行的标准。一个跨部门的管理团队每年会重新审核供应商等级，对 A 级供应商更是到场审计两次，不仅包括技术水平、产品质量、资金规模等常规指标，还包括绿色、环保、用工条件等社会责任方面的情况，如果其中哪个方面没能达到要求，就将面临从采购名单里消失的风险。针对企业主要原材料价格波动对产品成本影响巨大的现状，基于电子商务平台、专业大宗物资交易平台及内部 ERP 系统历史采购数据等建立了新型的精确采购系统。系统主要基于交易数据的分析、供应商业务数据和绩效数据的分析、生产物料价格预测、价格变动趋势预测等测算模型，最终帮助企业实现对主要原材料的价格监测和趋势预测，辅助企业实现对产品成本的控制，对产品市场定价做出及时调整，并辅助供应商的选择和原料采购节奏的把握。

## 12.5 量化质管：大数据确保品质专一[56]

近年来，人们对于食品安全的关注度持续上升，相关部门也加大了监管力度，来保障广大消费者权益。

为实现全产业链的透明化与数据化管理，飞鹤乳业公司早在 2011 年就开始了大数据战略的部署，建立了全产业链食品安全管理体系和产品可追溯系统。该体系结合赋码系统、生产运营的业务系统完成数据采集，对乳品原料的生产、加工、运输、仓储及零售等供应链环节的管理对象进行标识，并在相互连接后将这些标识用条码以人工可识读方式表示出来。一旦出现卫生安全问题，安全追溯系统可以通过这些标识进行追溯，准确地缩小安全问题的范围，查出问题出现的环节，并可追溯到问题的源头，完成了系统数字化、透明化、服务化的升级。

从婴幼儿产品全程可追溯系统的正式上线，到可追溯移动终端以及手机微信追溯与查询产品信息功能的创新性推进，可追溯系统的建立帮助飞鹤乳业公司提升了服务质量与产品附加值，显著提升了公司的精细化管理和内部控制水平，全面提高了公司的行业竞争力，实现了产业升级转型。

## 12.6 流程优化：大数据让生产八面玲珑

传统制造企业转型升级，成为大数据驱动的智能化企业，其终极目标是从产品、生产过程到企业运作全方位都实现智能化，真正基于以需求为导向实现个性化的生产制造。而每类企业的行业积累、企业积累不一样，特点不一样，或选择全方位推进，或选择分步实施，“各个击破”，条条道路都有机会通向智能化的“罗马”。

### 12.6.1 优化源于数据的透明

玲珑轮胎全生命周期生产大数据分析平台由山大地纬软件股份有限公司研发，该系统充分利用现有 MES 系统、PDM 系统、SAP 系统、ERP 系统的数据信息，通过透明化处理实现与现有数据的无缝连接，打通了轮胎生产的各个环节，屏蔽了不同系统之间的差异，建立了标准化、全过程的轮胎生产分析数据平台。

系统中利用了大数据分析技术，在数据平台之上构建分析模型，实现了数据的综合分析与全过程追溯管理，通过轮胎的条形码追溯轮胎生产的全过程，包括使用的原材料、胶料、半部件和胎胚，以及中间产物的生产机台、操作工和生产参数。系统实现了产品质量分析，从原材料、配方、工艺、环境等多维度对产品生产全过程进行横向、纵向对比，分析影响产品质量的因素，为后续生产中的配方、工艺及生产计划调整提供了参考和决策依据；实现了销售计划、生产计划的衔接以及生产计划的调度和销售计划的预测，提高了销售准确率，最终利用可视化技术对相关信息更直观地展示，形成横向融合、纵向贯通的可视化大数据分析平台（图 12.11）。

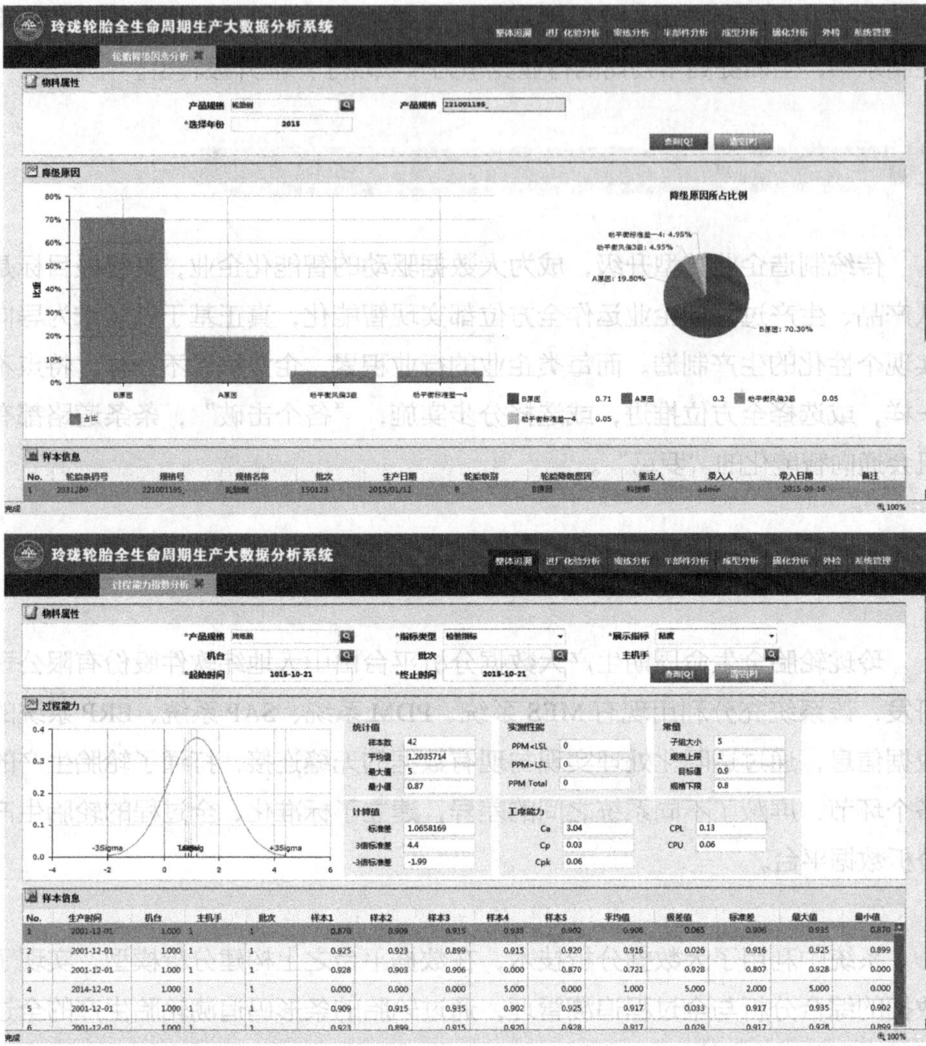


图 12.11 可视化大数据分析平台（来源：山大地伟软件公司，2015）

## 12.6.2 大数据让生产过程变得更高效、更节能

中国华北地区有一家水泥企业，选择从水泥的生产制造过程智能化进行突围。在很多人看来，水泥企业是非常传统的制造企业，向高端化、智能化、服务化转型时，方向应该是把水泥的标号做得更高，向全产业链渗透，提供更丰富的混凝土产品。但事实上，水泥企业的数据化转型同样可以另辟蹊径。

众所周知，水泥生产制造过程通常伴随着高能耗、高污染，如果能够使其生产工艺水平进一步提高，就能够更好地控制生产过程；优化其能源模型，就能够实现高效、高品质、低能耗的制造。这家水泥企业布局传感设备，对关键生产指标进行自动采集、实时监控；利用仿真技术，研发、优化相关的生产模型、能源模型，让整个生产过程变得更高效、更节能。公司研发出一套“水泥生产线全范围数字化管控技术”，让企业的生产效率和产品品质大大提升，能耗大幅下降。同时，公司还把这套管控技术商业化，成立了专门的软件公司，为国内其他同类型的水泥企业提供全方位的数字化解决方案。现在，这家水泥制造企业从传统制造企业演变成为了 IT 软件企业，开始提供水泥 IT 服务。

## 12.7 贴心售后：大数据提升服务水平

上海通用公司是中国汽车行业重要的领军企业之一，始终致力于改善售后服务和质量保障，如何在保持高用户满意度和质量声誉的同时缩短查找质量问题所需要的时间，从而降低成本，成为售后服务和质量部门面临的最大挑战。

快速的问题识别是质量问题尽快得到解决、避免保修成本上升的关键所在。在过去，保修问题分析主要依靠简单的纯手工处理的计算方式，这项耗时费力的工作从根本上导致了保修成本居高不下。另外，不准确的数据难以准确预测保修成本从而合理准备下一周期的保修预算，导致大量运营资金被占用、现金流降低。

在保修分析解决方案应用之前，上海通用公司主要依靠月度报告来进行原因分析；而采用保修分析解决方案之后，能够从每周更新的数据库中获得多维度的应用实时分析，这使得公司的工作效率有了显著的提高。借助于门户式的软件应用界面，工程师们能及时获得早期预警信息并进行深入的分析，如数据比较、趋势预测和控制图等。软件还能提供各种高级分析报告，包括基于统计的分析及预测，相关的历史数据也可以直接被访问。通过企业向导软件（Enterprise Guide），使用者能通过多种渠道获得第一手保修数据，以便制定用户化报告，并进行进一步的分析。简而言之，工程师不再需要每次都求助于 IT 来提供数据并创建报告，而可以以业务为导向独立进行分析，这大大提升了业务的管理水平。能够迅速判断保修索赔率的变化是否异常，是否需要特殊调查。根本原因的分析也变得简单迅速，系统能为工程师提供统计线索，以便及时了解发生的情况和导致质量问题的相关因素。

企业级解决方案同时也帮助多部门获益——工程部、采购部、生产部、动力总成部。财务部和市场部利用保修分析解决方案准确地进行资金预测，提高了保修资金的预算编制的效率。这对有效进行售后服务起到了推动效用，公司可以准确掌握售后服务的资金预算。

保修解决方案产生的标准报告使高级管理层能够一目了然地看到保修分析状况，准确了解并掌控单位车辆维修成本（CPV）和质量问题的千分比（IPTV）等行业的关键业绩指标（KPI）。

在今天的市场上，产品的质量和可靠性成为最具挑战的市场焦点，大数据技术和方案可以帮助汽车制造商领先于竞争对手。

## 12.8 在线监测：大数据玩转智能机械

所谓智能机械，就是要围绕安全、效率、节能环保、舒适性以及企业的服务和运营这些主题，在透彻的感知、广泛的互联互通、深入的智能化和精准驱动的基础上，构建发展基于大数据的运营系统。在中国工程机械行业中，三一重工公司是首家提出“智能机械”理念的公司。通过自主研发，三一重工公司研制出了应用于工程机械装备中的传感、控制、显示、驱动全系列的核心部件，这种传感器深入执行部件的内部，实现了关键核心执行部件的在线调整和设备状态的在线感知。

从 2007 年开始，三一重工公司便先人一步，自主研发了 ECC（企业控制中心）系统。该系统集成了大数据与物联网技术，目前累计接入设备超过 20

万台。这些设备遍布全球各地，它们通过安装在其上的各类传感器、控制器，适时向 ECC 回传数据。公司的 ECC 系统中，每台设备本身的信息、最新位置、设备状态、工作时长等信息都能被及时采集和展现。据统计，三一重工公司利用其远程监测平台所累积的数据量已经达到 1100 亿条以上，而相应的增长速率竟高达每天 100 万条。

“十二五”期间，清华大学王建民教授团队与三一重工公司合作研制了装备工况大数据平台。有这样一个案例，三一重工公司曾有一批泵车出现液压系统故障的异常情况。液压系统是工程机械的核心系统之一，导致故障的原因很多，如密封套腐蚀、内壁刮花、密封环损坏、阀块受损等，如何发现设备故障的深层次原因是一个工程难题。利用大数据分析搜集到的工况大数据，研究人员可以通过大规模比对开工指标，从典型取值、波动幅度、回传密度等多个维度进行分析，自动搜索、推荐与故障车辆关系密切的特征工况。他们发现这些故障车辆的每分钟换向次数在变化幅度上高度相关，再通过引入互联网上的行政区划数据和历年高铁建设数据（企业外部数据），发现这些典型故障均发生在 2012—2013 年期间在建重大工程“杭深高铁”的沿线。可见，主油缸故障发生的地理位置与沿海地区“杭深高铁”建设工程强相关！这为找到更深层次的原因提供了重要线索，最终得出结论：沿海地区的盐雾环境和水质导致油缸密封体腐蚀。

这些设备数据已经“反哺”研发工作。曾经有一位广西用户购买了十多台三一重工公司的起重机，使用快 1 年的时候，反映起重机臂架开裂。公司研究院立即派遣工程师到现场，同时在 ECC 系统中调出用户设备的历史工况。在系统中查到设备的臂长、使用时间、使用频率等数据，发现这些设备使用频率是常规的一二十倍。进一步了解发现，这些设备主要用于钢材市场装卸货物，虽然每次吊起的质量不大，但是速度非常快，因此出现臂架疲劳。后来，公司通过专项研发，加入高强度设计，解决了这一问题。这也使得三一重工公司在此后新产品研发的顶层设计中，借助分析 ECC 数据所反映的用户需求，让产品研发更有针对性[58]。

随着智能技术的发展，未来的工程机械将演化为一个移动的智能体，具备学习和判断的能力。未来机器的智能将不仅由制造者决定，而且可以由用户来决定，用户可以在使用过程中训练它，可以融入自己的思想，从而使机器具有“个性”和“灵魂”。

# 第三部分
# 大数据时代的企业

大数据技术正在带来一场革命，大数据不仅意味着海量、多样、迅捷的数据处理，更是一种创新资源和一种新的思维方式。大数据可以从产业结构、传统制造业升级、商业组织、“互联网 +”和“大众创业，万众创新”等方面影响经济增长方式，助推创新，驱动发展。

首先，大数据时代的企业要转变思维，数据是资产，是生产要素，就像原料、电力一样重要，你不去用，别的企业、竞争对手就会去用。这就好比去和一个拿着地图的人比赛走迷宫，人未动，而胜负已分。

其次，大数据带来了新的机会与价值，像 hao123[58] 这样的浏览器首页，也许几个大学生就可以开发出来，但在 2011 年，它被百度公司出资 5000 万元人民币外加部分百度股权给买走了。而到了 2014 年，类似概念的 2345.com 网站传出了 26.5 亿元这一令人咋舌的收购价。为什么会出现如此大手笔的并购？原因就是浏览器首页巨大的用户量，以及用户 Web 浏览数据的巨大价值。也许，企业开动脑筋，也能发现很多类似的大数据商机。

再次，更宏观的产业生态数据资产，是衔接生产性服务业与产业生态的纽带。这些数据资产包括生态中的供应链数据、电子商务数据、物流数据，还有其他的市场交易数据等。这里面暗含着产业升级、扩张、转型、融合的金钥匙，引导企业和社会开启基于数据知识的大规模生产时代。

# 第 13 章　大数据推进制造服务转型

## 13.1 服务型制造与制造即服务

服务型制造是基于制造的服务和面向服务的制造，是基于生产的产品经济和基于消费的服务经济的融合，是制造与服务相融合的新产业形态，是一种新的制造模式。

简单地说，服务型制造就是制造价值链上的企业，通过产品和服务的融合、合作伙伴和用户全程参与、企业相互提供生产性服务和服务性生产，实现分散化制造资源的整合和各自核心竞争力的高度协同，以达到高效创新。

服务型制造意味着一方面企业可以发挥自身优势，将优质资源以服务的形式参与到其他企业生产过程，完成价值共创；另一方面，企业也通过服务的形式，按需地从市场获取专业化的服务，取得最好的成本效益。

制造即服务，以前企业卖的是产品，现在改为卖服务，通过服务而不是产品获取收益。

要实现服务型制造，需要企业完善自身的服务能力，如设计、特种加工、成套总包、金融租赁等，向用户提供增值服务。另外，企业可以将非核心竞争力的计量检测、物流运输甚至设计研发等生产辅助业务与主业脱离，成长为社会化、专业化、独立化的生产性服务业。

### 1. 罗尔斯·罗伊斯公司的“时间动力”服务

在服务型制造方面，罗尔斯·罗伊斯公司是非常典型的例子。罗尔斯·罗伊斯（简称“罗罗”）公司是英国著名的航空发动机公司，也是欧洲最大的航空发动机企业，它研制的各种喷气式发动机广为世界民用和军用飞机所采用，包括空客 A380 等飞机。“TotalCare 包修”品牌是罗罗公司针对民用航空的主打服务品牌。正如 TotalCare 的字面含义，它是一个全面维护，该服务产品包括一个集成的核心服务集，覆盖发动机管理和维护的关键环节，并提供一系列可选服务组合，可以为用户个性化需求量身定制全面维护的内容。TotalCare 服务按飞行小时收费，即罗罗公司并不直接向用户出售发动机，而以“租用服务时间”的形式出售服务，只按照良好运行的发动机飞行小时获取收益，并承诺在对方的租用时间段内，承担一切保养、维修和服务，这一服务被称为“时间动力”（Power by Hour）。

从根本上来说，TotalCare 包修服务看重可靠性和长期的服务业务，这也是用户最看重的因素，所以 TotalCare 按发动机飞行小时收费的包修服务，在可靠性和在翼飞行时间上对航空公司用户和 OEM 原厂都是双赢。而罗罗公司成功实现服务转型的基础，则是来自 3 万英尺高空的大数据。以前，引擎上安装的各种传感器记录的振动、热力等数据用于性能测试后，就被删除了。大数据存储和传输技术兴起后，罗罗公司将这些数据重新利用，借助分析模型，用于确定不同部位的故障和不同操作环境之间的相互关系，这使得公司能够在故障出现数天之前做出高精确度和低误报的预测，一旦有维修的必要，还可以做出维修提示。有了这种技术，罗罗公司发展出了售后服务业务——监控飞机引擎质量，及时提供零部件维修和替换。目前，罗罗公司的服务收入占营收总额的比例已达到 17% 左右，将传统制造业与高技术服务业紧密结合在一起。

罗罗公司的引擎中，不论是飞机引擎、直升机引擎还是舰艇引擎，都配备了大量的传感器，共有约 100 个传感器， 用来采集引擎的各个部件、各个系统以及各个子系统的数据。这些信息通过专门的算法，进入引擎健康模块的数据采集系统中。无论是在 37 000 英尺的高空，还是在海上，任何的微小细节，如振动、压力、温度、速度等数据，都会通过卫星传回位于英国德比郡的总控室（图 13.1）。这里有执行数据分析的计算机。所有引擎传感数据由一个总共 200 人左右的工程师团队，按照每 25~30 人一组轮班进行不间断地分析，1 年大概会产生 5 亿份数据报告。

图 13.1 位于英国德比郡的罗罗公司总控室

引擎的一些细微错误，即使飞机在以 1000km/h 的速度飞行中，如果被发现，也可以马上进行修复。如果发现一些更加严重的错误，那么罗罗公司的地面支持团队就会在飞机着陆后到达现场。为此，公司配备了一个 200 人的工程师团队以保证随时都能准备出需要的备件，以及一个 160 人的团队保证随时为全球的 500 家航空公司进行维修服务。

这样的数据分析，不仅可以帮助罗罗公司提前发现故障，还可以帮助用户更及时有效地安排引擎检测和维修。对罗罗公司来说，这样的数据分析并不新鲜。在大数据被炒得火热之前，公司就已经在采用大数据分析了。早在 2006 年，罗罗公司就已经通过卫星实时监测它的 3000 多个引擎的数据并进行分析。而通过算法的不断改进，如今罗罗公司已经可以通过数据分析预测可能出现的技术问题。

### 2. 米其林公司的节油方案与轮胎里程服务

米其林公司是一家著名的轮胎制造商，不过，现在却在做节油的生意，帮助卡车车队经理减少燃油消耗和成本，并向其按驾驶里程销售轮胎。2013 年，新成立的米其林解决方案部门推出了一项产业物联网的应用服务——Dubbed EFFIFUEL 货运解决方案（图 13.2），该服务可以帮助车队管理人员减少卡车的燃油消耗。怎么做到的呢？米其林公司走的也是产品即服务的路线。为支持该项服务，公司在卡车的引擎和轮胎上装备了传感器，收集有关燃油消耗、胎压、胎温、车速以及位置等数据信息，并将其传送至云服务器上，由公司的专家团队进行分析并向车队管理人员提出建议。另外，作为车队管理人员的合作伙伴，米其林公司从人性化角度出发，安排专业团队为驾驶员进行培训。同时，选择该项服务的用户还可以选择按里程购买轮胎，从而将产品和服务很好地融合在一起。对于货运公司来说，只需付给米其林公司服务费、燃油费、轮胎费，购买 EFFIFUEL 方案，就能将精力全部集中在其货运生意上，而不再过多关心其轮胎维护、燃油等事务。米其林公司通过其 4 年的运营测试，显示其 EFFIFUEL 方案能为一辆卡车平均 100 千米节油 1.5 升，而且还能减少二氧化碳的排放。如果欧洲的所有卡车都采用该方案，可以节省 30 亿欧元，相当于每辆卡车 1 年节省 1300 欧元，还能减少 900 万吨的二氧化碳排放[59]。这一创新型服务为企业如何开拓思维、把握增收机遇，提供了绝佳的示范。

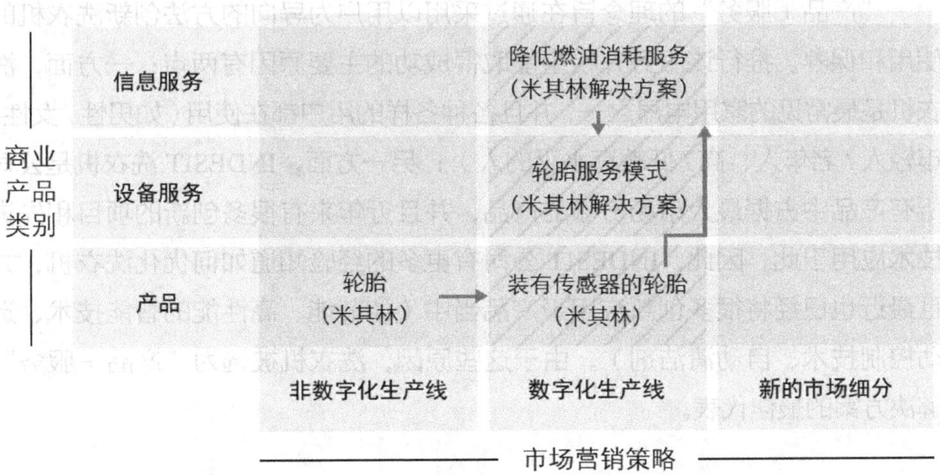


图 13.2　米其林公司的轮胎即服务模式

3. 洗衣机制造商的“无忧洗涤服务”

INDESIT 作为欧洲领先的家电和家庭医疗设备制造商，成功地将制造模式从以产品为核心的传统模式转变为面向服务的新模式，实现了企业制造模式的转型[60]。INDESIT 公司创立于 1975 年，1987 年在米兰证券交易所上市，2013 年公司营业额为 27 亿欧元。INDESIT 公司拥有 8 个生产基地（3 个在意大利，2 个在波兰，英国、俄罗斯和土耳其各有 1 个）、16 000 名员工，其中超过 4000 人在意大利。

为了开发新产品和更多的创新服务，INDESIT 公司将关注点移至创造一个“产品＋服务”的解决方案，首先从其主导产品洗衣机开始。INDESIT 公司定义的这个“产品＋服务”的理念叫作无忧洗涤服务（Carefree Washing Service）。它主要为用户提供一个包括先进设备和附加服务在内的完整服务，如监控洗衣机、监控用户行为和产品的使用情况，提供特定的行动建议和最佳实践，提供定制的商业建议，并提供预测性维护措施。特别地，这些建议都是针对用户的实际需求和行为，而非统计数据或间接信息。该项目的最终目标是提供满足用户需求的个性化服务，从而提升产品的性能和美誉度。

“产品＋服务”的理念旨在通过采用以用户为导向的方法创新洗衣机的使用和保养。推行该服务并希望能取得成功的主要原因有两点：一方面，洗衣机是最常见的家用电器之一，并且各种各样的用户都在使用（如男性 / 女性、年轻人 / 老年人、高 / 低教育水平的人）；另一方面，INDESIT 洗衣机是公司所有产品中占据最大市场份额的产品，并且近年来有很多创新的项目和先进技术应用于此。因此，INDESIT 公司有更多的经验知道如何优化洗衣机，并且最近也已经将很多创新应用于产品当中（如节能、高性能的智能技术、运动控制技术、自动清洁剂）。由于这些原因，洗衣机被选为“产品＋服务”解决方案的最佳代表。

这一理念要给先进的产品增加更多的服务，满足用户在使用、护理、控制和维护等环节中的不同需求。该想法被称作“无忧洗涤服务”，是因为用户不再需要关心其他事情（如维护、机器控制），可以放心地将衣服交给机器来处理，因为洗衣机会以最优的方式进行工作。无忧洗涤服务还允许通过下载不同的程序、个性化定制配件和合同来轻松区分不同的产品。此外，“产品＋服务”的理念不仅仅是给传统产品添加了新服务，也改变着当前的企业生态系统，不再只以产品为中心并限制于企业内部，而是通过外部伙伴的共同合作来实现服务的开发和交付。相应地，无忧洗涤服务需要更复杂的基础设施支持。

无忧洗涤服务的原型机器是阿里斯顿公司推出的 Aqualtis 智能洗衣机（图 13.3），它增强了部分智能软硬件，包括：

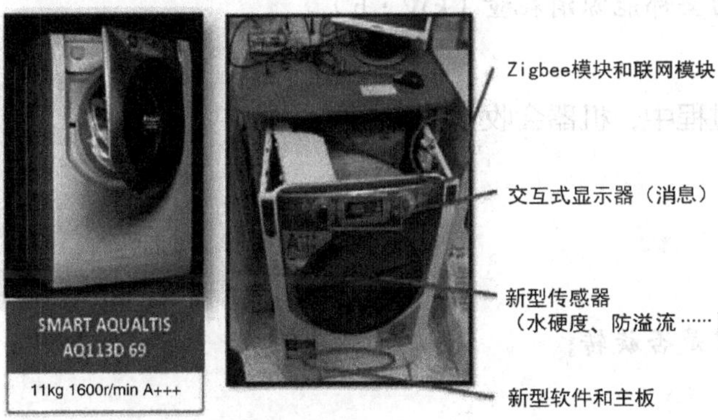


图 13.3 智能洗衣机上的传感装置

- Zigbee 模块和联网模块；
- 交互式显示器（消息）；
- 一些新型传感器（如水硬度、防溢流等）；
- 可以收集机器状态数据并存储信息和设置的新型软件和主板；
- 能源评估器和能源管理系统连接器。

洗衣机的显示器会显示与洗涤程序相关的传统信息和与能源消费相关的附加信息。当机器连接到系统时，显示器会显示以下附加信息：

- 清洗阶段的能源消耗（kW·h）；
- 选定周期的能源成本；
- 能量管理系统连接指示器；
- 能量控制功能状态指示器；
- 洗衣机的全部能源消耗量（kW·h）。

在运行过程中，机器会收集如下信息：

- 周期名；
- 用户设定是否旋转；
- 用户设定温度（℃）；
- 循环时间；
- 用户选项；
- 水消耗量（L）；
- 水的硬度（°F）；
- 根据用户合同定义的每小时能源价格（欧元）。

无忧洗涤服务提供了一系列功能来支持用户个性化需求，并通过提供附加服务（如设备监测、使用反馈、个性化的最佳实践等）来实现相同产品的“无忧”使用。服务重点提供以下功能。

（1）监控：控制设备状态、监控数据、用户习惯，并可通过 Web 或移动应用传递给用户。

（2）最佳实践/辅助服务：基于用户的实际行为和产生的错误，通过 Web 或移动应用向用户提供个性化的反馈和建议。

（3）市场营销：基于用户的实际需求和洗涤习惯，通过 Web 或移动应用为用户推荐相关产品和服务。

（4）智能维护/帮助：当用户在使用过程中遇到问题时，智能帮助会提供预定义的错误支持策略，同时与 INDESIT 公司通信，发现错误并远程或本地解决。

其服务的基础设施包括洗衣机、用于数据搜集和存储的远程数据库、展示数据的应用程序、服务交付和部署的 MSEE 平台，以及将要安装到用户设备（PC、平板电脑、智能手机等）中的 Web 或移动应用（图 13.4）。INDESIT 公司最创新的地方体现在它有一个外部平台用来分析从洗衣机中收集到的数据和推送服务。事实上，所有的应用程序都是内部开发和管理的。采用这种基于 Web 的、多方共享的模式，INDESIT 公司打开了更广阔的销售渠道，并激发起用户的购买兴趣。

成功的服务转型的例子还有很多。制革业出身、有着 160 年历史的德国科德宝集团（Freudenberg）公司，自 1995 年基于 SAP 的企业管理软件完成数字化改造后，就将其信息化部门独立出来，成立了专门的软件方案提供商——科德宝宜合信息技术（FIT）有限公司[61]。如今，FIT 公司已经发展为一家国际性的信息技术提供商，在全球建立了 11 个数据中心，甚至在中国为来华跨国制造企业提供信息技术服务。和其他专业化服务公司不同，FIT 公司始终是科德宝集团公司的一个组成部分，但其 80% 的收入是在集团外部获得的，使之成为德国最成功的信息技术衍生公司之一。FIT 公司牢牢扎根于生产制造，并将其既有的 SAP 知识与对中小型工业企业特定需求的深入了解相结合。这是一个信息服务转型的成功案例。

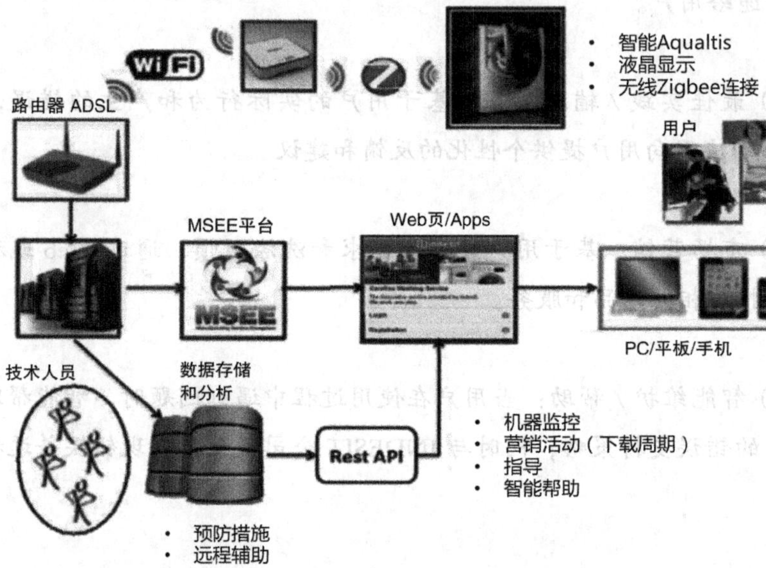


图 13.4 无忧洗涤服务的基础设施

位于我国陕西省的陕鼓动力[62]公司是为化工、石油、冶金、空分、电力、城建、环保、制药和国防等国民经济支柱产业提供透平机械系统问题解决方案及系统服务的制造商、集成商和服务商。公司创新的“能量转换系统服务”将其能量转换核心产品与工业流程技术及其设备有机结合，运用先进的项目管理方法，结合精湛的技术服务，从机组总承包延伸到工艺流程装置的单元工程，包括工艺流程、工艺设备、自动化系统、建筑结构等工程设计，以及设备集成、采购配套、建筑安装、调试投产、技术培训等全过程服务。以 PC、EPC、BOO、BOT 等多种合作服务模式为用户提供交钥匙工程和系统解决方案。目前，公司的服务内容已经涉及空分装置、余热余压综合利用、硝酸装置、污水处理等领域，广泛服务于冶金、化工、建材、环保等行业。

## 13.2 从被动服务到主动服务

现代产品越来越智能，也越来越复杂，有些需要在产品中配备板上传感器并通过操作系统加以管理。这些传感器能够收集产品运行情况的数据，并且根据情况发出预防性维护的通知。如果能对产品进行监测并获得监控的信息，制造商就能够通过大数据和高级分析，主动为用户提供预防性维护建议，以提供更好的服务。这些维护建议往往能够在故障的第一时间发出，用户也就能够从中获得更多的价值。这里，强调的是“主动”，这对于设备制造商而言是一个变革性的进步。那些能够更早地采用主动服务的厂商，显然就更容易获得市场机会。

在大数据时代，综合利用数据十分重要，设备自动采集并回传的数据不仅仅可以用于故障预测；更进一步地，系统还可以对设备所需配件进行预测，配件服务部会提前储备配件，以供用户不时之需，这样能缩短交付期，减少停工等待时间，降低用户的运营成本。

三一重工公司的全球用户门户系统（GCP）提供的信息十分详尽。设备本身的信息、最新位置、设备状态、工作时长等信息都能在屏幕上展现。以泵车为例，除了位置外，还能查看到液压、转塔、排量、换向、发动机转速等参数信息，点击支腿、臂架等信息，就能看到设备此时的样子。设备一旦出现异常，用户将第一时间得知。如果选择了手机订阅，并预定好订阅时间，那么设备的相关信息及保养提醒还能发送至手机。除了能够查看单台设备的情况外，还能查看机群作业概览。如果用户拥有多种公司设备，便能通过分类查看每种设备在每月或每年的总工作时间与总方量、平均工作时间与平均方量，并以此数据为用户的经营决策提供支持。

庞大的数据资源不仅为用户设备管理和服务请求提供了方便，还通过对大量工况数量的分析挖掘，从研发、服务等产品生命周期的各环节为用户创造了更大价值。

定期进行保养是延长设备使用寿命的重要操作，每台设备交付用户使用后，系统内都会自动产生保养订单。根据出厂日期，订单会设置保养周期，一旦到期，系统就会自动派单给服务工程师。这样一来，无须用户提醒，服务工程师就会主动上门服务。变被动服务为主动服务，可以避免不必要的故障造成用户损失。曾经有这样一个案例，三一重工公司的一位用户的设备使用了 2 年，到达了 2500 小时保养节点，维修人员到工地上查看设备，发现出现臂架异响。经过仔细检查，发现是平常保养时加了劣质黄油造成的，而如果再晚一点，臂架没有黄油润滑而造成臂架损坏就会给用户造成严重的损失。最终，通过主动服务避免了故障的发生。

更为重要的应用是，设备回传的数据除了能让用户了解设备工况及触发主动服务，还能为用户及国家在决策上提供支持。在 GCP 系统中出现的一条由红、黄、绿、灰四色组成的显示内容就是设备工作忙碌情况的最直接显示。红色代表忙碌，设备每天往往工作 2.5 小时以上；黄色代表一般，工作时间为 1.5~2.5 小时；绿色代表空闲，工作时长在 1.5 小时以下；而灰色则表示当天未开工。四种状态按天显示，这样设备每月的工作时长便能一目了然。

在国家统计局的要求下，三一重工公司每月提供一次开工率及作业时间的监测数据。在这份数据分析报告中，设备的监测从 3 类提升到了 6 大类、13 种产品，每种产品还将与关联行业投资进行关联分析。“设备作业时间可以印证国家在某个下游行业的投资是否已经产生效果。”负责数据分析的市场计划部副部长贺前龙说。设备作业时间也是一个先行性指标，可以直接反映经济是否还处在底部或者有所回升，从而为国家投资政策制定提供参考依据。

## 13.3 构筑服务生态系统

由于现代装备系统正变得越来越复杂，使用尖端、特殊材料制造，技术越来越专注，其维修维护工作越来越富有挑战性。以维护、维修与大修（MRO）

为核心的维修业利润空间巨大，是许多企业蜂拥切分的大蛋糕。

前述通用电气公司航空发动机感知的例子，其实也反映了目前航空维修业服务生态系统的重新布局。对大部分航空公司而言，维持自己的维护、维修与大修（MRO）团队花费过于巨大，所以早在 GE90、PW4000 和 Trent 系列发动机成为主流之前，许多航空公司就已经剥离了非核心维修业务，转为外包维修。有咨询公司的研究认为，一个航空公司的机队少于 50 架飞机，最好不要介入 MRO 行业，甚至连航线维护也不要做。50~100 架飞机机队规模是开始飞机大修业务的边界值，如果已经建立起维修能力，可以继续做，否则就不要介入。当航空公司达到 120 架以上的飞机机队规模时，才明显地具备开展新的 MRO 业务的基础。

发动机原厂切入 MRO 服务生态系统有着天然的优势：发动机本身就由其设计，开发使用的必需材料和设计技术手到擒来，这让它占据了发动机大修的理想高位。这种覆盖产品全生命周期的长期修理和原厂包修理念为解决传统售后市场商业模式根本利害冲突提供了一种双赢的机制，当用户因维护需要或故障不得不将发动机送修时，发动机原厂也可以从中寻求利润商机。这样，发动机公司得以在发动机市场上精益求精，飞机制造商也落得轻松。这一商业模式的变革使得航空发动机的成本结构从固定资产转变为可变运营成本，航空公司可以专注于运输，MRO 可以不作为航空公司的基本业务；而专业的 MRO 服务也为一批小型的、廉价航空公司进入航空领域创造了条件，因为它们不用专门养一支发动机维修队伍。

这种制造业企业“裂变”专业优势，通过业务流程再造，面向行业提供社会化、专业化服务发展的模式，正是构筑新的服务生态系统的基础。

农业是国家之本，收获的季节是喜悦的，收获的季节也是忙碌的，却常有丰收之年却因收割不及时而造成减产减质的情况。因此，在中国北方，就有一些以收割麦子为职业的人，像候鸟一样迁徙游走，一路收一路走，换取收入，这些人被称为麦客。在农业机械化后，每年也还有大量收割机走南闯北收割小麦，又叫跨区机收小麦，因和麦客有着相似点，被称为现代麦客、机械麦客。如何跨地域地调度这些“铁麦客”？又如何为游走在乡间田陌的机械提供维修保障？这是一个大服务的问题。

福田雷沃重工公司是国内最大的农业装备生产企业，国内七成的夏收收割机由该公司生产。从2006年起，公司与农业部连续多年合作建立全国“三夏”跨区作业信息服务中心（图 13.5），该中心承担着全国“三夏”跨区作业信息服务和调度的职能，面向全国开通 24 小时服务热线，为全国用户提供农业、农机、气象、交通、卫生、油料供应、技术监督等方面的先进的信息化服务。

图 13.5 农机跨区作业信息服务网

雷沃公司根据夏粮作物成熟规律，将全国夏粮主产区划分为“一横二纵三片区”。针对各条线路的不同特点，对服务资源进行了统一安排调配，以确保各地“三夏”工作的顺利开展。2014 年，全国参加“三夏”跨区作业的收割机近 40 万台，其中有超过 25 万台是雷沃谷神系列收割机，雷沃公司“三夏”跨区服务作业队包括 5972 名服务工程师和 2768 辆服务工程车，另外还有 2289 家服务配件网络和 58 家区域配件配送中心。公司除了位于山东的信息服务总指挥中心，还在河南、江苏、安徽、河北等小麦主产区分别设立了

10 个分指挥中心，并设置了服务热线，200 余名热线专员与专家级服务坐席 24 小时全程守护，为跨区作业机手提供全面的信息服务。

为实现精准服务，雷沃公司在所有农机产品和夏收服务车辆上安装了 GPS 定位系统。这样，用户在作业过程中，只要一个电话，信息服务中心坐席的计算机上就能立即显示出用户信息，包括用户购买产品型号、购买时间、使用状况等，同时能精准定位故障车及周边服务车位置，并将故障车位置信息、故障信息派工给就近服务车上门进行维修服务。因此，这一庞大的夏收作业服务体系，实际上是作物成熟调度数据、装备数据、装备作业数据、机手数据、售后服务数据、配件服务数据等全局大数据协作支撑完成的。

另外，2013 年，雷沃公司开行业先河，提出建设“雷沃示范农场”的战略规划，重在营销模式创新方面的有益尝试。雷沃示范农场首先依托于现代农业化社会服务组织——农机合作社，在农机合作社的基础上以经济手段吸引和引导农民进行土地流转集中，以农机合作社为基础平台搭建起了规模化经营的农场，依靠“耕种管收运”全程机械化作业方式，将农机社会化服务组织与农场生产组织形式的深度融合，解决了谁来种地的问题，促进了农业经济的发展，开辟出一条建设新型农业经营体系的新模式。公司已完成山东、黑龙江、安徽等地区 4 家示范农场的建设与运营。截至目前，雷沃示范农场已累计实现流转承包土地 10 860 亩，托管土地 31 000 亩，开展农机租赁业务 4 000 亩，形成了以土地流转经营、托管经营、农机作业服务租赁为主的经营模式和以农机农艺融合试验、终端销售体验为主的四位一体运营模式。雷沃公司还组织成立了专职农艺师团队，开展农机、农艺融合性试验研究，掌握土地保护性耕作、种植农艺及农机应用推广的一手数据，定期对雷沃示范农场进行培训指导[63]。

作为一家农业机械生产企业，雷沃公司的这些工作逐渐建立起了围绕核心产品的服务生态，展现了现代制造服务的活力。

# 第 14 章　大数据助力社交商务

企业建立和发展商业关系，是形成持续增长与盈利的基础，而建立关系的关键因素在于人——人是建立联系、交流想法和树立信任的主体。新兴的社交协作技术正快速地运用到企业沟通中。在全球化的移动商务时代，是时候开始将传统企业转变为社交型企业了。

从历史上看，建立生产线的主要目的是提高实物产品生产的效率。在生产线诞生之前，人们不得不以手工方式制造各种物品。由于这些物品需要很长的时间来制造，因此价格极高。亨利·福特将第一条移动生产线引入新兴的汽车产业，成功地将福特工厂的生产效率提高到原来的 8 倍。福特 T 型车以每 3 分钟 1 辆的速度源源不断地制成下线，不久便成为美国文化中不可分割的一部分。社交的迅速兴起使得企业雇主可以捕捉到大量关于员工行为、生产率等方面的数据，并通过组织和分析这些数据，提高个人、团队和业务绩效。在移动技术被广泛应用的当下，互联互通变得更加容易，社区可以更快地形成，企业的决策时间也可以相应缩短。而独立劳动者大量涌现，越来越多的人开始自谋职业，雇主们正在寻找更好的方式与独立和非传统劳动者进行合作。

除了企业中和企业间的人—人社交，以企业为主体的网络也同样重要。企业网络是指由一组自主独立而且相互关联的企业及各类机构为了共同的目标，依据专业化分工和协作建立的一种长期性的企业间的联合体。供应链协调、外包和下包生产、特许经营、战略联盟和虚拟企业等，都可以看作企业网络在组织上的具体存在形式。企业网络中的“网络”一词的含义是指与企业活动有关的一切相互关系以及由所有信息单元所组成的多维向量空间。对企业网络的分析，可以拓展企业的关系范围，找到潜在的有价值的关系，以及分析企业网络中的中观和宏观现象，最终支持企业间业务的开展。

## 14.1 社交媒体正在改变商务

社交媒体作为人们分享意见、见解、经验和资料的工具和平台，承载着用户在社交网络上的一举一动。这些数据逐渐累积，则可以较为准确地反映出用户的特征和状态。通过大数据分析技术，可以对大量的用户社交媒体数据进行处理。企业可以对单个用户的行为进行预测，最终应用到精准营销、协同工作、经验挖掘等领域。同时，通过分析大量社交用户的群体特征，还可以得到一些宏观层面的预测，如当前流行的话题热点、时尚服饰、新产品等，这些宏观的预测可以帮助企业挖掘新的商业模式和营销模式。

随着社交媒体在企业商务领域的流行，传统的商务模式正在逐渐改变（图 14.1）。从“卖东西”到“关联客户”，从“大运动”式的宣传到“精准动作”，从“操纵消息”到“信息透明”，从“难以到达”到“无处不在”，社交已成为人们有效参与企业活动的基础。随着社交网络的广泛运用，大众、领导和品牌之间的互动变得透明，这形成了全新的人员数据来源，使企业能够更好地了解大众的意见、活动、表现和行为。重要的是，社交手段已经从人人互动的媒介转变为企业业务中不可或缺的工具。

社交化生产是新经济技术条件下一种新型生产方式，其核心是社交化因素对生产过程中的资源、要素组织方式的变革。用通俗的话来说，社交化生产即在传统生产方式中加入了社交元素，使得产品的设计、研发、制造、测试等环节更贴近用户需求，甚至直接由用户参与完成，传统生产过程中以契约为主的社交网络被以圈子为主的社交网络取代，产品生产更为人性化。生产者对碎片化社会零散资源的充分利用、用户个性化需求及用户基于共同兴趣形成的圈子是社交化生产兴起的重要原因。社交化生产具有去中心化和以人为本的特征。在社交化生产环境下，企业一改以往以“精英化、集约式”的传统生产模式，而采用“大众化、开放式的”民主制造模式，各个生产环节更加面向大众，增强了生产者与用户间的互动，同时生产资源获取范围也变得更加广泛，实现了扁平化、分布式的生产。通过社交化生产模式，用户的个性化需求可以得到更好的满足，将这种生产模式应用于不同领域，规模化、个性化定制必将成为时代潮流。目前，3D 打印、开源硬件、众包等呈现出较明显的社交化特征。在这一趋势下，大数据技术则是网络社交的基础和有力支撑，如何通过这些社交平台快速获取与产品相关的个性化信息，并将它们进行有效的整合、处理、分析，快速应用于产品的设计、生产、加工等不同环节中，是大数据需要解决的问题。

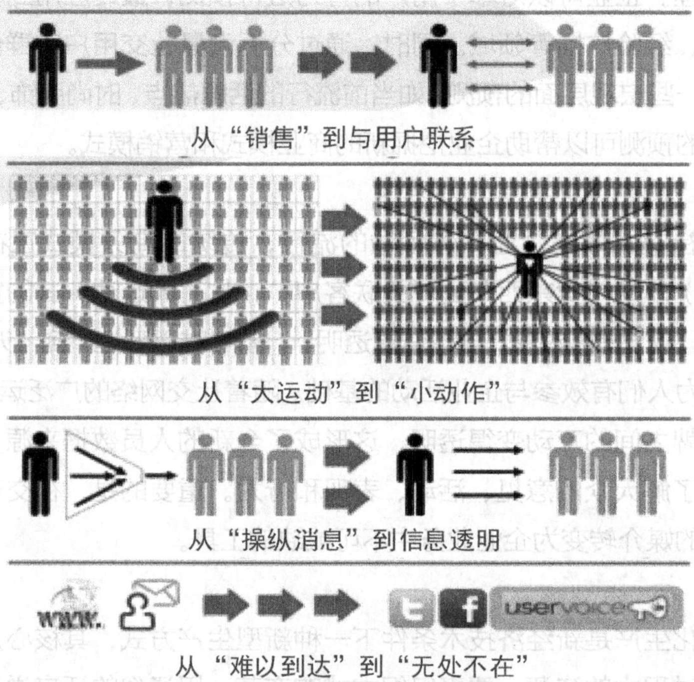


图 14.1 社交媒体如何改变商务[64]

社交商务是指企业和组织使用社交工具、社交媒体和社交网络以及互联网空间来构建和用户的沟通渠道，并改变组织管理和商业运营的方式。社交商务超越了以往线性的、业务流程驱动的组织方式，最终将关注点放在用户价值，创造出全新的、动态的和网络化的业务模式。社交商务重新定义了商业革新，引领着产业技术和商业模式的升级。

国外以 IBM 公司的 LotusConnections、Salesforce.com 的 Chatter（图 14.2）、Yammer 企业微博（图 14.3）等为代表的企业社交软件，正推动企业社交平台迅速发展。国内以金蝶云之家（图 14.4）、中兴 e-Trip 为代表的企业社交工具，也正得到迅速推广使用。大家熟知的微信在初始阶段仅仅是一个社交聊天工具，到现在也逐渐将社交商务融合进来，其中的公众号作为一大特色在商业营销中取得了不俗的成绩。

图 14.2 Salesforce.com 的 Chatter

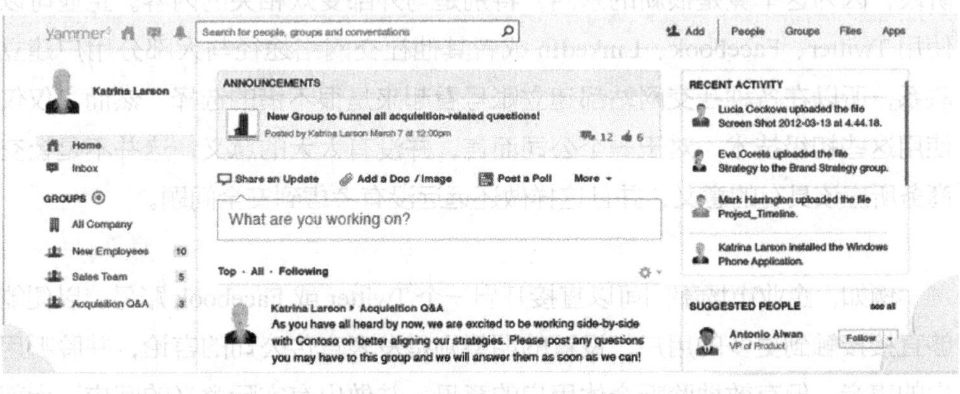


图 14.3 Yammer 企业微博

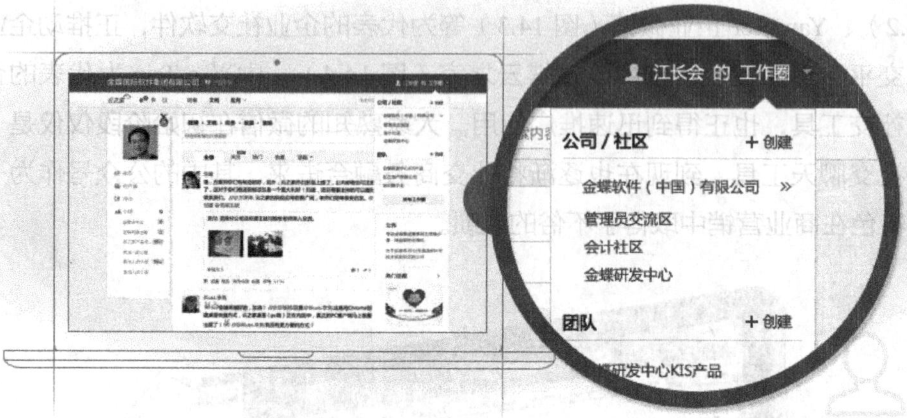


图 14.4 金蝶云之家

社交商务正逐渐得到大多数企业的认可。IBM 公司的 Cognos10 将 Connections 软件的社交协作及业务分析能力结合在一起，使得用户可以通过在线方式、移动设备访问单一而友好的用户界面，获得实时智能。Salesforce.com 推出的企业社交软件 Chatter 很好地和其 CRM 软件进行了功能的整合。金蝶公司正通过将金蝶云之家与 ERP 有机结合，为原本刻板、机械的 ERP 流程注入了生活化、人性化元素，使企业管理更有趣、更随意、更流畅，这将颠覆现有管理模式，引导企业员工从被动管理走向主动管理。

社交商务技术可以说是无所不在，对于企业而言，相关的技术也在起步阶段，因为这毕竟是很新的东西，特别是与外部受众相关的内容。企业可以使用 Twitter、Facebook、LinkedIn 或者其他社交网络途径与大部分用户建立联系，所以在各种社交网站都建立账号看起来是很不错的选择。然而，仅仅使用这些初级技术，对于一个公司而言，并没有太大的意义，这并不是社交商务所应该具有的意义，并且这样做还远远没有考虑到安全问题。

例如，企业市场部门可以直接开启一个 Twitter 或 Facebook 账号，以便能够直接接触到更多的用户，设置的期望则是发表宣传公司的言论，并聆听用户的声音。但有效地聆听个体用户的意见，并做出有实际意义的回应，大部分企业都还没有这样的流程和与之相关的管理方式。所以，关键的时刻已经来临了，社交商务已经成为企业不得不考虑的事情。

雀巢公司的 Facebook 主页上，曾经有一些粉丝提出了产品质量的问题，但显然公司没有做好准备来回应。雀巢公司其实早就意识到了一些长期存在的问题，但是还没有完全准备好来应对用户的质疑，特别是在公开的社交环境中，贸然回答可能会引发不可预知的状况，在信息发达的今天，这确实是一个棘手的问题。怎么办呢？最理想的情况应该是能够在问题还没有出现之前就及时预判到问题。

致力于管理企业外部关系的软件工具可以说是数不胜数。其中一些工具由社交网络自身提供，如 Facebook 的分析工具和 Twitter 的商务中心，品牌社交软件，监控、分析、搜索、博客、移动应用和基于地理位置的技术，社交游戏，短网址，点子生成器，声誉分析器和推荐引擎等。也有一些管理应用（包括 TweetDeck、Seesmic、HootSuite 和 CoTweet）可以和其他大部分社交工具进行整合，如 Salesforce.com 的 Chatter 企业应用程序。

企业使用一些免费的社交商务工具，就更容易增加社交商务的复杂度，因为公司内不同的业务部门很可能在使用各种不同的应用。传统的协作工具也正在增添社交商务平台功能，如 IBM Lotus、Microsoft SharePoint、Oracle Webcenter Suite 等。

因此，这些公共社交网站固然重要，最好还是由专业的企业社交商务（Social Business）来解决商务中的问题。那些开发过协作应用的厂商，如 IBM、微软、Salesforce、Oracle 等公司最早意识到这个问题，也最有积极性，它们让社交融入企业业务，让企业利用社交来更好地进行商务活动。

IBM 公司更是制定了较为清晰的社交商务战略，将原本在 Lotus 产品线中的 Connections 独立出来，以更好推动社交商务战略的发展。因此，IBM 公司在 Gartner 和 Forrester 等机构的社交商务能力排名中都处于前列。

对于社交商务来说，除了协作，另一个重要的关键词是“分析”。光有协作显然不够，分析能力决定了社交商务能力的水平。大数据的重要来源就是社交网络，因此对于那些协作和分析双管齐下的社交商务提供商将更为看好。

达奇斯集团（Dachis Group）公司是数据驱动型社交网络营销解决方案的全球领先提供商，总部位于美国得克萨斯州奥斯汀。公司凭借专有的大数据分析平台，帮助全球最大品牌的企业优化其社交网络营销和与用户（图 14.5），是企业社交和品牌分析领域的领导者。

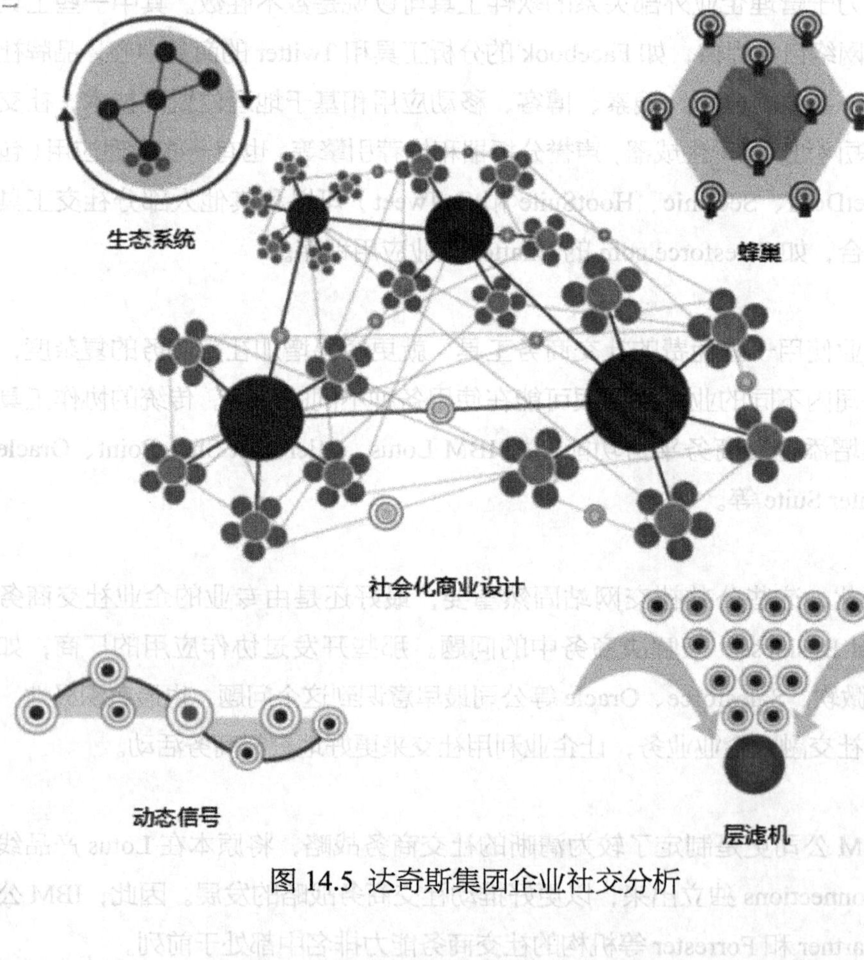


图 14.5 达奇斯集团企业社交分析

达奇斯公司的大数据社交网络分析平台每天实时监视超过 100 亿个社交网络行为和 5000 多万个社交网络信号。针对几十个最大的社交网络平台，包括 Twitter、Facebook、YouTube、Vimeo、Tumblr、Google+、Pinterest、人人网、Twitpic、Foursquare 和 MySpace，以及博客、维基、论坛、BBS、留言板、网站等开放社交网络上的成千上万的来源，跟踪、监视和协助管理 3 万个品牌、1 亿个社交网络账号和来自 233 个国家的 52 亿追随者、粉丝、用户和贡献者的对话和内容，提供强大的洞察力。

达奇斯公司提供强大的社交网络营销软件解决方案，帮助全球领先品牌企业优化大数据社交网络分析平台的数据、基准和洞察力，还帮助设计、开发、管理和评价社交网络营销方案，使其投资收益最大化。公司已经为众多全球领先品牌提供服务，包括迪斯尼、雅诗兰黛、US Cellular、惠普、柯达、雀巢、诺基亚等公司。

以达奇斯公司社交网络营销优化软件解决方案为例，可以看到大数据是如何支持社交商务的发展的。

（1）活动表现监测器（Campaign Performance Monitor）：对许多品牌经营者来说，社交网络促销是日常工作的一部分，他们总是在努力扩大成千上万受众的参与度。但是如何了解社交网络促销是否有效？达奇斯公司的活动表现监测器能将社交网络方案和业务结果相联系，有助于了解促销对业务的影响。

（2）社交表现监测器（Social Performance Monitor）：是一款软件即服务（SaaS）应用，它建立在达奇斯公司的大数据社交网络分析平台基础上，是强大的针对品牌的社交网络绩效评价、洞察与优化解决方案。它可以让企业组织深入洞察社交媒体在品牌意识、品牌喜好、品牌传播和品牌倡导等品牌推广业务成果上带来的商业价值。它采用了一套独特的测量技术来分析各种品牌推广计划的具体影响。

- 性能洞察：针对营销活动发生的具体地理区域、品牌和组织的与品牌推广业务成果（从品牌意识、品牌喜好、传播和倡导入手）有关的基础测量。

- 事件洞察：性能与外部事件（产品发布、并购交易、收购、营销活动等）之间的相关性，可以说明性能波动情况，帮助分析不受外力影响的社交推广活动。

- 内容洞察：性能与社交推广活动和行为之间的相关性，有助于了解具体行为对商业价值的影响。

- 会话洞察：源自各种行为和营销活动的长期会话主题的分析和发展，有助于企业了解与特定市场对应的内容或战略的特征以及了解内容如何影响受众的心理和想法。

- 趋势洞察：趋势洞察有助于了解随着时间推移的相对性能以及行业、竞争和最佳性能。

- 标杆洞察：提供地区、子公司、部门和竞争标杆，帮助企业组织专注于正在出现大幅波动的测量。

- 洞察引擎：这是一个分析引擎，可以为企业的品牌、地区、部门和子公司监控上述所有方面，从而凸显需要注意或采取行动的具体洞察。

- 支持者洞察：全球最大最强的品牌都拥有大量的忠实粉丝。如何识别他们？达奇斯公司提供了先进的支持者识别与管理功能，还能按地域、品牌、平台和对品牌的特定社交网络账号的亲和力等区分支持者，并且提供分析工具，分析支持者的影响力并跟踪品牌与支持者的互动。

- 员工洞察：对全球大部分最大最强的品牌来说，员工支持者是一个尚未开发利用的社交网络业务资源。达奇斯公司提供先进的员工支持者识别和管理功能，包括可配置的在线门户，不但能通过工作流和消息传递组织员工加快参与，还能重复和放大品牌在社交网络上的努力。

达奇斯公司编制并更新社交商务目录（Social Business Index），跟踪25000多家企业和30000多个品牌在1亿社交网络账号和233个国家组成的社交商务图上的会话和活动，提供不间断的实时排名、分析和基准。

为了帮助品牌企业及其代理商取得成功，除软件外，达奇斯公司还提供一套打包或可管理的解决方案，用于提交不间断的报告，提供基准、分析和洞察力，简化了分析的入门难度。公司还提供定制化解决方案，以确保社交网络营销人员取得成功，社交网络营销投入获得有意义的回报。

为了对用户提供不间断的支持，达奇斯公司在全球主办了一系列年度社交商务峰会（Social Business Summits），探索社交商务新思想，促进参与者之间持续对话，吸引社交商务从业者亲身参与一整天的活动。公司还运作和管理社交商务理事会（Social Business Council），这是供社交网络营销人员和社交商务从业者分享思想、最佳实践和学习的最大的对等知识共享社区。

2014年2月19日，另一家美国企业社交网络公司Sprinklr宣布收购达奇斯公司，这次收购创造出了世界上最大的独立的企业社交关系平台。到2015年初，这两家公司已经筹得超过1.235亿美元的风险投资，公司估值高达11.7亿美元，已经服务于超过50%的世界500强公司。

## 14.2 企业网络联通社交商务

企业是社会经济活动的主体，对社会的经济发展以及社会中存在的很多问题都有着至关重要的作用。我国目前正处于转型经济期间，市场机制正在逐步完善之中，对我国企业的发展形成了巨大的挑战。在这种挑战之中，企业必须了解自己所处的环境，其中十分重要的就是企业与其他企业之间的关系，这种关系对企业的竞争优势的发挥有着举足轻重的作用。企业关系作为传递信息的关键纽带，在企业业务活动中扮演着无可替代的角色。

社交网络的迅速发展，为人们解决问题提供了一种新的视角和工具。社交网络的实体主要是人，关系类型主要是人之间的社会关系。将社交网络的思想应用于企业网络，可以让我们以一个全新的视角来研究传统企业商业网络中存在的问题。类似于人之间的社交网络，企业间也可以通过一张业务关系网络联系起来，从而可以在这张网络中挖掘出有价值的信息。构造互联网企业网络，在社交网络时代和数字化企业时代，都有着重要意义。

企业网络中的实体涉及企业、企业间的供销产品、企业员工等，并且存在供应、分销、代理、投资和代工等多种关系类型。实体种类多和关系复杂为挖掘有价值信息提供了丰富的原材料。企业网络是一种以企业为基本单元，与企业伙伴、供应商、分销商、业务外包提供者，甚至竞争对手等，在实际业务活动中所建立的各种关系共同构成的网络。企业网络以企业为中心向上游、下游及其他相关方向延伸，最终形成一个庞大的企业社会网络，将与企业有千丝万缕联系的所有企业都囊括其中，包括市场链关系和市场链链外关系（图 14.6）。市场链关系包括买方—卖方关系、供应商关系等；市场链链外关系，包括与有关的个人、组织和协会之间的关系等。由于企业网络中的关系发生是以实际业务的发生（订单、服务或资金往来）为前提，因此是一种真实的关系，具有重要的价值。

可以说，企业的业务活动，企业创造价值的过程，都是在这个网络中完成的，供应链、销售网络和售后体系，也基于这张网络构建。因此，企业网络可以作为构造企业生态圈的基础。

早期的企业网络多基于人脉关系构建，在时空两个方面都具有很大的局限性，易于受到人为因素的影响。互联网技术的广泛应用和经济全球化的发展，使得整个经济环境发生了巨大的变化，加之信息透明化和快捷化，使传统的关系网模式发生了一系列变化。以互联网为基础构建的企业关系网使得现代企业逐渐摆脱了传统人情关系的束缚，是以市场关系和公平交易为基础，在广泛的市场关系中构建起来的社会网络。互联网提供了更加便捷和有效的关系连接手段，基于互联网的企业网络让企业的交易对象多元化，有利于企业聚集更多的市场需求，可帮助企业降低市场交易费用，提高企业的竞争能力。

互联网企业网络既是自然形成的，又具有必然的人为因素作用。首先，企业可以在真实的企业业务中建立企业关系，通过真实发成的市场行为，积累和建立企业的合作关系和伙伴关系，并显式地建立企业之间的关系；其次，企业间既包括直接的、显式的所谓“强关系”，也包括间接、隐式的所谓“弱关系”。新兴的社交网络技术使得企业可以基于互联网数据挖掘，发现和抽取隐藏在大量的业务背后的企业关系，指导式地建立企业关系。这些关系都属于企业与企业之间的“强关系”。除此之外，企业之间还有千丝万缕的“弱

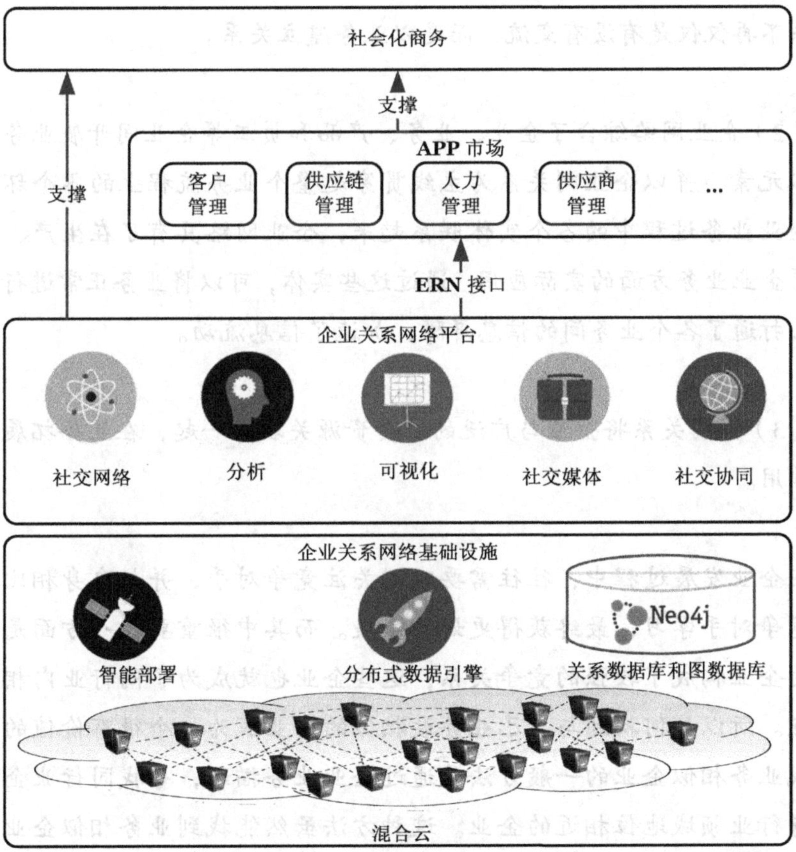


图 14.6　企业网络支持社会化商务

关系”。正如美国斯坦福大学 Granovetter 教授在 The Strength of Weak Ties 一文中所指出的：弱关系能够产生强效应。这些弱关系将企业与更广泛的社会资源关联在一起，在企业业务拓展中同样起到重要的作用。

企业产品（包括制品和服务）内在的关联关系，主要是产品与外购件的组成关系、产品与制造服务的加工—被加工关系等。企业之间可以通过产品关联起来。

企业网络以企业为核心，以企业间的关系为主线，其主要特点有以下几个。

（1）以企业为核心，以企业间的业务关系为主线。这与现在的社交网络和企业员工社交网络有很大的不同，关系的主体不再是人而是企业，主体间的关系不再仅仅是有没有交流，而是以业务建立关系。

（2）企业网络综合了企业、业务、产品和员工等企业间开展业务所必需的基本元素，并以企业间关系为主线贯穿起整个业务流程上的各个环节。通过将企业业务过程中的各个实体联系起来，企业网络具有了在生产、销售和售后等企业业务方面的实际应用。通过这些实体，可以将业务正常进行下去，同时又打通了各个业务间的信息屏障，加速了信息流动。

（3）强弱关系将企业与广泛的社会资源关联在一起，在业务拓展中起到重要作用。

在企业发展过程中，往往需要时刻关注竞争对手，并与自身相比较，从而向竞争对手学习，最终获得更好的发展。而其中很重要的一方面是，业务相似的企业构成了较强的竞争关系，这些企业也就成为了同行业内相互关注的焦点。所以如何找到与自己业务最相似的企业成为一个很有价值的问题。现在找业务相似企业的一般方法是通过企业业务描述，寻找同行业企业或者与自身行业领域地位相近的企业。这种方法虽然能找到业务相似企业，但存在的问题是寻找结果不精确。由于企业网络可以掌握与企业相关的较多信息，所以在寻找业务相似企业方面具有优势，例如可以通过两个制造商共用的供应商分别在其所有供应商中所占的比例来度量制造商业务的相似度。

（4）企业集群：企业集群是指以一个主导产业为核心的相关产业或某特定领域内大量相互联系的中小企业及其支持机构在该区域空间内的集合。当今企业的竞争不再仅仅是单个企业间的竞争，更多的体现为其所在产业链和企业集群的竞争。传统企业集群分析是建立在企业十分局部的、受限的数据之上，分析结果会存在很大的局限性，而通过企业网络的大量企业社交数据和业务数据得出的分析结果会更加精确和具有前瞻性。

## 14.3 大数据分析引导社交商务

社交商务作为企业商务领域的一次重大革新，需要以社交网络、云、数据挖掘和大数据等新技术为支撑。企业社交媒体数据就是典型的大数据（图 14.7），数据类型多种多样，数据量大，具有价值稀疏性，而对于这些数据的处理，大数据技术显然是最佳的工具。

图 14.7 社交媒体数据

IBM 公司是最早提出社交商务的企业，并且提供了一个社交商务支撑平台和技术架构（图 14.8）。IBM 公司认为，四种强大的力量正在融合：社交，激发人员创新的新引擎；移动，了解为人们提供什么价值；云，利用更少的投资，推动新的增长方式；大数据分析，将工作中的所有力量转变为竞争优势的新方法。到 2020 年，由于社交技术的广泛采用，以人为中心的新互动沟通系统将会成为主流。成功的企业能够发掘个人层面的共同深入见解、集体智慧和专业知识，以便与员工和用户进行更有意义的互动沟通。对于社交商务来说，数据分析和挖掘是核心内容。社交分析逐渐成为企业的创新之源。在 IBM 公司提出的技术框架中，对社交数据的集成、存储、管理、分析和挖掘是整个系统的核心部分，其他子系统都建立在这个核心之上。而在当今的大数据时代，对于数据的管理和分析是离不开大数据技术和思想的。

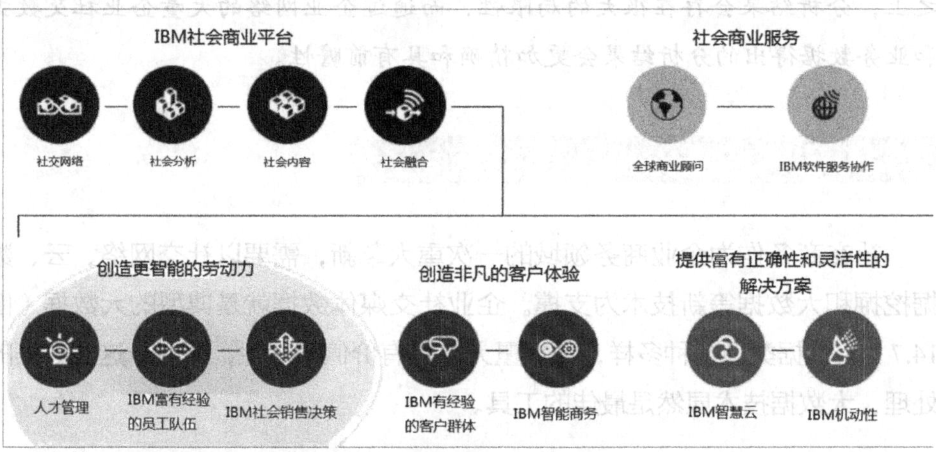


图 14.8 IBM 公司的社交商务技术架构（来源：IBM 公司）

天猫作为电商平台不仅仅专注于销售，而是将社交互动等功能加入进来，并且在大数据的支撑下，实现数据化运营，让数据成为品牌商的决策依据。其关键是帮助商户除了销售之外，让品牌店有个动态评价和互动。天猫帮助品牌商在天猫建立品牌站，通过多种互动工具与用户实现多样互动，引发用户对品牌的认知和兴趣，最终转化为消费行为。其中，大数据分析早已在天猫的购物行为分析中发挥出不可替代的作用。而就在最近，在互联网 + 的风口之上，阿里巴巴公司又提出了新的模式：互联网 + 制造、物流、零售、农业、金融等，而互联网 + 的每项内容都是以大数据分析作为基础的，为行业分析和预测提供支撑。

大数据技术的成熟，在很大程度上改变了各行各业的运行方式。用大数据驱动市场营销、驱动成本控制、驱动产品和服务创新、驱动管理和决策渐渐成为企业管理的首要思维。大数据不仅包含了企业运营的各种信息，而且包含企业所处行业的最新动态和特征数据。对这些数据进行有效的分析和挖掘，可以为企业经营决策、模式创新和营销等带来极大的便利和有效性，从而最终提高企业的整体竞争力，为企业带来巨大的增值效益。

社交商务为大数据分析提供了原材料，而大数据为社交商务分析提供了思路和工具。大数据在企业社交商务中有着如下一些经典应用。

（1）用户群体划分：大数据可以对用户群体细分，然后对每个群体量体裁衣般地采取独特的行动。瞄准特定的用户群体来进行营销和服务是商家一直以来的追求。云存储的海量数据和大数据分析技术使得对用户的实时和极端的细分有了成本低、效率高的可能。

（2）用户关系管理：用户管理应用的目的是根据用户的属性（包括自然属性和行为属性），从不同角度深层次分析用户、了解用户，以此增加新的用户、提高用户的忠诚度、降低用户流失率、提高用户消费等。对中小用户来说，专门的 CRM 显然大而贵。随着微信等社交软件的发展，不少中小商家将其作为初级 CRM 来使用。比如，在微信中建立公众号，就可以发布新产品预告、特价销售通知以及红包、折扣券等，同时售前售后等服务也可以转移到这些社交平台上。

（3）精准营销：传统的营销方式主要依靠投资巨大的广告，对所有用户投放同一个广告，效率低，只能依靠受众基数大来提高广告效果。在大数据时代，这种粗放式的营销模式显然可以改进。所谓精准营销，就是针对每个用户进行营销方案制定，而不是一个团体甚至整个用户群。以淘宝为例，通过对用户的浏览记录、搜索记录、购物车、收藏夹、职业、性别、支付宝资产情况和以往消费记录等各类信息进行分析，可以向淘宝用户推荐其想要购买或者感兴趣的产品，这样的营销效果要比传统的营销针对性强、效率高。同时，可以基于朋友圈进行产品推荐，由于朋友间的可靠性较高，所以推荐效果会更好。这些推荐技术很早就出现了，但到现在由于数据已变为大数据，而且对实时性的要求变高，所以大数据技术对于精准营销来说是必备的工具之一。

(4)数据搜索：数据搜索是一个并不新鲜的应用，随着大数据时代的到来，实时性、全范围搜索的需求也就变得越来越强烈。我们需要能搜索各种社交网络、用户行为等数据。其商业应用价值是将实时数据处理与分析和广告联系起来，即实时广告业务和应用内移动广告的社交服务。数据搜索的关键在于把握住数据的入口，搜索引擎、社交网络和电信运营商都能够很方便地把握住这些信息的入口。抓住了数据，剩下的只是利用大数据这个工具进行数据挖掘，为用户提供增值数据搜索和广告等服务，从而形成完整的价值链。

(5)趋势预测：单个用户行为的累积便会产生群体行为，而大数据技术，为预测群体行为提供了便利。每项对于未来的预测，对于企业来说都会是一场绝佳的机遇，能够预测趋势，企业就掌握了先机，获得了先发优势。关于趋势预测的案例比比皆是，交通流量预测、热门景点预测、服饰流行趋势预测和热门产品预测，甚至便利店的选址都可以通过人流量和周围环境发展预测来确定。

(6)业务流程优化：基于传感器在企业生产、物流和售后等方面的应用，企业可以搜集大量关于业务流程的数据，这为大数据优化业务流程提供了数据基础。利用大数据将企业搜集的传感器数据、社交媒体数据、网络搜集数据等结合起来，可以对业务流程进行分析，提供最优的业务优化方案。例如，结合天气预报、交通流量、突发事件等数据，可以针对企业供应链以及物流配送路线的进行优化。在企业管理流程方面，人力资源业务也可以通过大数据的分析来进行改进，这其中就包括了人才招聘的优化。

(7)信用评价：无论对于个人还是企业，在信息时代、大数据时代，似乎一切都不能隐藏，这其中就包括十分重要的信用信息。在金融行业，组织和个人的信用评价有着极为重要的意义。大数据也被用来进行信用评价，其方式是很常规的，但其中的数据因为大多数涉及隐私，如消费记录、偿还能力、职业特征等，比较不容易获得。但是基于相对不敏感的社交数据加上企业自身系统中维护的数据，可以得到在自己行业中与企业业务相关的信用评价。

## 14.4 社交商务案例

### 1. 跨国公司 Cemex 的全球社交化协作

在墨西哥办公的建筑材料制造商 Cemex 公司利用 IBM 公司的企业社交平台连接了 50 个国家和地区的多语言的 20000 多个用户。

Cemex 公司的业务遍及全球 50 多个国家和地区，并与近 100 个国家保持贸易关系。公司需要寻找一种有效的协作方式，能让全球的员工和合作伙伴保持协作，曾希望用 Facebook 和 Twitter 的方式建立企业内部的社交网络。Cemex 公司创新总监 Gilberto Garcia 说："我们在考虑 Facebook 和 Twitter，并且在评估这种交流机制能否在企业环境中应用。"

2010 年，Cemex 公司开始使用 IBM Connections。该平台允许公司的利益相关者用不同的语言交流，以弥合不同国家、不同文化的用户分享创意和专业知识能力的明显差距。Garcia 说，公司使用 IBM Connections 平台后第一个月就有了 5000 个用户，现在这个平台上有 20000 个用户以及数百个社区。他补充说，公司为每个人开放平台，该平台已取代了公司的内部网络。Garcia 还说，社交能力已经引起了该公司的"巨大变化"，增加了该公司的敏捷性和全球合作伙伴有效协作的能力。

### 2. 丰田社交化的用户关怀服务

Salesforce 公司和丰田汽车公司宣布创建"丰田朋友（Toyota Friend）"，这是一个为丰田用户创建的社交网络。

"丰田朋友"采用 Salesforce 公司的 Chatter 社交网络服务并首先在日

本上线，首先提供给电动汽车和插入式混合动力车的车主。这一私人的社交网络连接丰田车主与他们的汽车、分销商和丰田公司。推出这项服务的部分原因是帮助电动车维护：如果电池电量已所剩无几，“丰田朋友”将以“鸣叫”般的警报形式通知驱动程序，重新充电。“丰田朋友”是私有的社会网络，用户将可以选择通过 Twitter 和 Facebook 等社会公共网络共享其非会员的项目。

3.Extole 社交营销

美国旧金山的 Extole 公司，基于 Facebook 粉丝页面、确认页面、账户页面和专门电子邮件等渠道为某品牌商找到拥护者（图 14.9）。之后，这些品牌用户会通过邀请加入品牌营销，通过自己的社交分享获取一定的奖励。通过这种方式，Extole 公司帮助品牌提升了知名度和销售额。

图 14.9 Extole 的社交营销

4. 新颖的“故事”营销方式

第八桥（8th Bridge）的 Social Expressions 是公司旗下的一款社交应用（图 14.10）。当某位用户向朋友分享了一个品牌产品时，8th Bridge 就会把此操作记录转化成“购物故事”。该品牌产品就会出现在朋友的 Ticker 和 Timeline 中，并像视频文件一样附有相关的缩略图和播放按钮。Facebook 用户通过“购物故事”进行产品的品牌分享次数是基于链接分享的 18 倍。

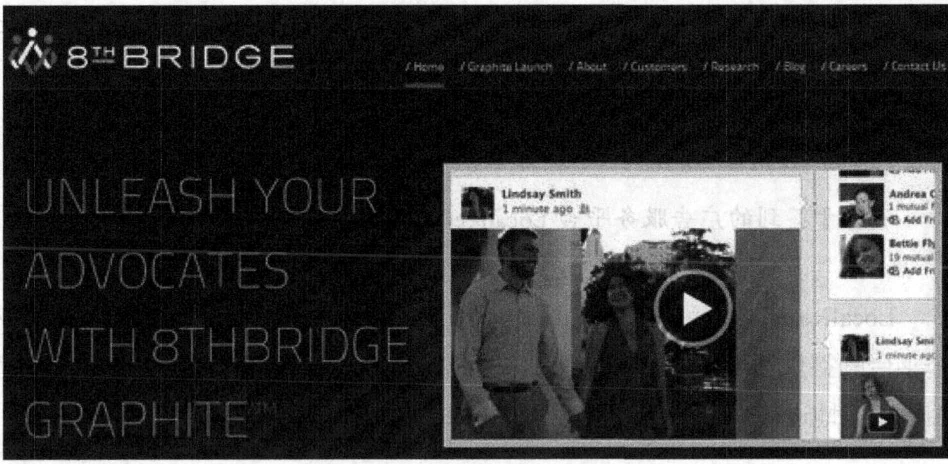


图 14.10 第八桥产品分享

5. 发推文购物

Chirpify 通过推文生成交易，允许消费者和商家基于 Twitter 进行买、卖和捐助活动（图 14.11）。对于品牌商来说，使用起来十分简单。首先，创建

图 14.11 Chirpify 推文购物

内容，并附带产品图片发布相关推文；接着，有意购买者可回复“购买”进行回应。对于 Chirpify 注册用户，交易会进行自动处理完成订单。消费者可以关联到自己的 PayPal 账户，钱会直接从该账户中扣除。

6. 基于签到的广告服务平台 LocalResponse

LocalResponse 涵盖了社交、本地化和移动化三大元素，通过聚合来自多个平台的签到和地理位置信息来帮助品牌商和商家精准确定用户实时购物意图，相应地进行相关的促销策略（图 14.12）。

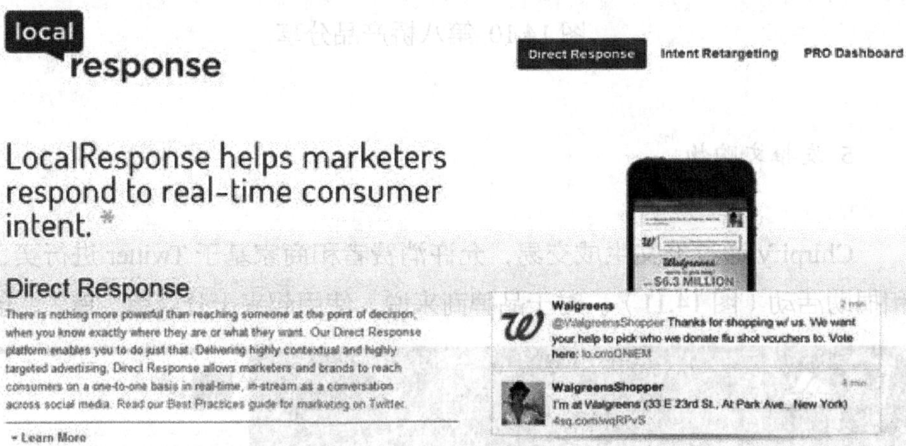


图 14.12 LocalResponse 广告服务平台

7. 全渠道零售

电子商务和社交媒体的迅速崛起，促使消费者的消费方式呈现智能、互联、自主的趋势。消费者能根据需求更主动地选择不同渠道购物。全渠道零售（Omni-Channel Retailing），就是企业为了满足消费者任何时候、任何地点、任何方式购买的需求，采取实体渠道、电子商务渠道和移动电子商务渠道整合的方式销售商品或服务，给消费者提供无差别的购买体验。这些变化正深刻改变着中国的零售业，以消费者为中心、全渠道经营正成为零售企业转型的主流方向。

龙大食品集团公司作为一个传统食品加工企业，为了持续整合利用新技术进行商业化探索，找到合适的商业模式，抢占新的市场机会，利用云计算、社交网络、大数据等关键技术，构建了基于云技术的电子商务综合服务平台——云生活电子商务综合服务平台，促进相关实体企业向电子商务转型，增强产业核心竞争力。

龙大公司通过线上开通微社区、健康生活主题专属 QQ 群、会员专属服务群、服务站专属服务群，更直接地与广大消费者接触，了解他们的生活现状、急需解决的问题和难点，为快速实现营销的网络化、社区化奠定了坚实的基础，也为口碑营销奠定了基础（图 14.13）。

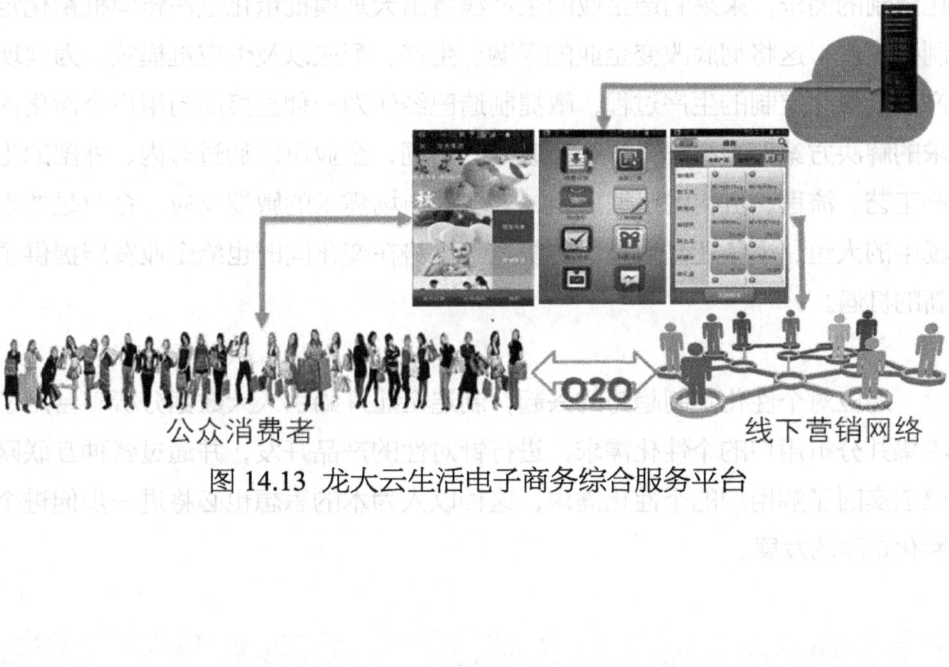


图 14.13 龙大云生活电子商务综合服务平台

# 第 15 章　大数据推动个性化定制

利用互联网平台，结合规模化生产的低成本优势和定制带来的高附加值，个性化定制现象已蔚然成风，从服装、家居、家电到汽车甚至食品，一步步地走向规模化和大众化，这种变化革新了制造企业的生产模式。为适应个性化定制的需求，未来制造企业的生产线将由大规模批量化生产转向批量化定制化生产，这将彻底改变企业的采购、生产、配送以及供应链模式。为实现产品批量化定制的生产过程，敏捷制造已经作为一种直接面向用户个性化需求的解决方案而被提出，依托互联网的协同，企业可以通过对内、外部的生产工艺、流程、机构的迅速重组，实现对市场需求的敏捷反应。企业是做市场中的大鱼、小鱼还是快鱼？传统竞争优势在变化同时也给企业发展提供了新的机遇。

为应对个性化定制趋势的兴起，制造企业开始引入大数据分析平台用于收集并分析用户的个性化需求，进行针对性的产品开发，并通过各种互联网渠道实时了解用户的个性化需求，这种以人为本的思想也必将进一步促进个性化定制的发展。

## 15.1 C2M：从大规模生产到大规模定制，再到规模化、个性化定制

新一轮工业革命的浪潮正在袭来，它实质上是以信息技术为代表的新一代技术革命。计算机将大量代替人类的智力劳动，产品的设计与生产模式将由大批量流水线再次回到多品种、小批量的个性化制造。

大规模生产方式的典型是美国的福特制（Fordism）。福特汽车公司创立于 1903 年，当时的年产量为 1700 多辆。公司通过建立汽车业的第一条生产线，大大降低了生产成本。老福特公司的发展思路是“以量取胜”——降成本、大规模生产、大规模采购，用规模和低成本来竞争。之所以采用这种方式，其原因也很简单，当时的汽车市场处于刚刚起步阶段，基本的需求还未得到满足，只有少数富人拥有汽车，而很多家庭还没有汽车，处于严重短缺的时代。在这个阶段，消费者对汽车的需求大多还停留在基本需求上，相同倾向性很大，并且普遍较低的收入水平也使得低价格成为消费者重点关注的因素。因此，大规模化生产低成本的汽车可以为企业带来巨大利润。

福特公司注重在各个细节中节省成本。汽车的成本一天天下降，大量的汽车被卖出去从而使得产量不断增加，进而生产的成本继续下降。福特认为以最低的成本卖出最多的产品就能获得最大的利润。通过规模经济，增加产量可以急剧降低成本，从而可以降低价格。消费者的需求是有弹性的，低价格能够保证最大程度卖出产品，价格越低，就会有更大的产销量；当产销量长上去了，随着生产规模的增加，会进一步加速成本的下降，这就使得企业有进一步降低价格的空间。随着价格的降低，市场扩大了，在细分市场上的消费者会屈从于低价格，在差别化和低价格之间，选择更低的价格，消费者向统一的市场转变，这就增加了消费市场的一致性。提供品种相对较少的产品，虽然消费者的选择余地减少，但却有助于产品成本的降低，在相对统一的市场环境下，可以卖出更多的产品。

为了实现尽可能低的成本和更大的市场，生产过程应当尽量自动化，由此增加的固定成本会被规模经济所消化，从而新的工艺技术也就能有力地推动成本的降低。同时，时刻保持生产过程的效率，其中最重要的就是稳定，包括输入、转化、输出过程的稳定，以保障每个环节的流畅运转。在此种经营模式下，产品的生命周期会被尽量延长，以降低单位产品的生产成本，并减少对于技术和工艺的平均投入。产品生命周期的延长，使得企业有更多的时间进行产品改进，这又推动了更大规模市场的形成。福特公司的 T 型汽车虽然款式单一，颜色也比较少，却占据了很大的市场份额，取得了极大的成功。

从1908年开始，福特公司着手在T型汽车上实行单一品种大量生产，到1915年建成了第一条生产流水线，实现了1分钟生产1辆汽车的愿望，到1916年，T型汽车的累计产量达到58万辆。随着产量的增加，汽车的成本也大幅下降，从1909年的950美元，降到了1916年的360美元。11年后，也就是1927年，T型汽车的累计产量突破了150万辆，市场占有率达到50%，实现了很多美国家庭的汽车梦想。

长久以来，大规模生产一直是制造业的主流模式，其基本运作形态是“大规模生产＋大众营销＋大品牌＋大零售”。传统模式下的大批量、规模化、流程固定的流水线生产，追求的是同质商品的低成本。大量商品生产出来后怎么办？依靠的是以报纸、杂志、广播、电视为主要载体的大众营销的狂轰滥炸。在这种广告模式下，品牌是靠媒体塑造出来的，消费者是被灌输、被教育的。例如，1965年，宝洁公司只需在“新闻60分”节目中做3条插播广告，就可以触及美国80%以上的成年观众，完成对消费者的教育过程，为大零售做好铺垫。传统B2C模式下，生产与消费之间隔着重重的批发、分销、配送环节。而且生产商都通过设定折扣、运费政策鼓励分销商、零售商一次性大批量订货。信息传递缓慢而零散，生产商往往数月后才能从订单中看到消费者需求的变化。在生产过程中，生产厂家需要以“猜”的方式进行库存和生产。而信息的失真和滞后，导致猜测的准确率非常低。管理学中有个名词称该现象为“牛鞭效应”。彼得·圣吉在《第五项修炼》中用“啤酒游戏”详细介绍了这个现象。传统的B2C模式下也经常出现这样的场景：畅销的商品往往缺货，滞销的商品却堆满货架和仓库，既错失销售机会，又积压资金。

近年来，消费者已经不满足于让制造企业来设计产品，而是希望通过互联网更多地把自己的想法和理念灌输给企业，让企业根据自己的需求来开发并生产产品。用户需求的个性化必然导致产品的多样化。2014年以来，随着个性化定制需求的凸显，传统大规模批量化生产模式已经开始发生变化，小批量、多样化的产品生产模式已经出现，规模个性化定制开始兴起（图15.1）。

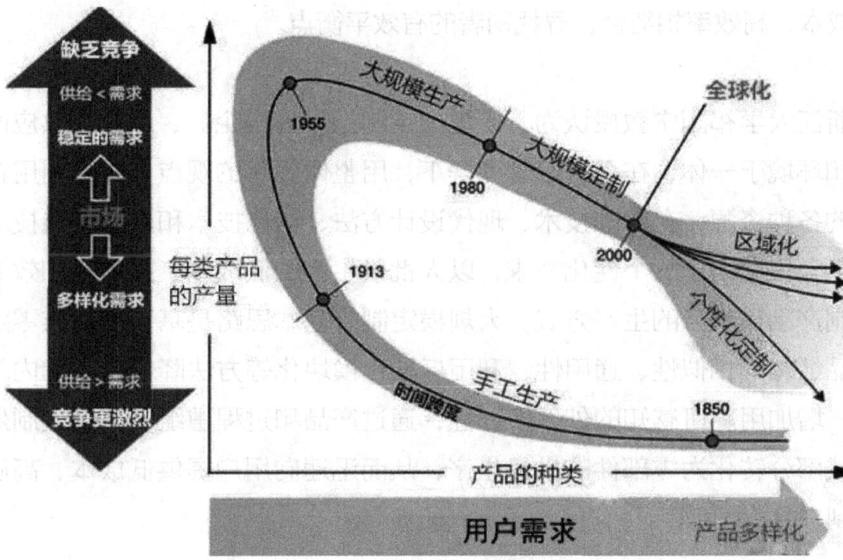


图 15.1 用户需求的变化趋势图

克里斯·安德森在他所著的《长尾理论》中详细阐释了长尾的精华所在，指出商业和文化的未来不在于传统需求曲线上那个代表“畅销商品”的头部，而是那条代表“冷门商品”的经常被人遗忘的长尾。在以物理为基础的“短头”经济中，20% 的热门产品带来 80% 的收入，并且带来 100% 的利润；而在以知识为基础的“长尾”经济中，20% 的热门产品将集中为 10% 的热门产品，其进一步分化为 2% 的大热门产品和 8% 的次热门产品。2% 的大热门产品带来 50% 的收入和 33% 的利润；8% 的次热门产品带来 25% 的收入和 33% 的利润。剩下的 90% 的长尾产品，将带来 25% 的收入和 33% 的利润。从利润上看，出现了平分天下的 3 个 33%。因此，传统的仅重视规模化生产的方式并不是最佳实践方式，对于小批量、多品种和个性化定制的产品生产，同样可以为商家带来巨大利润空间。

然而，单纯的个性化产品定制费时费力，虽然产品可以更符合用户的预期，且单件产品的收入有所增加，但同时意味着企业的成本增加和产量下降，这并不能为企业带来理想的效益。为此，大规模定制（Mass Customization）的生产模式应运而生。大规模定制是一种旨在快速响应用户需求，同时兼顾大规模生产效益的运作战略。它将用户个性化定制生产的柔性与大规模生产的低成本、高效率相结合，寻找两者的有效平衡点。

浙江大学祁国宁教授认为，大规模定制是一种集企业、用户、供应商、员工和环境于一体，在系统思想指导下，用整体优化的观点，充分利用企业已有的各种资源，在标准技术、现代设计方法、信息技术和先进制造技术的支持下，根据用户的个性化需求，以大批量生产的低成本、高质量和效率提供定制产品和服务的生产方式。大规模定制的基本思路是基于产品族零部件和产品结构的相似性、通用性，利用标准化模块化等方法降低产品的内部多样性，增加用户可感知的外部多样性，通过产品和过程重组将产品定制生产转化或部分转化为零部件的批量生产，从而迅速向用户提供低成本、高质量的定制产品。

早在 1970 年，未来学家艾尔文·托夫勒在《未来的冲击》一书中就对大量定制生产方式做出了预告。1993 年，B. Joseph Pine Ⅱ在《大量定制——企业竞争的新前沿》一书中对大量定制的内容进行了描述。1997 年，David M. Anderson 和 B. Joseph Pine Ⅱ在《大量定制生产的敏捷产品开发》一书中进一步论述了如何为单个用户开发易于定制的产品[65]。

戴尔计算机公司正是这场革命的先锋。戴尔公司借助网络直销，使公司所占市场份额在四五年内翻了一番。戴尔公司的定制化生产之所以取得成功，主要原因有以下三点：一是公司充分利用了当代先进的网络技术；二是公司拥有一整套进行大规模定制生产的技术装备；三是公司采用了先进的物流管理软件[66]。

规模化个性化定制，与正在兴起的一种全新的商业模式，C2M（Customer to Manufactory）有着近似的含义。

虽然早在 20 世纪 80 年代，很多企业就已经开始大规模产品定制，根据用户的需求定制服饰、饰品、家具等。但由于当时条件所限，很多定制只能针对个人或小批量生产。而如今，随着互联网应用的日趋成熟，企业能通过网络直接面对用户，了解用户并反馈用户需求，为规模化个性化定制的真正实现提供了条件。

C2M（Customer-to-Manufactory）即"客对厂"，由爱优会社交购物平台提出，是一种继 B2B、B2C 等电子商务模式后的新型电子商务模式。在 C2M 模式下，用户可以在社交购物平台建立自己的社交关系网络，使得规模巨大但同时相互之间割裂的、零散的消费需求整合在一起，以整体、规律、可操作的形式将需求提供给供应商，从而将"零售"转化为"集采"，能够大幅提高工厂的生产效率和资产、资金周转，因而价格又有了一个巨大的下调空间；既而以"云采购"模式，将参与"集采"的用户需求信息整合起来，速送工厂，使其"以需定产、量体裁衣"。

爱优会创新地将社交网络（SNS）与电子商务巧妙、无缝地融合在一起，通过朋友间的推荐、分享、评价、行为、信任和相互影响，以业界首创的"云采购"模式将对同一类商品的需求整合起来向供应商进行集中采购，顺利产生零售领域难以实现的面向消费者的规模效应，真正实现"人多力量大"、"越买越便宜"。

目前，服装、家电、家居甚至汽车行业都有先行者已经尝到规模化定制的甜头了。

在服装企业饱受高库存煎熬的 2014 年，青岛红领集团公司却靠定制服装实现了超过 150% 的同比增长。取得这种"逆市场"的成功奥秘，是红领公司耗费 10 年打造的规模化定制模式，颠覆了所有对制造业的传统认识。基于过去 10 年积累的数据，红领公司研发出了一个个性化定制平台——RCMTM（Redcollar Made To Measure，红领西服个性化定制），建立起一个关于人体各项尺寸和西服版式与尺寸的数据库。红领公司通过"用户交互系统"和"自主研发系统"，超越了简单的定制或半定制，真正实现了全定制，用户可以完全自主设计，从而形成了"一人一款"的专属定制（图 15.2）。

定制的第一步是量体采集数据下订单。用户只需通过公司独创的"三点一线"量体法采集到身体 18 个部位的 22 个数据，输入 RCMTM 平台，然后对面料、花型、刺绣等几十项设计细节进行选择，或让系统根据大数据分析自动匹配。敲定细节，订单传输到数据平台后，系统就会进行数据建模，基于数据库的运算模型，根据用户的身体数据进行计算机 3D 打版，自动完成版匹配，在 1 分钟内形成专属于该用户的数据版型，并传输到生产部门。再将成衣数据分解成一道道具体的工序，跟随电子标签流转到生产车间每道工序的计算机识别终端上进行加工。

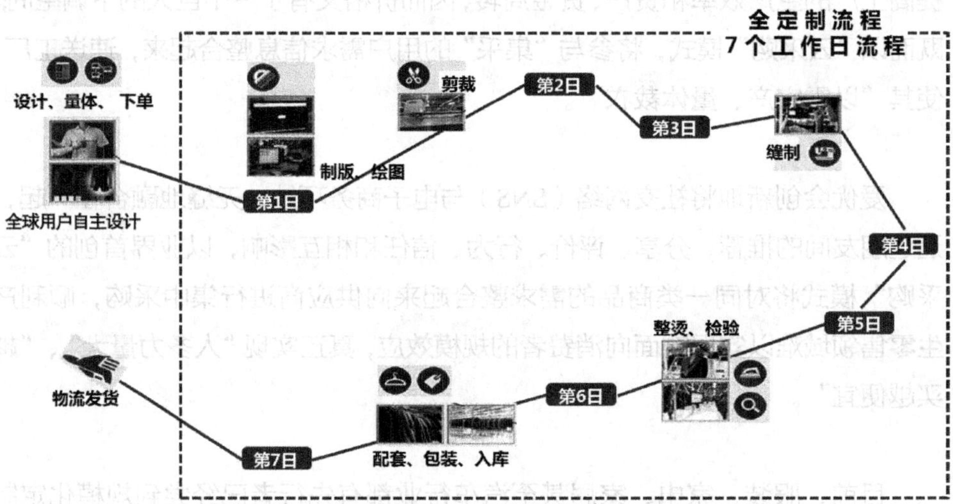


图 15.2 红领西服的个性化定制流程图

每位工人都有一台计算机识别终端，这是他们工作最依赖的工具，所有的流程信息传递都在这上面进行。接到订单后，工人会核对所有细节，然后录入到一张电子标签上，这张电子标签是这套衣服的"身份证"，将伴随这套衣服生产的整个过程。随后的所有环节中，每位工人的第一项工作就是扫描电子标签进行识别，并根据其中显示的要求进行自动裁剪或细节处理，直到服装完成生产通过快递寄送至全球任何角落。整个定制生产流程全部以数据驱动运营，从而可以实现直接从用户到生产端的 C2M（Customer to Manufactory）生产流程。在这样的模式里，用户直接在平台上表达自己的要求，而制造商直接收到订单并满足需求，跨越所有中间环节。

这是一条称得上“极端”的定制路线，红领公司生产的每件衣服在生成订单前就已经销售出去，这在成本上只比批量制造高 10%，但收益却能达到两倍以上。红领公司凭借这套完善的大数据信息系统，目前每天能够完成 2000 件完全不同的定制服装生产。任何一位红领公司的用户，只需要等待 1 周就能拿到所需的衣服，而传统模式下却需要 3 ~ 6 个月。

在家居行业，尚品宅配公司[67]也根据用户的身材和喜好进行从款式设计到构造尺寸的全方位个性定制，其个性化定制的深度前所未有；而其高度智能化的生产加工控制系统，也能满足用户个性化定制所产生的特殊尺寸与构造板材的切削加工需求。同时，通过公司强大的 3D 设计软件及云端设计资源整合能力，在设计端让用户不仅能体验到单个产品，还能体验整体家居设计，最大限度地减轻了用户家具与家装设计不搭配的忧虑。

在家电行业，京东公司与 TCL 公司合作，开启了首款定制空调预约活动，引领家电 C2B 定制步入新阶段。这意味着消费者不再是单纯的消费方，同时也是设计方；电商和制造企业也不再只是单纯的供销关系，而是可以让电商作为制造企业的需求反馈平台。

实现小批量、多品种甚至个性化定制的高效混合生产的前提是标准化，以及有一套非常严谨的信息化系统支撑。现在汽车整车厂的总装线已经可以做到多种车型的按订单生产、混合生产了。如在 BMW 公司的生产线上可以看到，虽然生产的车型和型号不同，但是所有承载车身的工装是一致的。也就是说，所有不同的车型和型号都可以通过同一条生产线来生产。而且有些在同一平台下生产的车型，装配时大部分模块也是通用的，这样既可以通过模块的选择搭配来生产多种满足不同用户需求的差异化的汽车，又可以让模块（不再是零部件而是模块）的数量大大地减少，如 BMWX1 和 BMW3。此外，奥迪公司在中国率先进军个性化定制市场，目前个性化订单比例已经占到 20% 以上；徐工公司的“私人订制”自卸车再获批量订单，凭借着良好的操作性和稳定性、高性价比高等优势，成为公司在非洲地区的主打热销产品。

电子行业在生产不同型号的接近传感器时，为了能每天在统一流水线上生产出十几种不同型号的传感器，其做法不是去真正地差异化它们，相反是标准化它们。电子厂将所有接近传感器的 PCB（印制电路板）都做成是一模一样的，区别仅仅是在上面安装的零件的不同，这些零件信息全部存储到条码中，在生产线的最开始，机器首先自动扫描条码，识别后 SMT 机（表面贴装技术）会自动地切换程序去安装该型号产品的零件；而当机器读取到不同型号的时候就会自动切换程序去贴装不同的所需要的零件，这样就做到了生产不同型号产品时的零秒全自动切换。

除以上提到的行业，礼品、玩具等行业的个性化定制早已成为常态。为了实现这样的生产模式，企业内部需要一套精细化的信息管理系统来存储和处理这些海量的、面向不同模块的个性化数据，以提升大规模定制的生产效率。

此外，众包也是实现规模化个性化定制的一种有效途径。2006 年 6 月，美国《连线》杂志记者 Jeff Howe 将“大众”和“外包”组合，得到“众包”的概念。在众包中，企业外的业余人与企业内的职业人通过互联网连接起来，出现了业余活动专业化、外部与内部融合的趋势。企业可以将众多的个性化任务进行分解，再将这些子任务按照特点分配给其他承包商，经过价值链的解构，企业最大程度地退出非优势、甚至是传统意义上的优势领域，引进大众参与企业的生产环节，重新构建价值链体系，大众按照一定的流程、规则参与其中，而企业负责协调和管理价值链和众包网络，实现自身组织结构扁平化、弹性化，提升企业的灵活性与效率。因为众包的模式可以使参与各方发挥自身最大能力和优势，规模化生产个性化产品将成为可能。又如 InnoCentive 平台，基于企业提升自身创新与研发实力的需要而成立，目前已成为化学和生物领域的重要研发供求网络平台。宝洁、波音和杜邦等众多跨国公司组成的“寻求者阵营”把企业内部难以解决的研发难题抛到“创新中心”，等待隐藏在网络背后 9 万多名自有科研人才组成的“解决者（Solver）阵营”来解决。

2015 年初，乐淘公司（国内主要的运动鞋、皮鞋网络零售网站）创始人毕胜再次复出，推出其打造的基于 C2M 模式的新平台“必要“（www.biyao.com）。该平台上线不到 1 个月，就获得了有着全球电商奥斯卡之称的“艾奇奖”的商业模式创新类的金奖，奖项是“必要“推出了全球唯一一家 C2M 平台，打破了行业雷声大雨点小的现状。传统商品从工厂到用户，成本环节多达十几项，流通环节过多，同时因为无法解决库存这个零售业最大的死结，普通商品的加价率高达 4~8 倍，奢侈品的加价率更是高达几十上百倍。也就是说，你花 300 元买的商品成本可能只有 50 元，6000 元的奢侈品成本也就是 200 多元。因此，中国消费者一直在花冤枉钱买质次价高的商品。中间环节过多，加上库存问题，使得传统模式售出的产品价格是成本的很多倍。C2M 这种模式一是解决了库存问题，根据消费者之需生产，所以是按需生产，零库存；二是解决了中间环节问题，直接从消费者到工厂，去掉了所有中间环节。目前，“必要”已经完成 5 个行业的整合，分别是女鞋、运动装备、饰品、包、眼镜，这些厂商都是行业的顶级奢侈品制造商，这些行业龙头企业为了与必要合作，累计投资超过 3 亿元完成了柔性制造的改造。其中既有为 Nike、Prada 等高端品牌做制造的民营企业，也有像依视路集团这样的跨国公司。

当前，技术定制最前沿的方向是 3D 打印。让今天的工厂制造一把你自己设计的锤子，得花上几千美元，必须先生产一个模具，浇铸好锤头，用机器抛光出合适的光泽，削一根木制锤柄，然后再把各部分组装起来。如此制造一把锤子当然会贵得令人不敢问津。但如果生产成千上万个，得益于规模经济，每把锤子的成本将大幅下降。然而，对于 3D 打印机来说，规模经济则没这么明显。3D 打印机的软件可随意调整，几乎能制造出任何的东西。不管是单件产品的生产还是 3D 打印机容许的最大量生产，机器的设置成本都是一成不变的。作为科技界的“当红明星”，3D 打印技术已遍及航空航天、医疗、食品、服装、玩具等各个领域，在拓展自身领地的同时，也在潜移默化地改变着人们对于制造业的传统观念。如果 3D 打印机也能解决快速批量定制问题，将引发下一次工业革命浪潮。

## 15.2 C2B：用户参与的创造

社交化生产是新经济技术条件下一种新型生产方式，其核心是社交化因素对生产过程中的资源、要素组织方式的变革。产品的设计、测试以及制造等环节充分贴近用户需求，甚至直接由用户参与完成，传统生产过程中以契约为主的社交网络被以圈子为主的社交网络取代，产品生产更为人性化。

2014 年给消费者感受最明显的是，以往消费者作为市场消费产业链的末端，总是在被动地接受企业设计的产品，而如今，随着互联网的发展以及用户个性化需求的逐渐凸显，消费者的市场位置正在发生颠覆性变化。C2B（Customer-to-Business）即“用户对商务“，是新型电子商务模式的一种，核心是以用户为中心，即先有用户提出需求，后有生产企业按需求组织生产。通常情况为用户根据自身需求定制产品和价格，或主动参与产品设计、生产和定价，产品、价格等彰显用户的个性化需求，生产企业进行定制化生产。

从实现难度及层级来看，C2B 存在的模式主要有以下三种。

第一种是聚定制，即通过聚合用户的需求组织商家批量生产，让利于用户。天猫“双十一”的节前预售，就属于这种形式。其流程是提前交定金抢占优惠价名额，然后在活动当天交尾款，这是天猫“双十一”最大的亮点。从“双十一”预热阶段各商家预售产品的火爆程度可窥一二，这一模式给店铺带来了巨大的销售增量，也奠定了“双十一”动辄数百亿的成交基础。此类 C2B 形式对于卖家的意义在于可以提前锁定用户群，有效缓解 B2C 模式下商家盲目生产带来的资源浪费，降低企业的生产及库存成本，提升产品周转率，对于商业社会的资源节约起到极大的推动作用。聚划算、团购也属于聚定制的一种。

第二种是模块定制。聚定制只是聚合了用户的需求，并不涉及在 B 端产品环节本身的定制。引领 C2B 模块式定制的当属海尔公司。海尔公司是国内率先引入定制概念的家电企业，用户通过海尔商城可以选择冰箱的容积大小、调温方式、门体材质、外观图案。2013 年上线的青橙手机也属于典型的模块化定制产品，提供了部分可供用户选择的外观和功能参数，如手机摄像头、屏幕、内存等均可由用户自由定制。这一类定制属于 C2B 商业模式里的浅层定制，它为消费者提供了一种模块化、菜单式的有限定制，考虑到整个供应链的改造成本，为每位用户提供完全个性化的定制还不太现实，目前能做到的更多的还是倾向于让用户去适应企业既有的供应链。

第三种是深度定制。深度定制也叫参与式定制，用户能参与全流程的定制环节。厂家可以完全按照用户的个性化需求来定制产品，每件产品都可以算是一个独立的 SKU（Stock Keeping Unit，库存量单位）。目前深度定制最成熟的行业当属服装类、鞋类、家具定制。以定制家具为例，每位用户都可以根据户型、尺寸、风格、功能完全个性化定制产品，对于现在寸土寸金的户型来说，这最大限度地满足了用户对于空间利用及个性化的核心需求，因此正在蚕食成品家具的市场份额。而深度定制最核心的难题是如何解决大规模生产与个性化定制相背离的矛盾。深度定制的典型代表是定制家具企业尚品宅配新居网。这家被时任副总理汪洋称为“传统产业转型升级的典范”的企业将 IT 技术与互联网技术进行深度整合，通过其设计系统、网上订单管理系统、条码应用系统、混合排产及生产过程系统解决了这一难题。

从 C2B 产品属性来分，可以分为实物定制、服务定制和技术定制三类。

前述定制案例中提到的服装、鞋、家具等都属于实物定制。不久前，麦当劳公司正在美国加州南部市场测试的“汉堡定制”项目也属于实物定制，该项目为用餐者提供了更多的定制化空间——可以通过安装于 iPad 上的菜单，在 20 种汉堡配料中任意选择搭配。此外，该菜单中还添加了 3 种全新的高价位特制汉堡。而大家比较熟悉的服务定制就是家政护理、旅游、婚庆、会所等中高端行业。

此外，目前有不少比较成功的 C2B 网站实例值得借鉴和学习。“当家物业联盟”（www.djwylm.com）是国内首个采用以线下社区为基点的 C2B 营销模式的平台，其通过收集社区居民的需求，通过平台将需求发送给商家，商家可以选择是否提供商品和服务。提供旅游酒店预定的“响应网”（www.xoyin.com），打出的口号是“定制你的旅行”，通过用户发布预定需求（酒店或者旅游线路）→酒店（或旅行社）竞标报价→选择酒店（或旅行社）中标→支付→入住等流程，既满足了用户以自己的要求订购酒店和旅游线路，同时也帮助酒店减少了客房库存。为缩短产品的研发设计周期，3D 打印技术可被用于定制产品设计初期的模型快速生成。在这方面，微小网（www.vx.com）作为 3D 打印模型分享的品牌平台，已经提供了数万幅设计图纸供网友免费下载，并定期发布 3D 打印课程，为设计师搭建了很好的学习交流平台。

虽然 C2B 的发展空间很大，但目前仍面临诸多发展难点，如全产业链的控制能力、改造的技术难点、C2B 产品的价格和周期、B 端的专业化水平、用户消费需求的确认等。C2B 仍会是未来变革商业的重要力量，它也将不止是电子商务未来的发展趋势，更是一场商业社会的自我革命。阿里巴巴公司首席战略官曾鸣说过：“所有管理者都必须警醒的是：在现代工商业发展史上，C2B 模式的大量浮现，是一个从未有过的事件。它不是转瞬即逝的浪花，而是塑造全球商业气候的巨型洋流。能否把握这一趋势，将决定谁是未来的商界领袖。”

## 15.3 大众创业，万众创新，创客来了

随着定制生产模式在制造领域的不断升温，在新互联网时代，越来越多的企业和个人加入到这个行列中，“创客”（来源于英文词汇“maker”）一词也应运而生。创客热衷于把创意变为产品，尤其在互联网、电子工程、工业设计、数字艺术等领域，他们已逐渐成为企业技术创新和产品创新的新生力量，并孕育和催生出一大批科技型小微企业。

海尔公司正在实践的众创定制，更大程度地发挥了用户的主动权，用户参与设计，进而研发及模块商资源等快速将其转化成产品方案。当这些产品

方案吸引更多用户最终转化成订单时，智能互联工厂能快速地满足其定制需求。“雷神”游戏本（游戏功能较强的笔记本电脑）就是一个海尔员工创客化的典型案例。

首先，“雷神”游戏本诞生于30万条评论与6个QQ群中，“雷神”团队从3万条差评中归结出13个核心问题，然后精心打造了符合用户期望的产品。结果上市1周就在同行中排名热卖品牌第四、单品第三；其二代产品在京东网的预约用户达到18万，上市3000台在20分钟内被抢完。事实上，创造出如此辉煌战果的“雷神”游戏本创客团队，是海尔公司的几名员工。他们依靠贴吧、论坛、QQ群等渠道，通过与用户的交互，聚集了80余万粉丝，在交互中发现了用户的痛点和最真实的需求，从而挖掘出产品机会。之后，他们整合上游资源和内部的无边界团队，针对用户的需求提出产品创意，经过研发及广大玩家测试，再到互联网预约销售，最后再次回到交互平台进行痛点交互，形成循环往复的产品上市闭环。

“雷神”游戏本还推出了游戏浏览器，除了支持游戏加速、键鼠录播、自动喊话、小号多开等一些专用功能，后续版本还将支持一键代理访问、游戏极速搜索、一键装机、游戏语音交流、移动端访问等特色功能。而推出浏览器的真正目的则是为了追踪用户的使用行为，通过大数据分析来完成信息推送及精准投放，还可以通过用户消费、游戏预装等方式进行利润分成，成为游戏分发平台，完成从硬件到转件的转变。

目前，“雷神”已经“玩大”了，在海尔公司的创业平台上，它已经吸引了创业导师和风投资金，开始正式进入小微化运作。“雷神”的下一步目标是成为游戏本行业第一品牌，吸聚粉丝200万以上。在硬件做强后，“雷神”计划2016年完善游戏软件生态圈，吸聚粉丝300万以上；未来打通游戏产业链，代理游戏运营、游戏推广，逐步进入游戏文化产业，吸聚粉丝600万以上。

“雷神”游戏本的成功，核心就是与用户零距离，完全以用户需求为创新目标和驱动。当最初的3000台卖完后，很快用户就反馈了意见：屏幕有亮点。当时的团队不以为意，因为按照国家标准，屏幕亮点只需控制在 3 个以内就可以。但很快，在 QQ 群、微信群、贴吧等交互平台上，越来越多的人在讨论这个问题。团队意识到这就是新互联网时代的用户，你有你的国家标准，但我不买你，你就没用；你满足我了，我才买你的。这就是用户思维！于是团队立刻进行技术改进，直到屏幕完全无亮点。改造后的产品价格增加了 300 元，但是实际生产成本只增加了 100 元，而用户愿意多花这 300 元。

以小米公司为代表的社区模式和 Quirky 公司的点子平台是社交化众创设计的典型案例。小米论坛提供社交网络，用户贡献内容。在研发阶段与米粉互动，收集意见，每周快速更新版本。通过社交网络，研发部门可以快速、直接掌握用户对于产品问题的一手信息，增强用户的参与度。Quirky 公司搭建了一个开放式的平台，社区用户缴纳 10 美元便可提交自己的设计创意。提交的作品每周开放投票，得票最高的设计方案便可申请专利和产业化。该平台的作用仅仅是搜集大众有价值的创意，并对方案进行后续建模与研发制造，在线销售，具有开发周期快速、更易获得市场青睐等优点。

2014 年，美国总统奥巴马把创客提升到打造新一轮国家创新竞争力的高度，并宣布每年 6 月 18 日为“美国国家创客日”。2015 年 6 月 16 日，中国国务院发布了《国务院关于大力推进大众创业、万众创新的若干政策措施的意见》，提出“推进大众创业、万众创新，是发展的动力之源，也是富民之道、公平之计、强国之策，对于推动经济结构调整、打造发展新引擎、增强发展新动力、走创新驱动发展道路具有重要意义，是稳增长、扩就业、激发亿万群众智慧和创造力，促进社会纵向流动、公平正义的重大举措。”

## 15.4 大数据为规模化定制生产提供基础

### 1. 基于大数据分析的 M2C 个性化获取

个性化的获取与平衡是实现规模化定制的基础。传统的实现方法有以下几种。

第一种是通过成熟的模块组合快速形成个性化，而这些个性化方案可以满足一个群体的需求，基于此实现了一定的规模化。这样的定制方式在一些汽车官网以及天猫等电子商务网站上已经有一些实现。但是采用这种方式，用户能够左右定制的余地并不大，厂家的逻辑也是在短时间内收集一定数量的某大类需求并快速进行生产满足，这对供应链要求较高。这种模式被称为“模块化定制”。

第二种则是让潜在用户参与到产品的设计之中。小米等互联网公司将这个做成了粉丝经济，让粉丝通过互联网更加充分地参与到对未来产品功能的讨论、投票中来，然后快速进行满足。本质上，这只不过将需求调研的用户样本扩大了。海尔公司还曾在天猫组织过一次投票活动，让用户对一款冰箱的某些可选功能进行投票表决。这种模式可以称为“群体调研定制”。

第三种是先收集需求再生产的预售模式。这时候厂商收集的不是用户的个性化需求，而是只关心用户有没有这样的需求，有就先下单交钱。这样做的目的既可以提前一步得到货款，又可以最大限度地降低库存，甚至还可以通过控制预售规模做饥饿营销。小米公司对此模式游刃有余，现在智能硬件行业十分青睐此模式，众筹网站被很多智能硬件作为预售网站。当然，团购其实也是这样的模式，先组织大规模订单，商家为此进行备货、生产或者服务准备。

基于大数据可以更方便地实现用户个性的获取，可以总结为“大数据定制”。电子商务平台、社交网络已经积累了大量的用户行为数据，如搜索浏览的记录、在商品页面的驻留时间、访问过的商品对比、历史购物车、下单情况、评价数据等都被全程记录，同时用户的个人资料，如性别、地域、年龄、职业、消费水平、偏好、星座等也可以同步获取。这样，就可以采用大数据挖掘的技术手段对这些数据进行交叉分析、定点分析、抽样分析、群体分析，从而获取有价值的信息。

比如，基于天猫数据分析的结果，可能会发现，之所以用户不喜欢卧式吸尘器的垃圾倾倒设计，是因为需要弯腰；也可能会发现，广东用户更需要吹风机是因为广东天气湿热；还可能会发现挂烫机销量不佳的原因是使用频率不高。这些结果很自然地可以帮助小家电制造商进行特别的功能设计。除了指导产品功能设计外，天猫还可以通过对地域和时间分析来指导生产线不同季节的产量和不同地域的库存。

但是要做到大数据定制必须具备几个条件：一是有海量的数据；二是这些数据能够挖掘出对生产商家有指导价值的结果；三是具备挖掘这样的数据的技术能力；四是有能力整合生产、流通和销售这些关键环节。

伴随着大数据应用的讨论、创新，个性化技术成为一个重要落地点。大数据使得企业能够通过互联网便利地获取用户更为广泛的反馈信息，为进一步精准、快速地分析用户行为习惯、消费习惯等重要商业信息，提供了足够的数据基础。伴随着对人的了解逐步深入，一个概念悄然而生——用户画像（UserProfile），即用户信息标签化，利用互联网搜集与用户相关的“一切”信息，抽取其中关键词，用简洁的标签来作为用户特征。它可以完美地抽象出一个用户的信息全貌，作为企业应用大数据的根基，然后用于各类数据挖掘、个性化搜索推荐等工作中。

用户数据可分为静态信息数据和动态信息数据两类，静态信息数据是用户相对稳定的信息，如人口属性等，这类信息如果企业有真实数据则只需通过数据清洗便可获得；动态信息数据是用户不断变化的行为信息，如浏览指定商品、在社交平台上评论信息等。用户画像的目标是通过分析用户行为，最终为每个用户打上标签以及该标签的权重，如“红酒 0.8”、“李宁 0.6”。其中，标签表征了内容，用户对该内容有兴趣、偏好、需求等；权重表征了指数，用户的兴趣、偏好指数，也可能表征用户的需求度，可以简单理解为可信度、概率。根据用户在互联网上发生某一行为的时间和网址，可为用户信息建立数学模型。

随着大数据技术的发展和个性化需求的不断加深，用户画像的应用领域将会越来越广。目前，百分点公司（国内个性化推荐引擎技术的领军企业）已将用户画像技术全面应用于推荐引擎中，在对某电商用户针对活动页新访客的应用中，依靠用户画像产生的个性化效果，对比热销榜，推荐效果有显著提升——推荐栏点击率提升 27%，订单转化率提升 34%。

2. 个性聚合为共性

定制和规模化，从来都是站在现代消费的两端，前者是一个高端消费的代名词，后者则往往意味着平价、大众和标准化。对于所有定制类业务而言，个性是其中高附加值的最终来源，但也是妨碍着业务几何级增长的绊脚石。因为定制的过程中，有太多需要让单个消费者各自满意的细节，这些细节足以让任何一条大规模标准化生产线叫苦不迭。

然而，个性与共性并不矛盾，个性中必然存在共性，而共性经过适当地组合与变化，也可以体现出个性。致力于个性化家居制造的尚品宅配公司就是发现了这点。为几万个不同的户型配备合适的家具确实很耗时耗力，不可能有足够的设计师来完成任务；但是从户型这层向下细分，可能会发现所有户型的卧室、客厅、厨房的布局都差不多，在这个基础上，要配置的衣柜、橱柜、台面、电器、床等家具又有很多共性，如此化整为零，把一个户型拆分，每个部分的配套方案要求就大大降低了。

2007 年，尚品宅配公司董事长李连柱做了一个在旁人看来有些匪夷所思的决定——把所有楼盘的数据都收集起来，建立“房型库”，然后从中降维到可标准化的层次上。他坚信，虽然中国的楼盘千千万万，但是户型的种类要远远少于这个数量，而房间的类型可能更少。

为此，他亲自带队到北上广深等城市收集楼盘、房型数据建立“房型库”。综合统计分析下来，全国这么多的房子，其实只有大约 100 种卧室和 70 种客厅。他眼中看到的不再是一整套一整套的房子，而是一个个独立的房间，一件件配套的家居，甚至是一块块独立的木板。

再往后的日子里，这个数据库从单一的房型库扩展到产品库、设计库三位一体，相互打通成为“云设计库”。一位用户只要告知所在城市、楼盘、房价、收入、年龄等信息，设计师就可以在系统中找到过去三个月、半年、一年内类似用户中受欢迎的几十至上百套方案作为参考。如果用户在价格、样式、颜色、布局等细节上有任何要求，只需要在现有方案上进行微调，设计流程非常迅速。而每套新方案又会上传至数据库中，成为后来者的参考。这样重复滚动之下，短短五六年时间，尚品宅配公司竟然已经为全国近 3 万个楼盘、40 多万户家庭提供了近 30 万种个性化方案。

家具行业受房地产行业低迷影响而增长乏力，而尚品宅配公司仍然能够实现 60% 的年复合增长，仅广州的一家体验店在 2014 年就实现了 2 亿元营业额，这些数据不能不说是源自于这种极其高效、快速的 C2B 定制模式。

### 3. 大数据驱动的定制生产

基于大数据云设计库和分散化、网络化的制造资源，依托基于互联网的、社会化服务所构建的柔性供应链，今天的制造企业可以快速完成产品的定制过程，从而完成规模化定制的生产过程。首先是基于大数据分析的共性提取，以实现对个性化产品的降维处理，比如将整件产品的生产转换成一个个零部件的生产，将服装分解为打版、裁剪、采购、缝制、包装、配送等流程，经过统一的订单管理系统进行调度，实现面向行业的柔性供应链。尚品宅配公司的柔性供应链流程主要包括订单受理、订单分拆、工厂排产、车间生产、车间包装和出货配送六个主要环节（图 15.3），具体步骤如下。

（1）订单受理：全国各地的订单统一进入总部订单管理系统调配。

（2）订单分拆：将订单分拆为各种规格零部件的子订单，生成与其对应的“身份证”——二维码。

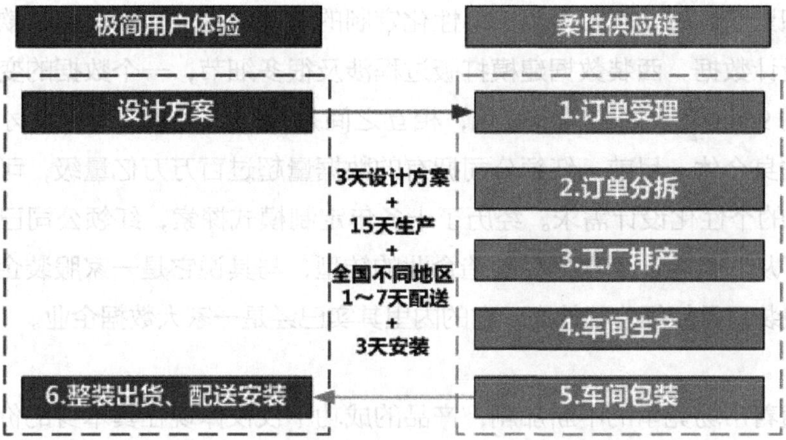


图 15.3  尚品宅配公司的柔性供应链

（3）工厂排产：系统按照效率最大化原则为每个零部件安排生产计划。

（4）车间生产：根据计划进行各项生产工序。

（5）车间包装：生产完毕，统一打包来自同一个订单的产品。

（6）出货配送：一个订单的所有零部件打包完毕后统一配送至全国各地。

正是基于这套系统，尚品宅配公司可以将生产过程控制在 10 ～ 15 天，将产能提高了 10 倍，材料利用率从 85% 提升到了 93% 以上，出错率则从 30% 下降到 3% 以下，交货周期从 30 天缩短到 15 天以内。最重要的是，实现了彻底的零库存，让每件个性化的产品在生产之前就已经完成了销售。

前面提到的红领集团公司也是典型的大数据驱动的定制生产模式。在计算机上采用 CAD 模式进行服装打版，从理念到编程都不是很困难，也并非红领公司首创，但由于人体是个非常复杂的模型，西装自动生成版型很复杂，一要有大量的数据，二要有很多运算规则。将 CAD 的理念从概念落到现实，需要一个非常巨大的数据库，在大数据的基础上进行建模，这个数据库的容量越大，基于这个数据库做出的计算模型就越精准。在过去十多年中，红领公司积累了超过 200 万个用户个性化定制的版型数据，包括版型、款式、工艺和设计数据。西装数据建模打版过程涉及很多细节，一个数据的变化会同时驱动 9666 个数据的同步变化，相互之间是强连接关系，也因此才能确保衣服贴身合体。目前，红领公司拥有的数据量超过百万万亿量级，可以覆盖 99.9% 的个性化设计需求。经历了十多年定制模式探索，红领公司已经彻底完成了从服装企业到数据型制造企业的转型，与其说它是一家服装企业，不如说服装只是红领公司的壳，它的内里其实已经是一家大数据企业。

随着市场竞争的不断加剧，产品的成功不仅仅体现在其本身的价格、质量上，用户开始逐渐关注产品所附带的一系列无形的特性和相关的服务，希望能够从中获得一套完整的服务体系，而非简单的产品。因此，个性化定制不仅仅表现在产品的外观、功能上，产品所附带的个性化服务同样值得关注。对于某些规模化生产的产品，虽然就产品本身而言，它们是完全相同的，但如果这些产品能够针对不同用户智能地提供不同的服务，那么它们同样属于个性化产品的范畴，可以为用户带来“产品定制”的感受，同时实现个性化产品定制的规模化生产。那么这些“一模一样”的产品如何能够区分不同的用户并为其提供个性化的服务呢？这很大程度上也需要归功于大数据。结合互联网、物联网等技术，企业可以从网络及智能终端中广泛搜集用户的基础信息、产品使用情况信息以及设备实时监控信息等数据，基于对这些真实数据的统计和分析，企业可以为用户提供或推荐其真正需要的服务，从而实现产品服务的个性化定制，增强用户的个性化体验。

个性化服务落地包括四个步骤：一是提取海量基础数据，企业拥有大数据就像拥有金矿，这座金矿含金量的高低直接影响到能提炼出多少黄金。同样，大数据的质量好不好，也直接决定了企业后续能利用的数据有多少。二是挖掘有用的核心数据，从基础数据中提炼有用的数据进行整理与匹配。三是响应市场营销数据。数据结果用于营销后，企业要进行响应。数据被挖掘出来后可以应用于某个细分市场，企业还要制定有针对性的营销策略。四是维护用户服务数据。对营销方案的执行和实施以及后续服务，进一步考验企业的管理与应变能力。

4. 通过大数据了解用户个体

Traity 公司是欧洲 Seedcamp 公司和硅谷 500 Startups 公司共同培育的创业公司，位于西班牙马德里。该公司一心想打造人们的网络信誉评价体系。它试图去解决这样一个问题，就是现在我们要在网上跟越来越多的陌生人进行交易，“但是我们很难了解对方是否值得信任。”Traity 公司联合创始人兼 CEO Juan Cartagena 说。Traity 公司通过抓取每个人在社交媒体（Facebook、Twitter、LinkedIn）上的履历、行为模式及发言，以及交易网站（eBay、Amazon）上的交易记录，借助大数据技术将其整合，勾勒出一幅巨大的“个性考察图”，试图量化每个个体的信誉、优缺点，以令参与者更加认清自己、了解他人。从早期通过 Facebook 引入用户至今，Traity 公司已拥有超过 450 万用户。

这一趋势源于协同消费（即分享经济）的兴起，这是一个以陌生人之间的交易为核心的市场。当然，任何一种交易都是以信任为基础的，比如金融服务，它需要有对信誉的定义才能进行下去。注册 Traity 的用户要建立一个内容丰富的个人档案，主要包括三个与信用有关的方面：身份、行为和担保。

（1）“身份”是证明“你是谁”的最直观的方式。为了做到这一点，Traity 公司采用了社交网络验证（也就是连接并核实用户的 Facebook 和其他社交网络的账户）和手机认证，以后还会有护照认证。同时它会要求用户录制一段时长 5 秒的视频来介绍自己。

（2）“行为”更为客观。Traity 公司正在尝试通过分析用户的社交来了解用户的信誉程度，例如分析用户在 Twitter 上的粉丝，做出一种类似“页面排名”的结果。如果系统发现你的账户下有超过 5000 个僵尸粉的话，你的个人信用就可能有问题了。“行为”的另一部分内容是用户在社交网络上得到的评价、兴趣和专长。在用户的 Traity 档案中体现这些信息，是为了让其他人在评价你的信誉时有个参考，这跟现实生活中的信用评价一样。

（3）“担保”这部分包括用户个人在 eBay 或 Airbnb 等交易网站上的评价，而且 Traity 也跟其他能够提供担保的机构合作，从而完善这方面的资料。这些信息不一定全部来自网络。比如，一位献血者可以得到对应血库的担保。担保可以来自朋友和同事，这也就能理解为什么 Traity 能获得数百万的注册用户。这也让人想到 LinkedIn 的推荐功能，但不同的是，Traity 上的用户无法消除负面的评价。

# 第 16 章　大数据催生数据服务产业

## 16.1 大数据产业生态圈的雨后春笋

大数据除了作为必要成分驱动业务（即 Data-Driven Application，如金融交易数据、电子商务交易数据）外，数据产品自身的开发（即 Data Product，通过数据用途的扩展创造新的价值，如精准网络广告）也为攫取财富开辟了新的源泉。经济领域海量数据的积累与交换、分析与运用，产生了前所未有的洞见和知识，极大地促进了生产效率的提高，为充分挖掘数据要素的价值提供了超乎寻常的力量[68]。

大数据是一座宝藏，挖掘这座宝矿需要专业的技术，这就催生了一批专业的公司，形成了新业态、新产业。在大数据产生的短短几年里，已经有大量的专业型数据公司出现，书写着数据时代的一个个传奇。

2014 年 5 月，FirstMark 资本公司的 MattTurck 绘制了大数据生态圈 3.0 版（图 16.1），他从一个风险投资者的角度对当前大数据行业的最新发展进行了深入的研判，归纳分析出大数据产业的生态脉络。从这张大图上，可以看到很多新兴的公司，它们基本上可以分为三个专业领域。

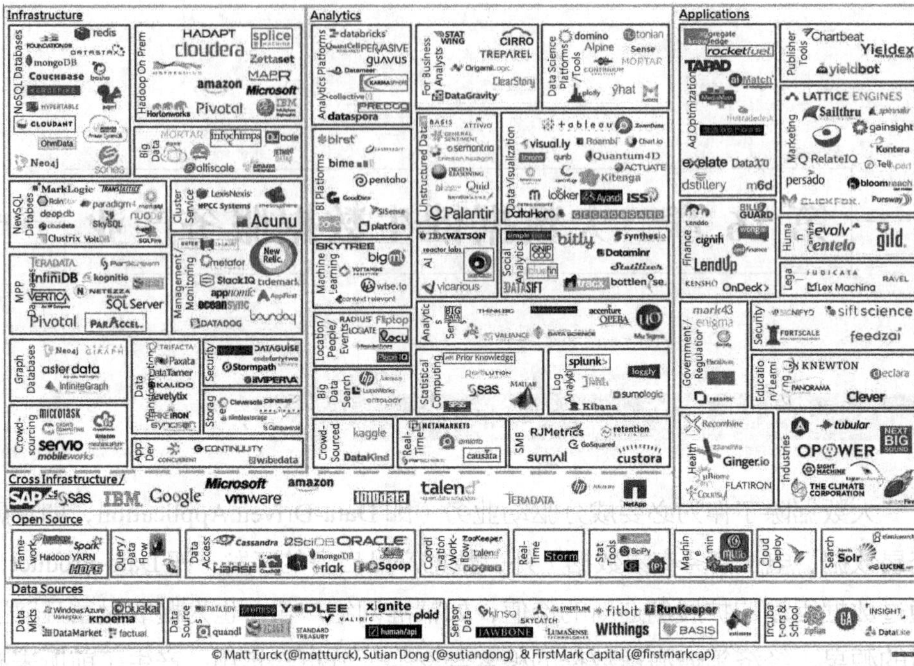


图 16.1 大数据生态圈 3.0 版[69]

### 16.1.1 大数据基础设施

大数据存储和处理需要庞大甚至昂贵的基础设施，一批专业的基础设施提供商（公共云）应运而生。现在有一个关键性的争论困扰着企业，那就是企业数据是否应该以及会否转移到云端（公有云或者私有云），如果是，什么时候会发生？一些基于云端的 Hadoop 服务创业公司，如 Qubole 公司、Mortar 公司坚信从长远看，所有企业数据最终都会转移到云端。

传统的 IT 巨头，如谷歌、微软、亚马逊、IBM、SAP 等公司凭借强大的技术和资金实力，实际上牢牢占据着大数据基础设施阵营。

### 16.1.2 大数据分析工具

利用机器学习、数据建模等技术手段进行挖掘，找到数据之间的关联性，发现数据的潜在价值，是大数据应用基础中的基础，所以就创业者和投资者关注度而言，大数据分析无疑是大数据市场最活跃的领域。从电子表格到时间线动画再到 3D 可视化，大数据创业公司提供了各种各样的分析工具和界面。这些工具有的面向数据科学家，有的则选择绕过数据科学家直接面向业务部门，由于不同的企业对分析工具的类型有不同的偏好，每个创业公司在自己的细分领域都有机会。

虽然 Hadoop 公司已经确立了其作为大数据生态系统基石的地位，但市场上依然有不少 Hadoop 公司的竞争和替代产品，只是这些产品还需要时间进化。基于 Hadoop 分布式文件系统的开源框架 Spark 近来成为人们讨论的热门话题，因为 Spark 能够弥补 Hadoop 的短板，如提高互动速度和具有更好的编程界面等。而快数据（实时）和内存计算始终是大数据领域最热门的话题。一些新的热点也在不断涌现，如数据转换整理工具 Trifacta、Paxata 和 DataTamer 等。

Hortonworks 与 Cloudera 和 MapR 三个公司被看作是大数据技术市场的领头羊，它们都围绕 Hadoop 框架进行产品开发，而 Hadoop 本身是开源的，其基础工具免费。从业务模式来看，Hortonworks 公司采取开源产品服务模式，收入端更加依赖于产品支持和服务；而 Cloudera 公司和 MapR 公司走的是工具产品路线，即依托于 Hadoop 的基础开发更加专业的应用工具，收入依赖软件授权费用。三家公司的业务前景受到投资者的普遍看好，其中 Hortonworks 公司已经通过 IPO 上市，募集了 1 亿美元的资金，开盘首日上涨幅度达到 60%，市值接近 11 亿美元（估值大概在 15 倍 PS）。Cloudera 公司迄今已经融资 12 亿美元，MapR 公司和从 EMC 公司分离出来的 Pivotal 公司也得到了巨额融资支持。

Splunk、Tabuleau、Qlik、Tibco 以及 Oracle、IBM、SAS、Teradata 等偏向于 BI（商业智能）的公司，业务的重点是企业应用。比如 Tabuleau、Qlik、Tibco 公司主要是做数据可视化，而 Splunk 公司则主要是做服务器日志文件分析的工具。

### 16.1.3 大数据行业应用

大数据在零售、制造、医疗等领域都具有极大的应用价值，市场前景广阔。大数据应用的发展进程相对缓慢，但目前阶段大数据确实已经进入了应用层。从大数据生态地图 3.0（图 16.1）中可以看到，一些创业公司开发出了许多大数据通用应用，如大数据营销工具、CRM 工具或防欺诈解决方案等。还有一些大数据创业公司开发出了面向行业用户的垂直应用。金融和广告行业是大数据应用起步最早的行业，甚至在大数据概念出现之前就已经开始了。未来大数据还将在更多行业得到广泛应用，如医疗、生物科技（尤其是基因组学）和教育等。

中国的广联达软件股份有限公司一直致力于为建筑行业工程项目建设信息化提供产品和服务，主要产品为工程造价、工程项目管理等软件产品。广联达公司的传统业务使得公司有更多机会接触各地的建筑材料信息。依靠在建筑信息领域的多年深耕，广联达公司开始切入以租售材料价格信息的盈利模式，销售“建筑材料价格信息”来赚取利润，其材料价格信息出售的毛利率为 100%。

德国软件股份公司展出其最新发布的大数据解决方案 TerracottaIn－Genius，可实时筛选和分析数据流，目前已成功运用在物流领域。物流公司可借此实时调控车辆与货物运送方案。软件公司市场营销部副总裁于尔根·克拉默说：“该方案还可针对交通、银行等不同行业做出调整。整体来看，市场对大数据产品的需求非常大，前景不可估量。”

近年来，这些主打大数据概念的企业通过资本市场实现了速扩张。2012 年 4 月 19 日，Splunk 公司在纳斯达克成功上市，成为第一家上市的大数据处理公司，并在首个交易日以 109% 的涨幅打开了人们对大数据产业发展的想象空间。大数据公司一时成为资本市场的宠儿，围绕大数据的投资囊括了大数据的收集、存储、搜索、分析处理、可视化以及行业应用等的整个产业链。

Splunk 公司在最初提交 IPO 申请时确定的发行价区间为 8~10 美元，发行 1350 万股股票，计划募集资金 1.22 亿美元，以发行区间中间值计算，公司市值为 9.94 亿美元；但此后 Splunk 公司 IPO 的发行价一再被提高，从原来的 8~10 美元提高到 11~13 美元，后又提高到最终的 17 美元，融资规模不断扩大。然而好运并未止于此，Splunk 公司上市首日的开盘价即为 32 美元，开盘后震荡走高，以 35.48 美元收盘，市值超过 30 亿美元，首日即暴涨了一倍多，较最初提交 IPO 申请确定的发行价更是增长两倍多。Splunk 公司上市首日优异的交易表现超过了同年 3 月上市的移动广告网络 Millennial Media 公司上市首日 92% 的涨幅，与自 2004 年谷歌公司上市以来规模最大的互联网上市公司 LinkedIn 公司的上市首日涨幅相当。

大数据正成为继电子商务、物联网、云计算、移动互联等概念之后，被社会各界广泛追逐的新概念。Splunk 公司的成功上市，是产业界发展的一个重要里程碑，正式标志美国 IT 业开启了大数据元年。著名市场调研公司高德纳公司的一份分析报告指出，到 2015 年，使用先进数据管理系统的企业将比未使用的企业盈利能力高出 20%。咨询公司益百利集团的研究也表明，2012 年全球对大数据项目的投资总额约达 45 亿欧元，预计今明两年均将保持约 40%的增长速度。

Splunk 公司的成功上市引发了风投对大数据行业的关注。对于投资界而言，Splunk 公司的成功上市树立了大数据行业的榜样，更是让其倍感兴奋，风投开始加大对大数据行业的关注和投资力度。

数据分析领域新星 DataSift 公司在 2012 年 5 月融资 720 万美元，投资方为 GRP Partners 和 IA Ventures 公司。DataSift 公司的主要业务是提供 Twiitter、YouTube 及 Facebook 等社交网络历史和实时的信息结构化分析。

大数据处理创业公司 10gen 在 2012 年 5 月融资 4200 万美元，投资方包括 New Enterprise Associates、Sequoia Capital、Flybridge Capital Partners 和

Union Square Ventures。10gen 公司的主要产品是非关系型数据库 MongoDB，付费用户已达到 500 家，行业覆盖金融、通信和媒体等。

企业云存储服务公司 Nirvanix 在 2012 年 5 月再融资 2500 万美元，由风投公司 Khosla Ventures 牵头，Valhalla Partners、Intel Capital、Mission Ventures 及 Windward Ventures 等投资公司共同参与。Nirvanix 公司为客户提供数据的存储、传输以及处理服务，并在巨量、非结构化的数据存储方面处于领先地位。

将大数据应用于医疗保健行业的初创企业 Predilytics 在 2012 年 9 月 A 轮融资中获得了 600 万美元，资金提供方为 Flybridge Capital Partners、Highland CapitalPartners 和 Google Ventures。Predilytics 公司运用大数据、机器学习技术持续地分析结构型和非结构型的用户数据，为医保领域提供洞察力。

大型数据处理公司 Attivio 在 2012 年 10 月获得 3400 万美元的首轮融资，由 Oak Investment Partners 领投。Attivio 公司的核心产品是一个智能引擎——AIE（Active Intelligence Engine），通过整合结构化和非结构化的各类数据，为用户提供智能的搜索和分析服务，目前瑞银集团、思科和德国电信等大公司都是 Attivio 的用户。

面对前景广阔的大数据市场，传统 IT 厂商也纷纷排兵布阵，或发布战略，或推出产品，或实施并购，或开展合作，总之动作频频，意图在这巨大的蛋糕中分一块。

EMC 公司实施三部曲战略，构造数据星球。EMC 公司于 1979 年成立于美国，是一家全球领先的信息存储及管理产品、服务和解决方案的 IT 厂商，2011 年的营业收入为 200 亿美元，净利润为 25 亿美元。EMC 公司在 2012 年 5 月底召开的 EMC World 大会上，一口气发布了 42 款新技术和新产品，比 2011 年提出的“大数据恰逢云计算”更精进一步，提出了“数据星球”的概念。至于如何构建数据星球，EMC 公司的云和大数据战略无疑将提供支撑。在大数据时代，EMC 公司将自己的使命确定为引导用户和合作伙伴的大数据之旅，帮助他们利用大数据机遇加速业务转型。未来 3 年的大数据业务发展目标设定为每年翻一番。同时，EMC 公司将大数据发展战略分为三个阶段：第一步是构建云基础架构，利用 EMC Isilon 和 EMC Atmos 公司两个产品解决快速增长的复杂的海量数据的存储问题；第二步是提供数据科学协作和自助服务，也称社交化阶段，EMC 公司的 Greenplum Chorus 便是一个社交化的数据处理平台，既可以处理结构型和非结构型数据，又可以帮助数据库管理员、数据库分析师、工程师等人员实现团队协作与分工；第三步是提供实时决策支撑，实现数据"货币化"，公司 EMC 在 2012 年 3 月收购的 Pivotal Labs 公司能够帮助用户快速构建大数据应用。

IBM 公司大数据战略也全面升级。IBM 是全球最大的信息技术和业务解决方案公司，在大数据时代，它积极应战，从 2012 年初提出大数据，到 5 月发布智慧分析洞察"3A5 步"动态路线图，再到 9 月举办"大数据 · 大洞察 · 大未来"发布会，通过内部资源的全面整合，搭建了集软件、硬件和服务为一体的大数据平台，宣告大数据战略全面升级，主要体现在三个方面：一是"全面的战略理论"——"3A5 步"，即掌控信息（Align）、获悉洞察（Anticipate）、采取行动（Act）、学习和转型；二是"全面的解决方案"，主要包括 Hadoop 系统、流计算（Stream Computing）、数据仓库（Data Warehouse）和信息整合与治理（Information Integration and Governance），其中信息整合与治理是 IBM 公司独有的技术，代表产品为 Optim 和 Guardium；三是"全面的落地实践"，IBM 公司在制造、电信以及金融等行业积累了丰富的经验，有利于大数据应用的实施。

为迎接大数据时代的变革与机遇，除了 EMC 公司、IBM 公司之外，阿里巴巴、甲骨文、微软、SAP、惠普、英特尔、百度等传统 IT 巨头也在积极布局大数据，挖掘大数据中蕴含的"金矿"，一时间大数据市场热闹非凡。

数据背后存在着巨大的市场和价值，在资本利益、企业需求和技术研究的三重驱动下，大数据技术将日益成熟，推进大数据生态产业圈成为下一个 IT 领域的价值与创新策源地。

## 16.2 “数业有专攻”之机器数据的引擎

美国软件公司 Splunk 专注于提供大数据监测和分析服务，这家公司成立于 2003 年，总部位于美国旧金山，在全球设有 8 个办事处，拥有 500 多名员工。

Splunk 软件是一种高扩充性且通用的数据引擎，通过收集和索引由网络、应用程序以及移动设备等不同来源和格式的机器数据，使用创新的数据架构来联机建立动态的创新的主题，允许用户不需理解数据的结构便可监控、检索、分析、图示化实时及历史机器数据流，帮助个人和组织实时分析数据，在各个方面提高运营效率，获得洞察力，并最终做出准确的判断和决策。

Splunk 公司关注的数据源主要包括商业应用程序的数据、机器生成的数据和人为生成的数据，尤其是机器数据，是其最主要的特色。Splunk 公司定义的机器数据，包括文件或者文件目录、Syslog、Windows 事件日志、Windows 注册表、Windows 性能指标、UNIX/Linux 日志和指标、文件完整性监视、配置文件、OPSEC LEA、Cisco 设备日志、IIS 日志、Apache 日志、WebSphere 日志 / 指标和其他数据以及任何其他数据。

谁都知道机器数据很有价值，但真正处理起来却非常困难。首先是不同种类的机器数据相互不连通，相互间的关联影响就不容易发现；其次，分析本身应该是最大的难题。而 Splunk 公司的商业模式就是专注于分析，帮助企业完成分析的过程。Splunk 公司一直在积极参与大数据产业合作伙伴圈子，并围绕自己的技术打造生态圈，与云计算、存储、网络、安全以及数据可视化等相关厂商建立合作，而将自己的业务重心锁定在机器数据的处理、分析和展现领域。Splunk 软件的分析处理流程（图 16.2）包括这样几个阶段：数据索引、查找与洞察、增加知识、监控与预警、报告与分析。通过整合的大数据技术，对机器数据的收集、存储、分析和展现，其结果广泛地应用到程序管理、IT 运维管理、安全及合规、Web 情报、业务分析和行业数据等多个方面。

图 16.2 Splunk 的处理流程

目前，有来自 90 个国家超过 8400 个用户依赖 Splunk 软件提高服务水平，降低运营成本，降低安全风险，使产品合规并创造新的产品和服务。百事公司的销售人员使用 Splunk 手持终端了解销售状况，可以看到销售实时数据，以确保其销售工作的效果和效率，所有的数据来源都是通过基础架构而来，实现了运营可视化。Splunk 软件还帮助 salesforce.com 实现获取全商务领域运营情报，将问题解决率提高 96%，为其 10 多万用户提供更好的体验。

1. 案例一：TESCO

Tesco（特易购、乐购）是英国的一家大型连锁超市，是仅次于沃尔玛（美国）、家乐福（法国）的全球第三大超市集团。公司在发展中遇到的问题是：公司的在线零售额庞大，累积的用户与订单等数据量也很大，但是不同地区与不同类型的数据使用的平台不一样，这导致数据的整合成为庞大的工作量，无法对相关数据进行实时分析。

Tesco 公司向 Splunk 公司购买了每天 250GB 的索引量，超过 300 个平台与类型的数据接入了 Splunk 软件。用户在网站上的一举一动都能得到实时追踪与监控，什么类型的网页错误会引发用户的什么行为等问题可以由此清晰地显现，挖掘既有数据的价值可以让 Tesco 公司更好地掌握用户体验与用户黏度，从而提升企业的洞察力。

2. 案例二：达美乐披萨连锁店[70]

成立于 1960 年的达美乐公司凭借其卓越的外卖披萨业务成为公认的披萨领导品牌。现在，公司正利用 Splunk® Enterprise 来加强用户互动及理解，从而提升在线业务。公司最初选择 Splunk Enterprise 是为了通过收集、索引与监控机器数据来解决 IT 问题，以此替换传统技术已节约超过 30 万美元的前期成本。对 Splunk 软件的初始投资让达美乐公司迅速地在整个企业内全面运用 Splunk 软件，并借助整个企业及 10000 多家连锁店网络上收集到的在线销售数据，实现了对业务与营销收入的深入洞察。

达美乐公司 IT 团队利用 Splunk® Enterprise 解决的日常问题包括快速识别并修复各个店面的网络带宽与延迟、互联网连接或支付流程。除了传统 IT 业务，公司还利用 Splunk® Enterprise 来可视化各个地区店面的业务销售趋势，如每分钟订单、每个店面的交易数量、用户订购的披萨种类及其他食品，以及他们可能使用的优惠券类型。

最初，达美乐公司是利用新的业务洞察来做出更加精确的营销决策。例如，IT 团队可以跟踪并创建关于用户订餐设备类型的营销报告，而无论是 iPhone、安卓或 Kindle Fires。了解到这方面信息，达美乐公司就能更好地确定何时何地进行促销推广活动才能获得更大利润。Splunk® Enterprise 还为达美乐公司的营销团队提供了一种实时分析推广活动及一次性促销成功与否的方法。例如，营销团队现在可对比不同折扣优惠券的效果。如果其中一种优惠券比其他优惠券效果更好，公司就能快速地进行正确的在线调整。

3. 案例三：意大利联合信贷集团公司

UniCredit Business Integrated Solutions（联合信贷商务集成解决方案），

是意大利联合信贷集团（UniCredit）公司推出的可使用 NFC 手机（近距离通信手机）进行支付的解决方案。该方案为多应用手机钱包，所有的服务集成于一个虚拟钱包中。该方案面临的问题是，对于金融服务行业来说，如何向用户保证其隐私和安全。这一多功能手机钱包在不同操作平台上运营着大约 1000 个应用，显然，其面临的主要问题是搜集、存储与分析每天持续生成的海量机器数据，并鉴定其中的安全隐患，检测其中的欺诈交易。Splunk 软件极易使用，无须任何特殊的 IT 技能。该方案的每个部门都接入 Splunk 软件后，少量数据的整合与监控也变得更简单更迅速。通过实时监控和事件排查等功能，Splunk 软件减少了该方案的 MTTI（平均调查时间）、MTTR（平均解决时间）以及其他 IT 性能问题，40% 的事件可以在用户发现之前得到排查，发现问题和解决问题的时间至少减少了 70%。公司已决定将每天的索引量从 250GB 升级到 2.8TB。

以上三个简单的案例大体呈现了用户使用 Splunk 软件能够为用户解决的问题。

在大数据时代，企业对海量复杂数据的快速收集、存储、分析和管理的需求迅速膨胀，需要对大数据进行处理，挖掘其中的潜在价值，以便能够有效进行应用管理、IT 运营管理，增强整个公司与组织的洞察力。Splunk 公司的业务迎合了大数据时代企业对数据应用的需求。Splunk 公司的用户主要是财富 100 强公司，目前有来自 75 个国家的 3700 多用户在使用 Splunk 公司的产品和服务，用户所在的行业覆盖了教育行业，如哈佛大学、纽约大学；金融服务行业，如美国银行、JP 摩根；零售行业，如 Freshdirect 公司、梅西百货公司；高科技行业，如思科公司、摩托罗拉公司。Splunk 公司作为大数据处理分析的代表企业具有十分强大的生命力和广阔的市场发展前景。

## 16.3“数业有专攻”之可视化呈现

总部设在西雅图的 Tableau 公司[71]是一家专门为企业提供商务智能 BI 解决方案的大数据和云计算公司。2003 年，来自斯坦福的三位校友 Christian

Chabot（首席执行官）、Chris Stole（开发总监）以及 Pat Hanrahan（首席科学家）在远离硅谷的西雅图注册成立了 Tableau 公司。Chris Stole 是计算机博士；而 Pat Hanrahan 是皮克斯动画工作室的创始成员之一，曾负责视觉特效渲染软件的开发，两度获得奥斯卡最佳科学技术奖，至今仍在斯坦福担任教授，教授计算机图形课程。三人都对数据可视化这件事怀有很大的热情。

Tableau 公司主要是面向企业数据提供可视化服务，可视化是其核心技术。其用户既有联合利华、德勤、UPS、耐克、杜邦、Verizon、T-mobile、BBC、探索频道、美国航空、Zynga、LinkedIn、Facebook、雅虎、苹果、可口可乐等欧美知名企业，也有美国联邦航空管理局、美国陆军等美国政府机构以及康奈尔、杜克、牛津等知名学府。Tableau 公司在中国市场也有所开拓，中国东方航空公司是其重要用户。

Tableau 公司正是以其卓越的数据库可视化技术，在商务智能领域另辟蹊径，帮助用户快速分析、可视化和共享信息，了解数据，洞察规律。目前，Tableau 公司的产品线主要包括 Tableau 桌面（Desktop）、 Tableau 服务器（Server）、Tableau 阅读器（Reader）和 Tableau 开放版（Public）。Tableau 公司还向其他数据库软件厂商提供外包服务，把自己的服务整合到其他独立产品中，一方面，帮助其他软件实现了扩展性；另一方面，又把自己的服务不断地推广开来。Tableau 公司的主要受众人群是非技术人员，使得他们可以轻易对已有的数据进行可视化、可交互的即时展示与分析。企业运用 Tableau 公司授权的数据可视化软件对数据进行处理和展示，但 Tableau 公司的产品并不仅限于企业，其他任何机构乃至个人都能很好地运用其软件进行数据分析工作。

Tableau 公司目前有五款软件产品：Tableau Desktop、Tableau Server、Tableau Online、 Tableau Public 以及 Tableau Reader。

（1）Tableau Desktop：是一款 PC 桌面操作系统上（只支持 Windows 系统）的数据可视化分析软件，分个人版和专业版（个人版只能导入 Excel，专业版可以导入各种数据库），用户可以根据自己的需求选择不同的版本。“所有人都能学会的业务分析工具”，这是Tableau公司官网对Tableau Desktop的描述。确实，Tableau Desktop的简单、易用是其最大特点，使用者不需要精通复杂的编程和统计原理，只需要“Drag and Drop“——把数据直接拖放到工具簿中，通过一些简单的设置就可以得到自己想要的数据可视化图形，这使得不具备专业背景的人也可以创造出美观的交互式图表，从而完成有价值的数据分析。所以，Tableau Desktop的学习成本很低，使用者可以快速上手，这无疑对于日渐追求高效率和成本控制的企业来说具有巨大的吸引力。其特别适合于日常工作中需要绘制大量报表、经常进行数据分析或需要制作精良的图表以及在重要场合演讲的人。但简单、易用并没有妨碍Tableau Desktop拥有强大的性能，其不仅能完成基本的统计预测和趋势预测，还能实现数据源的动态更新。在简单、易用的同时，Tableau Desktop也极其高效，其数据引擎的速度极快，处理上亿行数据只需几秒就可以得到结果，速度是传统Database Query的100倍，用其绘制报表的速度也比传统的程序员制作报表快10倍以上。

（2）Tableau Server：是完全面向企业的商务智能应用平台，基于企业服务器和Web网页，用户使用浏览器进行分析和操作，还可以将数据发布到Tableau Server与同事进行协作，实现了可视化的数据交互，其根据企业中用户数的多少或企业服务器CPU的数量来确定收费标准。

Tableau Server是一种新型商务智能。传统的商务智能系统往往很笨重和复杂，需要运用专业的人员和资源来进行操作和维护，一般是由企业专门设立的IT部门进行维护，但IT技术人员通常缺乏与企业其他人员同样的业务背景，这种鸿沟会导致对这些系统利用的低效率和时间滞后。而Tableau Server是一种自助式的商务智能软件，其工作原理是，由企业的服务器安装Tableau Server，并由管理员进行管理，将需要访问Tableau Server的任何人（无论是要进行发布、浏览还是管理）都作为用户进行添加。而且，还必须为用户分配许可级别，不同的级别具有不同的权限，为可以自定义视图并与其进行交互的用户提供Interactor许可证，为只能查看与监视视图的用户提供

Viewer许可证。被许可的用户就可以将自己在Tableau Desktop(只支持专业版)中完成的数据可视化内容、报告与工作簿发布到Tableau Server中，与同事共享，使他们可以查看共享数据并进行交互，通过共享的数据源以极快的速度进行工作。这种共享方式可以更好地管理数据安全性，用户通过Tableau Server安全地共享临时报告，不再需要通过电子邮件发送带有敏感数据的电子表格。更重要的是，它是一种基于Web浏览器的分析工具，是一种可移动式的商务智能，用iPad、Android平板也可以进行浏览和操作，而且Tableau的iPad和Android应用程序都经过了触摸优化处理，使操作变得非常容易。这无疑在移动设备普及，移动BI逐渐成为主流的今天具有重要意义。

（3）Tableau Online：号称“云中的快捷商务智能”，它是Tableau Server的软件即服务托管版本。使用基于云模式的Tableau Online，可以省去硬件与安装时间，分析、分享和批注等都在Web平台上完成。企业可以从几个用户开始着手，随后在需要时按需添加。

（4）Tableau Public：是Web上的数据故事平台，可以免费使用。它适合于那些想在Web上讲述交互式数据故事的人。需要时，用户可以立时启动并运行，连接到数据，创建交互式数据可视化内容，并将其直接发布到自己的网站；通过自己所发现的数据内在涵义来引导读者，让读者与数据互动，发掘新的见解，而这一切不用编写一行代码即可实现。

不过用户只能将自己运用Tableau Public制作的可视化作品发布到网络上，即Tableau Public社区，而不能保存在本地，每个Tableau Public用户都可以查看和分享，而且Tableau Public所能支持的接入数据源的类型和大小都有所限制，重在体验和分享。

（5）Tableau Reader：是一款免费的桌面应用程序，可用来打开并查看在Tableau Desktop中生成的可视化内容；利用Tableau Reader，用户可以打开使用Tableau Desktop生成的可视化内容并与之交互，包括数据，可以筛选、向下钻取和查看数据明细，一直详细到作者允许的程度。

另外，Tableau Desktop 具有完美的数据整合能力，能够连接各种数据源，不管是错综复杂的数据仓库、数据库中或者存储在电子表格和文本文件中的数据，如 Hadoop、SQL Server 分析和报告、Excel 图表、Amazon Redshift①、Google Analytics、Google BigQuery、Salesforce② 分　析、Splunk、SAP、HP Vertica、Teradata 报告和分析等，并支持将两个数据源整合在同一层，甚至还可以一个数据源筛选为另一个数据源，并在数据源中突出显示，这种强大的数据整合能力具有很强的实用性。

可以说，Tableau 公司抢占了一个大数据的富矿，这就是大数据处理末端的可视化细分市场，目前市场上并没有太多这样的产品。2013 年 5 月 17 日，该公司登陆纽交所上市，IPO 发行价为 31 美元，发行 820 万股，融资 2.54 亿美元。今天，无论在办公室里办公还是移动办公，都有超过 19000 个用户账户利用 Tableau 软件快速获得结果，而且还有上万人使用 Tableau Public 共享自己的博客和网站的数据。

## 16.4 阿里十年数据路

阿里巴巴集团公司于 1999 年成立于中国，是中国最大的电子商务公司，目前旗下拥有阿里巴巴 B2B、淘宝网、天猫商城、聚划算、一淘、中国雅虎、阿里云、中国万网、一达通、CNZZ 等众多公司。经过十多年的发展，公司平台上积累了大量的数据，且仍在快速增长。

2014 年 3 月 7 日，阿里巴巴公司有史以来最大型对外开放的数据峰会“2014 西湖品学大数据峰会”在杭州召开。会上，公司大数据负责人披露了目前的数据储存情况，目前在阿里数据平台事业部的服务器上，攒下了超过 100PB 已处理过的数据，等于 104857600GB，相当于 4 万个西雅图中央图书馆、580 亿本藏书。仅淘宝和天猫两个子公司每日新增的数据量，就足以让一个人连

① Redshift 是亚马逊公司的一个云端数据仓库服务产品。
② Salesforce 是一家提供按需定制用户关系管理服务的网络公司。

续不断看上 28 年电影。而服务器处理的数据量则相当于每秒观看 837 集《来自星星的你》[72]。

这只是阿里大数据实力的冰山一角。大数据的魅力和要求，远不止于此。

阿里数据到底有多大？想象一下天猫“双十一”吧，这是每年一次对阿里数据的大考。2015 年 11 月 11 日，它承载的是 912 亿元的交易额，是 4.67 亿个订单，是支付宝交易峰值每秒 8.59 万笔。

当然，体量的大，只是大数据的基本，而数据种类的多样、全面、可关联才是全球考量大数据价值的所在。十余年以来，阿里公司沉淀了包括了交易、金融、SNS、地图、生活服务等多种类型的数据。

从图 16.3 可以清楚地看到，阿里公司在大数据领域的辛勤耕耘。目前，公司已经有上百款数据应用产品。而在 10 年以前，公司还对数据产品没有概念。回顾阿里公司 10 年的大数据之路，其起点却是被动地应对自身数据处理的迫切需求。随着阿里淘宝、阿里巴巴等业务的飞速发展，即使阿里公司有号称全球最大的 Oracle RAC 集群，也依然难以满足业务发展的需要。当时，公司的数据以 2~4 倍的速度增长，而 Oracle 从性能上不能做到线性增长。于是，阿里公司开始研发自己的大规模分布式计算系统。不过，加速其自建云端并且下决心将全部数据迁移上云的，却是源自一封电子邮件——“云梯 1 要撞墙了”。（注：云梯 1 是阿里公司在其他系统的基础上构建出的分布式计算机系统。）

这封邮件是技术保障部员工发给阿里公司 CEO 的。技术保障部发现，按照数据增量和未来业务增长的情况，系统存储和计算能力将在 3 个月内达到瓶颈，数据业务将会停滞。于是，在短短 4 个月之内，公司将单集群规模从 1500 台服务器升级到了 5000 台服务器，成为国内首个单集群达到 5000 台规模的公司。

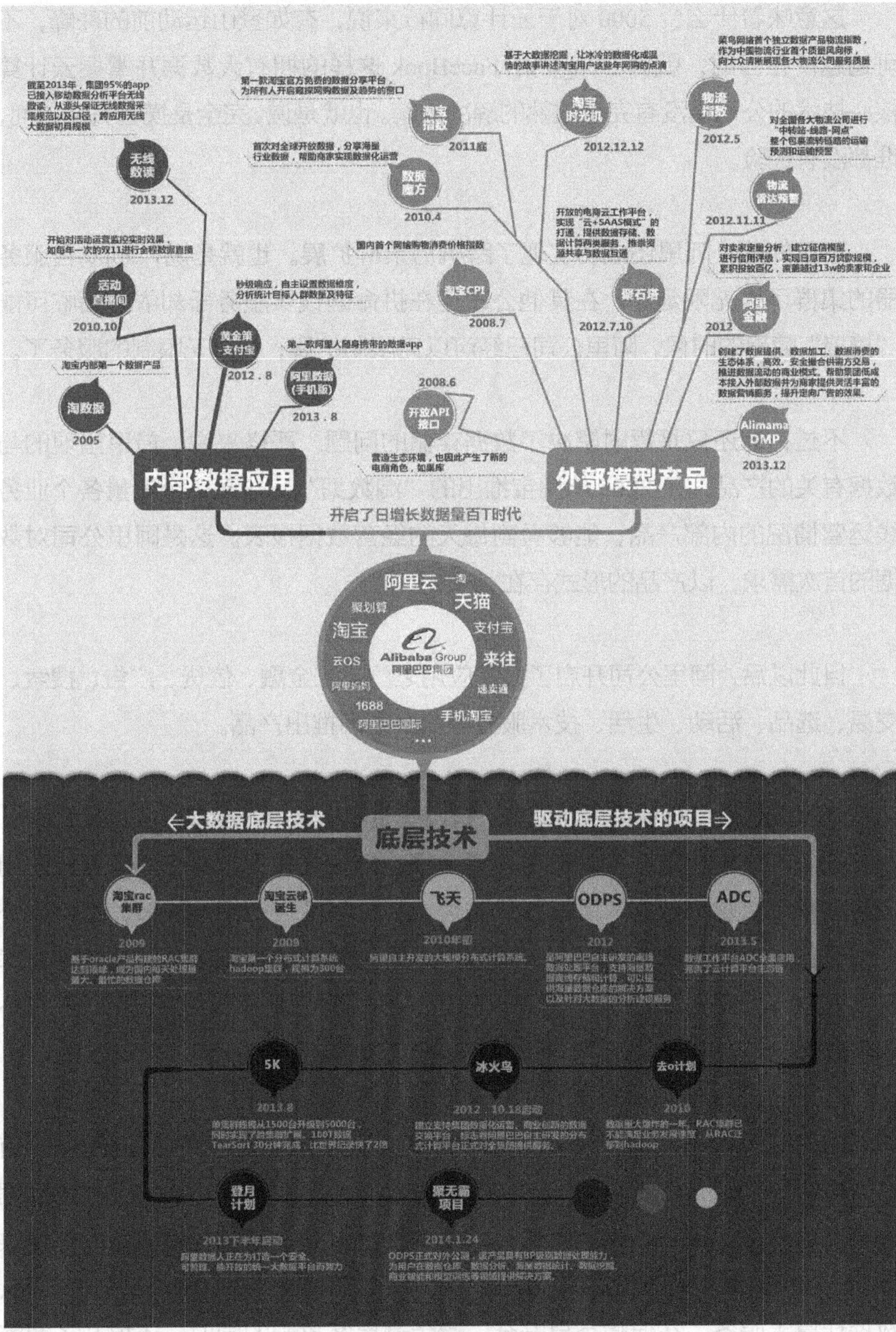


图 16.3 阿里大数据之路[73]

这意味着什么？5000 对于云计算同行来说，有如登山运动前的珠峰，不可逾越。在当时，就算 Google 和 FaceBook 这样的拥有大数据并掌握云计算核心技术的公司也没有完全成熟的解决方案。也就是说，完全是摸着石头过河，谁都没有经验。

不仅如此，阿里还成功实现了跨机房集群扩展。也就是说，5000 台服务器的集群可以无限延伸。在其他公司还在拼命砸钱买服务器却依然面临可能“撞墙”障碍的时候，阿里公司已经可以无限制扩展，提供无限制的服务了。

不过，这还只是暂时解决了数据存储的问题。严格来说，最早出现的与数据有关的产品，是 2005 年淘宝推出的“淘数据”。这是一个考量各个业务线运营情况的内部产品，能够看到每天的经营数据报表。这是阿里公司对数据的首次需求，以产品的形式存在。

自此以后，阿里公司开启了数据应用之门，在金融、信贷、广告、搜索、交易、选品、活动、生活、技术服务等多个方面推出产品。

阿里数据最早被业内所熟知的，是阿里金融。这款产品综合了信用记录、成交数额等结构化数据，以及用户评论等非结构化数据，加上外部搜集的用电量、银行信贷等数据，可就放贷与否、放贷额度进行精准决策，直接弥补了银行业在贷款风险上的盲点，几分钟之内就能让贷款发出，其贷款不良率仅为 0.78%。截至 2014 年 2 月底，阿里小微信贷已经累计为超过 70 万家小微企业解决了融资需求，累计投放贷款超过 1700 亿元。

为挖掘大数据的价值，2012 年 7 月，阿里巴巴集团公司在管理层设立“首席数据官”一职，负责全面推进“数据分享平台”战略，并推出大型的数据分享平台——“聚石塔”，为天猫、淘宝平台上的电商及电商服务商等提供数据云服务。聚石塔一推出就投入到“双十一”的实战中。它提供了数据存储、数据计算等服务，在保障交易安全、避免遭黑客攻击的同时，还提升了商家处理订单的速度，确保交易顺畅。在 2013 年的天猫“双十一”，聚石塔处理了全网 75% 商家的订单，处理总订单量是 2012 年“双十一”的 10 倍，0 漏单，覆盖活跃商家 94 万个，其中有 2 家订单量过 100 万。随后，阿里巴巴董事局主席马云在 2012 年网商大会上发表演讲，称从 2013 年 1 月 1 日起将转型重塑平台、金融和数据三大业务。马云强调：“假如我们有一个数据预报台，就像为企业装上了一个 GPS 和雷达，你们出海将会更有把握。”因此，阿里巴巴公司希望通过分享和挖掘海量数据，为国家和中小企业提供价值。

2014 年，阿里公司又推出一个数据平台 DMP。在这个平台上，数据变成了国际市场里的原油，数据的拥有者、挖掘开发者、消费者都在这里交汇。在这个平台上，传统意义上的商家通常以数据消费者的身份出现，来购买数据结果。他们通过数据结果来帮助自己做好精准营销，提升转化率。统计显示，目前 DMP 数据可帮助商家提升盈利达 3 倍。

作为针对企业的数据开放的商用产品，淘宝推出了数据魔方产品，主要提供行业数据分析、店铺数据分析。其中包含了品牌、店铺、产品的排行榜，购买人群的特征分析（年龄、性别、购买时段、地域等）。通过淘宝数据魔方平台，商家可以直接通过数据魔方产品获取行业宏观情况、自己品牌的市场状况、消费者行为情况等，但是不能获得竞争对手的数据。

在数据开放方面，阿里公司也走在了同行的前面。2010 年 3 月，淘宝宣布将面向全球首度开放数据，并制定了两条大原则：数据分层次开放；涉及用户个人或者企业隐私的数据绝对保护。

淘宝的数据开放是对公众的免费信息，比如推出类似于宏观经济数据的“淘宝指数”。商家可以根据以往的销售信息和淘宝指数进行生产、库存决策；对于大众来说，淘宝的数据发布就像是统计局和价格监测机构的功能，淘宝指数相当于行业和宏观经济的各项指标。

从其推出的产品可以看出，阿里公司已经从自己用数据，到给出数据让别人用，再到现在的给别人搭建使用数据的平台，让所有人都可以享受数据带来的成果。

实际上，阿里公司早已跨出电子商务，进入了云计算和大数据领域。除了已经广受关注的阿里云基础设施平台，阿里公司还助力 12306 网站解决了春运网购火车票的峰值处理难题。12306 网站曾被认为是“全球最忙碌的网站”，在应对峰值访问处理方面存在的问题曾备受网民诟病。公开数据显示：有史以来春运火车票售卖的最高峰日出现在 2014 年 12 月 19 日，12306 网站访问量（PV 值）达到破纪录的 297 亿次，平均每秒超过 30 万次，当天共发售火车票 956.4 万张，其中互联网发售 563.9 万张，占比 59%，均创历史新高。幸运的是，2015 年的春运季，网站经受住了巨大访问量的考验。而这背后，是 12306 网站将大部分车票查询服务流量转移到了阿里云，成为网站技术改进的关键措施。

除此之外，在未来的数据社会里，各种数据也将串联起来。阿里正在搭建开放的数据平台，一方面将自己的数据开放给更多需要的人使用；而另一方面，更多外部数据也会涌入这个平台，与阿里体系内的金融、地图、SNS、交易等多种数据相交汇，产生出更多价值。

# 后记
POSTSCRIPT

2013 年夏天，我刚刚结束在美国的访学归来，彼时正是大数据蓬勃发展的一年，在国外时已经感受到无人不说大数据，处处听闻 Hadoop 的浓厚氛围，所以带回来的除了满满的行囊，还有灌了满耳的大数据 Buzz Word。这时候，电子工业出版社的李洁编辑电话联络，问怎么看待大数据，以及有没有写一本书的想法。当时国内已经出版了十几本与大数据相关的书籍，其中不乏经典与精品，然而我们一直关注的企业应用领域（主要是制造企业），尚未见同类题材的书籍出版，只能查到一些大企业和咨询机构发布的白皮书和技术报告。于是我就萌发了写一本有关企业大数据的书的想法，把思路跟李编辑一讲，得到了她的认可，于是就决定写这样一本专注于企业大数据内容、技术与新模式的书。

然而，真正动笔，却感觉这是一个不好完成的差事，且不论企业大数据种类的纷繁复杂，就是将贯穿企业各环节的应用数据梳理清楚，就是一个庞大的任务。恰好我的合作伙伴，浪潮通软公司的王兴山总裁和王腾江主任，也对这个问题颇有兴趣。浪潮通软公司长期致力于企业应用研发，对企业应用、企业应用集成、企业数据集成和商务智能等，积累了许多经验和体会，也有很多企业大数据应用的非常好的案例。经过充分地讨论，我们确定本书的目标读者是企业的管理者、信息化主管和信息化技术人员；将本书的目标确定为为读者展现方兴未艾的企业大数据宏大场景，帮助他们重新发现自己企业的大数据宝藏，初步了解实施大数据应用的技术路线。写作的过程还是很辛苦的，几易其稿，甚至有时候推倒重来，前后花了近两年的时间，才得以最终完成。

在我们编写本书的过程中，工业 4.0 如火如荼，工业互联网风生水起，国家也制定和发布了 “中国制造 2025”行动方案，插上“智能”和“互联”两个翅膀的工业灰姑娘，如今变成光彩熠熠的天使。幸运的是，支撑智能制造和“互联网 + 制造”的企业大数据应用，也日渐成熟，其理念逐渐被企业接受。我们庆幸身处新工业革命的时代，庆幸能够为这一革命贡献自己的绵薄之力。

限于时间和水平，本书对企业大数据的相关概念、方法的理解和论述中难免会有纰漏甚至错误，恳请读者和专家指正。我们也会在今后的工作中进一步改进、完善。

刘士军<br>2015 年 11 月

# 参考文献

REFERENCE

[ 1 ] 德国联邦教育研究部 . 中国工程院咨询服务中心译 . 德国工业 4.0 战略计划实施建议，2013.

[ 2 ] Oracle. 大数据技术及制造业应用，2014.

[ 3 ] www.mckinsey.com/insights/mgi/research/technology_and_innovation/big_data_the_next_frontier_for_innovation.

[ 4 ] Oracle，大数据技术及制造业应用，2014.

[ 5 ] Carlos Villacastin，High Performance Computing An Intel Perspective，Intel Corporation Iberia S.A. ，2008.

[ 6 ] www.jmp.com.

[ 7 ] http://projectlivewire.harley-davidson.com.

[ 8 ] http://www.harley-davidson.com.

[ 9 ] www.haier.net，2015.

[ 10 ] http://www-31.ibm.com/ibm/cn/smartplanet/blizzardski/.

[ 11 ] www.pusaicom.com.cn.

[ 12 ] https://www.sap.com/china/cmp/dg/crm-xp14-1it-itnme01/index.html?campaigncode=CRM-CN15-MDA-ITMETT&source=email-cn-content.

[ 13 ] http://datacn.net/329.

[ 14 ] 农夫山泉公司 . 运用 SAP HANA 实时海量数据处理的优越功能，促进业务优化，2010.

[ 15 ] 利用实时洞察，拉近与客户的距离 . SAP.com.
[ 16 ] http://zhike.37degree.com.
[ 17 ] http://www.vsharing.com/k/CRM/2014-5/700389.html.
[ 18 ] 戴姆勒公司 Car2go 网站 .
[ 19 ] 量子恒道 . 电子商务数据分析白皮书，2012.
[ 20 ] 3 lessons in big data from the Ford Motor Company.
[ 21 ] http://www.ctocio.com/hotnews/5115.html.
[ 22 ] http://www.199it.com/archives/298833.html.
[ 23 ] ETL. 百度百科 . baike.baidu.com.
[ 24 ] http://www.ccidjinglue.com/qyxx/10679.jhtml.
[ 25 ] http://www.thebigdata.cn/JieJueFangAn/10765.html.
[ 26 ] hortonworks.com/wp-content/uploads/2014/03/HWX_datasheet_manufacturing_Final.pdf.
[ 27 ] http://zh.hortonworks.com/wp-content/uploads/2014/03/Manufacturing-Ref-Arch.20140321.png.
[ 28 ] http://bbs.pinggu.org/bigdata/.
[ 29 ] http://www.pg.com/en_US/downloads/innovation/factsheet_BusinessSphere.pdf.
[ 30 ] http://www.36dsj.com/archives/13189.
[ 31 ] http://blog.jobbole.com/84773/.
[ 32 ] http://tech.it168.com/a2014/0503/1619/000001619171_all.shtml.
[ 33 ] http://www.tableau.com/zh-cn/learn/gallery.
[ 34 ] https://en.wikipedia.org/wiki/SAP_HANA.
[ 35 ] hana.sap.com.
[ 36 ] https://www.gesoftware.com/predix.
[ 37 ] http://www.slideshare.net/MCA2014/reserve-02-1035-1105-ge-peter-van-der-fluit.
[ 38 ] http://pivotal.io/big-data/pivotal-big-data-suite.
[ 39 ] http://zh-hans.splunk.com/view/splunk/SP-CAAAG57.
[ 40 ] http://www.splunk.com/content/dam/splunk2/pdfs/data-sheets/splunk-

product-data-sheet.pdf.
[ 41 ] http://www.dssresources.com/newsletters/66.php.
[ 42 ] 西南财经大学 . 数据挖掘基础教程，2011.
[ 43 ] www.gartner.com/it/page.jsp?id=1862714.
[ 44 ] http://www.shookr.com/tech/595.
[ 45 ] 普华永道公司 . Gut & gigabytes：在决策制定中利用艺术和科学 .
[ 46 ] www.alimama.com.
[ 47 ] 达摩盘，大数据营销白皮书，2015，http://dmp.taobao.com.
[ 48 ] https://www.sap.com/china/cmp/dg/crm-xp14-1it-itnme03/index.html?campaigncode=CRM-CN15-MDA-ITMETT&source=email-cn-content.
[ 49 ] Defense.gov News Transcript: DoD News Briefing – Secretary Rumsfeld and Gen. Myers, United States Department of Defense （defense.gov）.
[ 50 ] http://dx.doi.org/10.1787/9789264193307-12-en.
[ 51 ] http://www.ciozj.com/InformatizationContent.Aspx?G=1B0EB56A-9D23-430F-9C7F-5A551CB3B887.
[ 52 ] www.souqiantu.com.
[ 53 ] http://www.taobao.com/market/alimama/dmp.php.
[ 54 ] http://www.iceo.com.cn/com2013/2013/1028/272034.shtml.
[ 55 ] http://www.chinawuliu.com.cn/xsyj/201501/06/297230.shtml.
[ 56 ] http://www.ibm.com/news/cn/zh/2015/01/13/b689642k78536i19.html.
[ 57 ] http://www.sanyhi.com/company/hi/zh-cn/media/39547_for_special_list_text_content.htm.
[ 58 ] http://www.hao123.com.
[ 59 ] 埃森哲 . 产业物联网——独辟蹊径助推企业增长，2014.
[ 60 ] http://www.msee-ip.eu/project-overview/test-cases/indesit.
[ 61 ] www.freudenberg-it.com/cn.
[ 62 ] www.shaangu.com.
[ 63 ] 企业家日报，2014，1（12）.
[ 64 ] http://www.intersectionconsulting.com/2009/social-media-changing-the-way-we-do-business.

[ 65 ] 陈荣秋，马士华 . 生产运作管理 [ M ] . 北京：机械工业出版社，2004.
[ 66 ] 郑称德 . 运作管理 [ M ] . 南京：南京大学出版社，2003:29-30.
[ 67 ] www.homekoo.com.
[ 68 ] http://www.aliresearch.com/blog/article/detail/id/20324.html.
[ 69 ] http://mattturck.com/2014/05/11/the-state-of-big-data-in-2014-a-chart.
[ 70 ] http://zh-hans.splunk.com/view/SP-CAAAH92.
[ 71 ] http://www.tableau.com/zh-cn.
[ 72 ] http://www.199it.com/archives/200418.html.
[ 73 ] http://www.199it.com/archives/200269.html.
[ 74 ] http://techcrunch.com/2014/01/18/amazon-pre-ships.
[ 75 ] http://www.materialflow.com.cn/article.do?command=findArticleByid&articleId=2965.